Helena Baum
Hör mir auf mit Glück

Helena Baum

Hör mir auf mit Glück

Impressum

1. Auflage 2018
Helena Baum
c/o Papyrus Autoren-Club
Pettenkoferstrasse 16-18
10247 Berlin

Lektorat: Elsa Rieger
Umschlaggestaltung:indiepublishing.de
Umschlagmotive: ccaetano/depositphotos

Imprint: Independently published

ISBN: 978-1983089534

Für Fränky, mein Glück.

Prolog

Sommer 1987, Rockaway Beach

»Komm schon, David!«, rief Kathy, die wie ein aufgezogenes Wasserspielzeug seit Ewigkeiten im Meer schwamm und ihm zuwinkte. »Komm!« David war eher danach, in aller Seelenruhe auf seinem Handtuch zu liegen, ein Buch zu lesen und ein bisschen zu dösen.

»Später!«, rief er ihr zu. Legte sich auf sein Handtuch, ruckelte sich zurecht und schloss die Augen. Plötzlich tropfte es auf seine Brust und er setzte sich abrupt auf.

Kathy schüttelte ihre nassen Haare über ihm aus und zog an seinem Arm. »Komm, schon. Wer weiß, wann wir wieder hier sind. Eine Runde Wettschwimmen. Ein letztes Mal, bitte!« Er seufzte. Wenn sie ihn dermaßen schmachtend anschaute und dann auch noch ›bitte‹ sagte, wurde er schwach. Also raffte er sich auf, umfasste ihre Hand und sie rannten zusammen über den heißen Sand zum Meer. Ihre Fußsohlen brannten, als würden sie glühende Kohlen überqueren.

Kathy kreischte. »Nicht so schnell! Na warte ...« Sie hing an seinem Arm und versuchte, mit ihm Schritt zu halten.

Sobald sie allerdings im Wasser waren, schoss sie wie ein Pfeil durch die Fluten. Wasser war ihr Element, hier war sie schneller als er. Immer! Kathys Körper war schlank und geschmeidig, wie der einer Meerjungfrau. Bei David sah man schon, dass er im Alter auf seine Mitte würde achten müssen. Er war nicht dick, aber schön griffig, wie Kathy nicht müde wurde zu erwähnen.

Plötzlich schoss ein zweiter Pfeil an David vorbei.

John.

Blöder Angeber, dachte David. In Nullkommanichts überholte er erst David und schwamm danach seelenruhig neben Kathy. Er hatte nicht mal Atemprobleme. Insgeheim beneidete David seinen Freund um dessen Schwimmerfigur. Die breiten Schultern, schmalen Hüften und die durchtrainierten Arme und Beine. Seit Ewigkeiten buhlten die beiden um Kathy, doch leider ließ sie sich zu allen Zeiten eine Hintertür offen. Nie war sich David sicher, ob sie nun ein echtes Paar waren oder Kathy noch in der ›Schauen-wir-mal-Phase‹ war. Er hatte sich für ihren fünfundzwanzigsten Geburtstag etwas überlegt. Er würde einen Vorstoß wagen, vor ihr, den gemeinsamen Freunden, vor John.

Bevor es dämmerte, grillten sie am Feuer, tranken Wein und Bier und David packte die Gitarre aus. Schon bei dem Gedanken daran, was er vorhatte, raste sein Puls. Zum Einstimmen und zu seiner eigenen Beruhigung klimperte er auf den Saiten herum. Dann war es so weit.

Um Mitternacht stand er auf, bat Kathy ebenfalls, sich hinzustellen und sang ihr ein Geburtstagsständchen. Einen selbst geschriebenen Song, an dem er ewig herumgedoktert hatte. Wochenlang hatte er jedes Wort bedacht, die Bedeutung geprüft, den Satzbau korrigiert und nach der passenden Melodie gesucht, um ja nicht ins Kitschige abzudriften. Noch nie hatte er ein Solo gesungen. Noch nie war er Kathy gegenüber so deutlich geworden. Sein Song war eine verwegene Liebeshymne.

Sie strahlte ihn verlegen an. Sah umwerfend aus, wie sie so dastand, die Hände vor ihrem Körper ineinander verschränkt, den Kopf zur Seite geneigt, scheu lächelnd.

Das gelbe Sommerkleid wehte im sanften Wind und ihre dunklen Haare waren frisch geschnitten. Sie hatte sich einen frechen Bob mit Undercut schneiden lassen.

Ein perfektes Wochenende.

Ein perfektes Leben.

Eine perfekte Frau.

Sein Herz verband sich mit dem Text und der Melodie, für einen Moment schloss er die Augen. Als er sie wieder öffnete, nahm er eine Bewegung im Augenwinkel wahr. John! Wer sonst? Wie er Kathy anschaute, nicht von ihrer Seite wich, selbst jetzt, als sie mit ihrer ganzen Aufmerksamkeit bei ihm war. John rückte näher an sie heran, schüttelte ihr Handtuch aus, öffnete ihr ein Bier, legte ihr eine Jacke um die Schultern.

David hätte ausspucken können, nein, ihn anspucken! Er soll weggehen! Abhauen! Das hier war sein Part!

Und siehe da, John ging zurück auf seinen Platz.

Zufrieden konzentrierte David sich wieder auf die Melodie, den Text und sang die letzte Strophe. Kathy war gerührt, ihr Gesicht wirkte weich und er sah, wie verliebt sie ihn anschaute. Innerlich triumphierte er und stimmte ein letztes Mal den Refrain an.

John stand erneut auf. Wie in Zeitlupe verfolgte David das weitere Geschehen. John ging auf Kathy zu. Es fehlten noch zwei Schritte, dann würde er bei ihr sein. David schluckte und sein Adamsapfel trat kämpferisch hervor. Johns Arme waren bereits weit ausgebreitet. Eine beknackte Altherrengeste, fand David, während des Laufens schon die Arme auszubreiten. Wer macht denn sowas? Er war bei den letzten Akkorden seines Songs für Kathy, da legte John die Arme um sie, schloss sie vollständig ein, sodass sie David nicht mehr sehen konnte. Er wiegte sie hin und her, gratulierte ihr überschwänglich zum

Geburtstag und David hätte ihm zu gern eine Faust aufs Auge gedrückt oder auf beide! Und anschließend die Gitarre über den Kopf gedroschen.

Aber so war er nicht. So war er nie. Sowas dachte er höchstens zwei Sekunden, vielleicht drei. Wenn es ganz schlimm war, ein paar Minuten. Danach hatte er sich wieder im Griff. Ließ den anderen ihren Raum. Überschritt keine Grenzen, schon gar keine körperlichen und wartete.

Auf dem Rückweg nach Portland hielt sich Kathy den Bauch. Ihr war übel und David musste zwei Mal an den Rand des Highways fahren, damit sie sich in Ruhe übergeben konnte. Er war besorgt, ließ das Fenster einen Spalt offen und fuhr etwas langsamer.

»Ich habe viel zu viel durcheinandergetrunken ... und dann die Sonne.« Sie hielt sich kurz die Hand vor den Mund, schluckte und sprach weiter. »Danke noch mal für diesen wunderbaren Song. Ich wusste gar nicht, dass du so eine brillante Singstimme hast.«

»Ich auch nicht. Normalerweise singe ich nicht selbst.«

»Weißt du, Dave. Ich glaube, ich liebe dich.«

Versonnen schaute sie auf die Fahrbahn, dann zu ihm, dann wieder auf die Fahrbahn und sein Herz jubilierte. Es war noch kein ›Ich liebe dich‹, aber immerhin, sie glaubte es. Sie glaubte es!

Kurze Zeit später musste sie erneut würgen, hielt sich die Hand vor den Mund und sprach lange nichts mehr.

David setzte sie in ihrer Straße ab. Sie umarmten sich beim Abschied innig und ihr Würgereiz ließ langsam nach.

»Soll ich nicht doch lieber heute Nacht bei dir bleiben?«, fragte er.

Sie schüttelte den Kopf. »Ich verzieh mich sofort ins Bett. Lass uns morgen früh telefonieren, dann geht es mir hoffentlich besser.«

Am nächsten Morgen ging es ihr nicht besser, am übernächsten auch nicht. Sie verabredeten sich für den kommenden Abend, zwischenzeitlich wollte Kathy zu ihrer Ärztin gehen, um abzuklären, was los sei.

David hatte eingekauft, packte die Zutaten auf die Küchenablage und begann, eine kräftige Hühnersuppe zu kochen. Wann immer es ihm als Kind schlecht ging, hatte seine Mutter eine Hühnersuppe gekocht.

Kathy sah etwas blass um die Nase aus und sagte, dass es nur ein kleiner Schwächeanfall sei. Zu viel Sonne. Brav schlürfte sie Davids Suppe und fand es rührend, wie er sich um sie kümmerte. Sie genoss seine Fürsorge noch ein paar Augenblicke, aber dann rückte sie mit der Sprache raus.

Kathy nahm seine Hände und schaute ihn liebevoll an. »David, alles halb so wild. Ich bin nicht krank, aber schwanger.« Sie hielten sich weiter an den Händen. Verlegen schob sie eine Haarsträhne hinters Ohr und wartete, was er sagen würde.

»Oh!«, war sein erster Kommentar. Eine brisante Mischung aus Erleichterung, dass sie nicht ernsthaft krank war und dem schalen Versuch, Zeit zu schinden, um die Nachricht zu verdauen, durchzog ihn. Nach der ersten Schockstarre sprangen seine Gefühle durcheinander wie auf einem Trampolin. Hoch, runter, links, rechts, Kopfstand, Drehung und von vorn.

Er räusperte sich und wusste nicht weiter.

»Was willst du jetzt machen?«

Seine zweite Frage schickte sie von ihm weg.

Nicht wir. Was wollen wir machen?

Nein: du und ich, zwei getrennte Wesen. Du. Ich.
»Ich werde es nicht behalten.« Sie ließ seine Hände los und lehnte sich zurück.

Sommer 2017

1

David lüftete den Praxisraum in seinem Haus. Es müffelte. Zu viele Alltagsdramen, Ängste und Frustrationen stanken hier zum Himmel. Um seinen Lungenflügeln eine Prise Frischluft zu gönnen, floh er in den Garten, als wäre der Leibhaftige hinter ihm her. Batman, sein schwarzer Mischlingshund, folgte ihm freudig. Manchmal rief David ihn Batty und hoffte, dass der Rüde ihm das Weibliche im Namen nicht übel nahm.

Er verbrachte den ganzen Vormittag mit Einzelsitzungen in seiner Praxis und empfing ein paar Klienten, die ihn inzwischen mehr langweilten, als er zugab.

Zuerst kam Mrs. Dullington, neunundfünfzig Jahre alt. Sie litt seit Ewigkeiten an wiederkehrenden depressiven Schüben und sah auch in den Phasen dazwischen todtraurig aus. Danach war die zweiundsechzigjährige Mrs. Bramidge dran. Sie versuchte seit Jahren, ihre totgelaufene Ehe zu retten, und schleppte dann und wann ihren völlig desinteressierten Ehemann mit in die Therapie. Wie zwei graue Nilpferde, die nicht mehr im selben Sumpf spielen wollten, saßen sie in den für ihr Volumen zu engen Sesseln und schmollten sich an. Keiner wollte zuerst den stinkenden Sumpf verlassen. Zuletzt kam Ken Brandon, ein dünner Mittvierziger, der zwar jünger war als der Durchschnitt von Davids Klienten, jedoch aussah wie Anfang sechzig. Er saß stets nur mit einer halben Arschbacke auf der Vorderkante des bequemen Sessels, als müsse er jederzeit fliehen. Die ausgefransten Lippen, abgekauten Fingernägel und nervös hin und her huschenden Augen sprachen Bände über das Drama seiner Hypernervosität. David machte drei Kreuze, als er endlich die

Tür hinter ihm schließen konnte. Kens Angespanntheit war in der letzten Stunde auf David übergegangen und er spürte, wie er die Hände zu Fäusten ballte, was er sonst nie tat. Er schüttelte sich, ging schnurstracks zum Fenster und riss es erneut auf.

»Zu viele Dramen«, murmelte er, »zu viele Dramen.«

Im Garten rannte Batman direkt zum Zaun, wedelte hektisch mit seinem Schwanz und bellte den Nachbarsjungen herbei. Der Kleine rannte flugs Richtung Batman, stellte sich auf die andere Seite des Zaunes und bellte in seiner Kindersprache zurück. Hörte der eine auf, fing der andere an. Sofort lugte auch das kleine Mädchen um die Ecke und wollte ebenfalls bellen. Sam, der Vater der beiden Knirpse, hatte alle Hände voll zu tun, sie in Richtung Auto zu bugsieren.

»Batty, komm! Fuß! Komm hierher!« Der Hund hörte kein bisschen. Erst beim fünften Rufen, als David seine Stimme bedrohlich senkte, trottete er provokant langsam heran und setzte sich neben sein Herrchen.

»Hi, Sam. Wie geht's?« Er winkte dem freundlichen Nachbarn zu. »Ich bring den Hund mal lieber rein, sonst kommt ihr nicht weg.«

»Danke, David. Sie lieben Batman und würden wahrscheinlich ewig hier stehen und sich gegenseitig anbellen. Bis später.«

»Bis später.«

Die junge Familie wohnte erst ein paar Monate im Nachbarhaus und David freute sich, dass das Haus nicht mehr leer stand.

»Komm, Mittagspause, Batty.« Batman ließ sich ohne das übliche Gerangel an die Leine nehmen. Bevor sie loszogen, warf David einen Blick in den Nachbargarten. Jetzt saß Klara, die Mutter der beiden Kleinen, mit einem Kaffee am Tisch und hielt ihr jugendliches Gesicht in die Sonne. Ihre Augen waren geschlossen und die langen Haare noch nass vom Duschen. Sicher lag eine Nachtschicht im Krankenhaus hinter ihr. Er wollte sie nicht stören und ging leise vorüber.

Ganz gemütlich spazierte er zur Division Street und legte, wie jeden Mittag, einen Stopp bei den Foodtrucks ein. Er liebte den Platz voller junger Leute, die in ihren bunten Wagen Essen verkauften. Jeder Wagen war ein kleines individuelles Meisterwerk. Bemalt, besprüht oder mit selbst gebastelten Vordächern und kleinen Sitzgelegenheiten versehen.

An manchen Tagen hatte David das Gefühl, das sein Leben aus diesen zwei Welten bestand. Parallelwelten. Die eine sein stilles Haus, die dumpfen, passiven, manchmal schon halbtoten Klienten, die kaum Schritte in die Veränderung wagten, jeden Vorschlag Davids negierten und sich von ihren Ängsten leiten ließen. Dazu seine mehr abwesende als anwesende Frau Kathy. Die andere der Food Market an der Division Street, nur fünfzehn Gehminuten von seinem Haus entfernt: Ein Ort voller Musik und Geräusche, dem Duft von frisch zubereiteten Mahlzeiten, gesunden Drinks in allen Farben und Menschen, die lebendig waren. Sie lachten, redeten, gestikulierten, stritten oder saßen einfach so in der Sonne. Ein dynamischer Platz.

Schon von Weitem lächelte ihn die junge Frau mit den langen braunen Haaren an. Sie hatte sich heute ein knallgelbes Tuch in ihre wilden Locken gebunden, sodass ihr Gesicht frei lag. Dadurch wirkte sie noch frischer als sonst. Noch jünger. Ihre braunen Augen strahlten ihn an. »Hi, Mister David. Hi, Batman. Mittagspause?«

»Ja, wohlverdiente Mittagspause.« Um sein Hungergefühl zu untermalen, rieb sich David den Bauch. Batman zog an der Leine. Er wusste genau, dass es für ihn hier ein Leckerchen gab. David gab sich endlich einen Ruck und fragte: »Darf ich nach deinem Namen fragen? Du kennst meinen und die Vornamen fast all deiner Kunden und ich würde dich auch gern irgendwie ansprechen. Immerhin komme ich seit Monaten täglich an deinen Stand.«

»Klar, Mister David. Ich heiße Emily. Meine Freunde sagen auch Emmi zu mir. Einen Bangkok-Crêpe, wie immer?« Ohne ihre Arbeit zu unterbrechen, unterhielt sie sich mit ihm.

Geschäftstüchtig, notierte David in Gedanken. Kundenbindung mittels Ansprache per Vornamen. Sie wird es mal zu was bringen.

»Wie bitte?«, fragte Emily.

Oh, hatte er die Gedanken ausgesprochen? »Einen Bangkok, süßsauer, wie immer«, schob er schnell hinterher.

»Also, wie immer«, wiederholte sie. »Alles klar.«

Er setzte sich auf die kleine Holzbank gegenüber von Emilys Wagen und wartete, bis er aufgerufen wurde. So schief, wie die Bank zusammengezimmert war, hoffte er, dass sie sein nicht allzu großes Übergewicht mit Fassung tragen würde. Batman hatte sich bereits gemütlich zu seinen Füßen niedergelassen und den Kopf mit den zu großen Ohren auf die Pfoten gelegt.

»Mister David, Ihr Bangkok, bitte. Guten Appetit.«

»Sag ruhig David zu mir, ohne Mister.«

»Ich mag dich gerne *Mister* David nennen. Das passt zu dir.«

»Wie du magst, gerne auch Mister David.«

Etwas umständlich stand er auf, verfing sich in der Leine, sodass Batman sichtlich glaubte, es gehe los, und seinem Herrchen vor die Füße sprang. Mit einem galanten Hopser hüpfte David unfreiwillig komisch zum Wagen. Emily amüsierte sich und war mit ihrer Aufmerksamkeit schon bei der nächsten Kundin.

Zurück in seiner Praxis lüftete er zum wiederholten Male an diesem Tag und ärgerte sich, dass er den Gestank nicht vertreiben konnte. Manchmal dachte er, er selbst würde zu riechen anfangen. Kurz entschlossen nahm er eine Dusche und sparte nicht mit Duschgel, Shampoo, Rasierwasser und Deodorant. Als er aus der Dusche kam, stand ihm plötzlich Kathy gegenüber. Keck wanderten ihre Augen über seinen Körper.

»Hi Schatz, das ist ja mal eine nackte Überraschung. Lange nicht gesehen.«

Ihre Zweideutigkeit brachte ihn kurz aus dem Konzept. Wen meinte sie mit ›lange nicht gesehen‹? Ihn oder seinen kleinen Freund unterhalb des Bauches? Er musste sogar kurz überlegen, ob sie es zweideutig meinte oder ob sein Wunsch der Vater des Gedankens war.

Kathy küsste ihn flüchtig und schlug mit der flachen Hand auf seinen Hintern. »Guck an. Er federt noch zurück«, sagte seine Frau frech und kam ihm so nahe, als würde sie ihn küssen wollen. Ihr Atem roch nach Zigarette, was er verabscheute. »Das wollte ich schon lange mal wieder machen!« Kathy lachte und der Moment der greifbar möglichen Nähe war vorbei.

Überrascht und etwas beschämt hielt David sein großes Badehandtuch vor den Bauch. Das sehr große Badehandtuch, das sie ihm letztes Weihnachten geschenkt hatte. Er wunderte sich, dass sie so gut gelaunt war. Kathy war oft neutral, falls es das gab. Weder gut noch schlecht gelaunt. Neutral gelaunt. Ein ewig vor sich hin plätscherndes Klavierstück, was die Höhen und Tiefen konsequent negierte.

»Kathy ... äh, du bist ja schon zurück? Ich hatte erst morgen mit dir gerechnet.« Er rubbelte sich vor ihren Augen trocken, ließ das übergroße Badehandtuch fallen und drehte sich von ihr weg zum Waschbecken, um die Zähne zu putzen. Nackt. Wenn schon, denn schon. Sein Hintern war in Ordnung, sein Rücken sowieso.

»Ja, Schatz. Ich bin zurück.«

Er sah sie im Spiegel, seine schöne Frau mit der Ausstrahlung eines Eiswürfels. Kühl, schön, glatt. Er schaffte es schon länger nicht mehr, sie zum Schmelzen zu bringen. Sie lehnte gelassen, mit verschränkten Armen an der Tür und machte keine Anstalten wegzugehen. Irgendetwas war anders. Er kam nicht drauf.

»David, verheimlichst du mir etwas? Duschen, Zähne putzen und Nacktheit mitten am Tag. Welche Klientin hat dich verführt. Die Sechzigjährige oder die Siebzigjährige?«

»Mach dich nur lustig. Manch Sechzigjährige hat noch Feuer im Hintern! Und vergiss nicht, in zwei Jahren bin ich auch sechzig und du in fünf Jahren! Wer im Glashaus sitzt ... du weißt ja. Keine Steine schmeißen.« Er grinste.

»Schon gut, schon gut. Es riecht übrigens lecker im ganzen Haus. Oder warte ... du, du bist das. Du riechst lecker. So männlich-herb. Frisch. Hast du ein neues Duschgel?« Sie folgte ihrem Mann ins Schlafzimmer. Ihre Präsenz irritierte ihn, dennoch erfreute ihn Kathys Lob.

»Schatz, ich dufte immer so. Du bist nur viel zu oft weg, um es riechen zu können. Dich zieht es offensichtlich mehr zu deiner Schwester aufs Land oder sonst wohin. Aber hier ist unser Leben. Hier bin ich.« Nackt, wie er war, wendete er sich mit geöffneten Armen zu ihr um. Erinnerte sich, dass er diese Geste noch nie gemocht hatte, und nahm die Arme wieder runter.

Kathy verdrehte die Augen und verschwand schnurstracks in ihrem Zimmer. Er hätte es besser wissen müssen. Der Vorwurf, Gesprächskiller Nummer eins, er hatte ihn aus Versehen punktgenau eingesetzt. David ärgerte sich.

2

Als es erneut klingelte, wusste er, dass es nur die Freitagnachmittags-Klientin sein konnte. Mrs. Lawrence. Wie immer war sie mehr als zwanzig Minuten zu früh und wie immer regte er sich im Stillen darüber auf. Sie klaute ihm seine Zeit. Sie versaute ihm den Nachmittag. Sie überschritt permanent seine Grenzen.

»Hallo, Misses Lawrence. Kommen Sie rein. Ein bisschen früh, oder?« David hatte sich angewöhnt, die weiblichen Klientinnen zu siezen. Er bildete sich ein, dass es ihm half, die nötige Distanz einzuhalten, die er im Umgang mit ihnen brauchte. Nur bei den Männern rutschte er gern ins vertrautere Du, was ihrer Beziehung keinen Abbruch tat.

»Keine Umstände, Mister Tenner. Ich setze mich einfach in den Praxisraum. Kümmern Sie sich nicht um mich. Wow, wie gut Sie heute riechen.«

Er bereute bereits, direkt vor ihrem Termin geduscht zu haben. Logisch, dass sie es auf sich bezog.

Wie jeden Freitag seit zwei Jahren hatte sie sich hübsch zurechtgemacht. Sie haderte mit dem Älterwerden und zog sich für ihre fünfundfünfzig Jahre zu jugendlich an. Ihr buntgemustertes Kleid war zu kurz, der Ausschnitt zu tief und ihr Busen für jedes Kleidungsstück, mit dem sie in der Therapiestunde ankam, zu groß. David führte sie in den Praxisraum und verschwand fast fluchtartig im kleinen Garten, der an das Haus grenzte. Noch einmal durchatmen. Noch einmal entspannen.

Belustigt beobachtete er die Nachbarskinder, die gerade das Grundstück unter Wasser setzten; mit Eimern, Gießkannen und dem Wasserschlauch sauten sie alles voll. Jedes von ihnen besaß die gleichen Spielsachen. Höchstens die Farben variierten. Klara und Sam saßen am Tisch, tranken Kaffee, diskutierten mit ernsten Gesichtern und hatten zugleich die Kinder im Blick. David wusste aus ihrer Geschichte, dass sie nur wenig Zeit zu zweit als Paar gehabt hatten, denn Jakob, ihr Junge, hatte sich sehr bald angekündigt. Eineinhalb Jahre später war seine Schwester Matilda unterwegs gewesen.

Vielleicht hätten er und Kathy damals ...

»David!«, unterbrach Kathy seine Gedanken zischend. »Was macht diese aufgetakelte Frau in unserer Küche?« Sie sprach zwar leise, doch ihr Tonfall verströmte Unmut.

»Sorry, Kath. Ich hab sie wohl zu lange allein gelassen. Bin schon weg.« Eilig ging er in seinen Praxisraum, der im vorderen Teil des Hauses lag.

»Sorry, Mister Tenner. Sie können mich bei dieser Hitze nicht so lange ohne ein Glas Wasser lassen. Ich war kurz in der Küche und hab mir ein Leitungswasser ... bin Ihrer hübschen Frau begegnet ... Gott, ist sie schlank ... davon träum ich nur ... wissen Sie, Mister Tenner ...«

Er lehnte sich zurück und schaute fasziniert zu, wie sich ihr Busen asynchron zu ihren gestikulierenden Händen bewegte. Sie beugte sich vor und zurück, mal sah er den Ansatz vom Busen, mal nicht. Sie schlug die Beine übereinander und ihr viel zu kurzes Kleid rutschte in eine gefährliche Position. Er starrte wie ein Trottel auf ihre prallen Schenkel und kniff sich kurz in den Unterarm.

»Äh, Misses Lawrence ...«

»... und wissen Sie, als mein Mann noch lebte, sagte ich immer ...«

»Misses Lawrence ... sorry, Misses Lawrence.«

»... gleich, Mister Tenner. Nur den Satz zu Ende ... und dann ...«

David stand abrupt auf, steckte die Hände in die Hosentaschen und versuchte, klar zu denken. Die Person brachte ihn mehr auf die Palme als alle anderen Menschen in seinem Umkreis, und er wusste sich nicht zu helfen. Er tat etwas, was er noch nie vorher getan hatte. Er ging.

In der Küche traf er auf seine Frau.

»Was ist los?« Erstaunt schaute sie ihn an. »Ist sie noch da?«

»Ja. Sie ...«

»David, du kannst nicht einfach weggehen.«

»Doch! Kann ich. Guck.« Seine buschigen Augenbrauen schoben sich in die Höhe, die rechte Hand war immer noch in der Hosentasche, was ihm einen coolen Anstrich gab. »Ich kann.« Den linken Arm stemmte er in die Hüfte und blieb für einen Moment trotzig stehen. Dann nahm er sich in aller Seelenruhe ein Glas Wasser, wiederholte, »Ich kann!«, und schlenderte zurück in den Praxisraum. Demonstrativ schaute er beim Türöffnen auf die große Wanduhr. Noch dreißig Minuten.

Kaum saß er ihr erneut gegenüber, legte sie los. »Oh, danke, Sie haben mir ein neues Wasser gebracht. Wie aufmerksam ... und ich dachte schon ... allein gelassen ... würden Sie nicht ...«

David gab auf. Er nahm die Brille ab, lehnte sich entspannt zurück und während sie ihre Frustration über ihr Leben absonderte, sinnierte er darüber, wie sie wohl nackt aussehen würde. Mit einem Pflaster auf dem Mund könnte er ihre Üppigkeit wahrscheinlich sogar genießen. Er schaute auf ihren Mund. Die Unterlippe war etwas voller als die Oberlippe. Ihr Mund war am schönsten, wenn er sich nicht bewegte. David rief sich innerlich zur Ordnung. Da er nicht zu Wort kam, beobachtete er sie weiter und versuchte den sexuellen Bereich großräumig zu umschiffen. Der rote Lippenstift war inzwischen verschmiert und auch am Wasserglas waren Lippenstiftspuren zu sehen, was er überhaupt nicht leiden konnte. Sein Blick wanderte zu ihrer Stirn und blieb an den halblangen, gelockten Haaren hängen. Ihre Haarfarbe glich dem Farbton des Pelzes der Eichhörnchen, die er gern beobachtete. Bevor er weiter abdriftete, kniff er sich ein zweites Mal in den Unterarm. Der Schmerz tat gut.

»Bis nächste Woche, Mister Tenner. Oh, da haben wir heute wohl ein bisschen überzogen.« Sie schaute auf ihre zierliche Armbanduhr und ihre ausgefeilte Süffisanz erstickte jedes Aufbegehren seinerseits im Keim. Er hatte keine Chance, ihr etwas entgegenzusetzen. Er stammelte. Er ruderte mit den Armen und blieb höflich.

»Bis nächste Woche, Misses Lawrence.« Müde zog er die Tür ins Schloss und lehnte die Stirn an den Türpfosten. Er wusste genau, an wen Mrs. Lawrence ihn erinnerte, was es nicht besser machte. Das Wissen um etwas ist das eine, ein neuer Umgang damit das andere.

Er rief Batman, der schwanzwedelnd und erwartungsvoll auf ihn zu rannte. »Kathy, ich geh mit dem Hund.« Er wusste, dass sie ihre weißen Kopfhörer eingestöpselt hatte und ihn nicht hörte. Machte nichts. Er hatte Bescheid gesagt, so wie sie es wollte.

3

Cooper grub die Zehen in den Sand und staunte jedes Mal aufs Neue, wie gegensätzlich sich das eiskalte Wasser des Pazifiks und der sonnenwarme Sand anfühlten. Selbst im Juli, bei azurblauem Himmel und einer prallen Sonne am Horizont, war das Wasser an der Küste Oregons kalt. Coopers Neoprenanzug war bis zur Taille heruntergerollt, das Brett lag vor ihm und sein schlanker Körper war durchgängig von einer Gänsehaut überzogen.

Emily liebte das Wort Gänsehaut. Goose bumps. Jedes Mal lachte sie sich darüber scheckig, wenn seine Haut wie ein gerupfter weißer Gänsehals aussah. Obwohl Emily, wie alle Surfer hier, oft genug fror, sah sie nie so gerupft aus. Ihre Haut war marmorglatt, von Natur aus leicht gebräunt, und Cooper überlegte, ob er einen guten Vergleich finden würde. Ja! Sie glich einem Sahnebonbon, umhüllt mit flüssigem Karamell. Er grinste vor sich hin und freute sich über seine eben entdeckte poetische Ader.

Für einen Moment schloss er die Augen und streckte sein Gesicht in die Sonne. Aufwärmen, aufwärmen, aufwärmen. Sein größter Traum war, eines Tages mit Emily in einem warmen Meer zu surfen. Den Duft des Sommers auch beim Wellensurfen auf der Haut zu spüren. Nur in Badeklamotten, höchstens ein T-Shirt übergestreift. Bali, Portugal, Frankreich, Kalifornien, Hawaii. Cooper träumte sich in die Wärme und seine Haut entspannte sich.

Als er die Augen wieder öffnete, blendete ihn die Sonne. Schützend hielt er die linke Hand über die Augen, um Emily zu sehen. Mit der rechten fummelte er am Neoprenanzug herum und versuchte, sich vollständig daraus zu befreien. Er verhedderte sich, verlor fast das Gleichgewicht und musste über sich lachen. Wie ein Depp. Er grinste vor sich hin. Bein gebrochen, beim Über-sich-selbst-Stolpern.

Emily lag auf ihrem Board und paddelte langsam aufs offene Meer hinaus. Atemzug um Atemzug. Sie musste hinter die Brechungslinie der Wellen kommen. Cooper wusste um die dort vorherrschende trügerische Ruhe. Sie wartete geduldig auf eine passende Welle. Er sah, wie sie sich anschieben ließ, gleichzeitig los paddelte, Tempo aufnahm und kurz, bevor die Welle brach, auf ihr Brett hüpfte. Stehend und so, als hätte sie ihr Leben lang nichts anderes gemacht, fuhr sie blitzschnell in die Welle hinein. Sie lenkte ihr Board, als wären sie eine verschmolzene Einheit. Emily-und-ihr-Board. Das-Board-und-seine-Emily. Cooper sah noch, wie sie über den Kamm der Welle steuerte, sich wieder auf ihr Brett legte und zum Ausgangspunkt zurück paddelte. Er verfolgte jede ihrer Bewegungen und als sie sicher über den Wellenkamm steuerte, hüpfte er unvermittelt hoch, klatschte in die Hände und pfiff ihr anerkennend zu. Seine Emily! Jeder am Strand konnte sehen, wie glücklich er war. Wie stolz! Er hatte ihr das Surfen beigebracht und sie war einmalig gut. Er sah noch, wie sich neue Set-Wellen aufbauten und ahnte, dass Emily das Nachhausefahren bis zur letzten Sekunde hinauszögern würde, um ihn dann in gewohnter Hektik anzutreiben. Ein sonntägliches Ritual.

Endlich vom Neopren befreit legte Cooper sich ein letztes Mal für heute in den warmen Sand und widmete sich intensiv dem Rauschen des Meeres.

»Cooper, wir müssen los!« Atemlos warf sich Emily dicht neben ihn und er spürte ihre kalte Haut an seiner Seite.

Sie nahm seine inzwischen warmen Hände und legte sie sich auf den Bauch wie eine Wärmflasche. Cooper beugte sich über sie und küsste ihre bibbernden Lippen warm.

»Coop ... Keine Zeit zum Knutschen. Komm, Punkt achtzehn Uhr muss ich in der Division Street am Stand sein, sonst bringt Carrie mich um.«

In Windeseile packten sie ihre Sachen zusammen, stopften alles in Coopers alten VW-Bus, Cooper hielt kurz inne, lächelte Emily versonnen an und rezitierte mit ausgebreiteten Armen: »Emily-Sweety, du bist für mich wie ein Sahnebonbon mit Karamellüberzug!« Erwartungsvoll sah er in ihr Gesicht. Sie packte weiter ein, ihre nassen dunkelbraunen Locken schwangen hin und her. Sie schaute ihn an, als ob sie überprüfen wollte, ob die Sonne sein Hirn verbrannt hätte und wenn ja, wie schlimm es wäre.

»Hey, das ist mir heute so eingefallen. Hab überlegt, womit ich dich vergleichen könnte.«

»Cooper, das ist ... na ja ... süß. Irgendwie. Aber auch abgedroschen hoch zehn.«

»Hoch zehn?«

»Vielleicht sogar hoch zwanzig.«

»Heilige Scheiße. Sollte ich also nicht so oft sagen?«

»Vielleicht nur, wenn wir wirklich alleine sind ... und nicht öfter als einmal im halben Jahr ...« Emily lachte, küsste ihn flüchtig und drängte ihn, endlich zu starten, um gleich wie Gejagte zurück nach Portland, in die stehende Hitze der Stadt, zu fahren.

»Los, mein goose bumps Freund. Du frierst ja schon wieder. Überall Gänsehaut. Hopp, hopp. Einsteigen. Es ist schon viel zu spät. In Portland werden wir wieder über die Gluthölle stöhnen. Irgendwas ist immer, oder?« Sie strubbelte ihm durch die dicken blonden Haare, die wild um seinen Kopf standen und hoffte, dass er die Sahnebonbon-Nummer schnell vergaß.

Cooper drehte den Zündschlüssel. Nichts. Beide hielten die Luft an. Beim dritten Versuch startete die alte Maschine und sie wussten, wenn der Motor einmal lief, lief er. Nur ob er anspringen würde, war jedes Mal ein Nervenkitzel.

Während der zweistündigen Rückfahrt redeten sie sich euphorisch in die Zukunft.

»Emily, wenn dein Foodtruck weiterhin gut läuft, vielleicht nehmen wir dann nächstes Jahr eine Auszeit. Ein Surf-and-Work-Jahr. Carrie übernimmt eine Weile deinen Job und wir reisen zusammen um die Welt.«

»Wenn er weiter gut läuft. Wenn!« Sie sah Coopers genervten Blick, »... okay, wir träumen ja. Warte, ich muss erst umschalten auf Träumen ... wir eröffnen eine Surfschule an einem angesagten Surfspot. Vielleicht hier in der Nähe.«

»Nein, nicht in der Nähe. Emmi, träum größer. Think big. Träum dich nach Peru. Hab gelesen, da gibt es einmalige Wellen und die Küste ist noch ein Geheimtipp. Zum Leben braucht man da auch nicht zu viel Geld.«

Emily seufzte und schaute kurz zu Cooper. Ihr Gehirn weigerte sich, den Radius des Überschaubaren zu verlassen.

Coopers tätowierte Arme lagen locker auf dem Lenkrad, seine Sonnenbrille war in die Haare geschoben und eine angenehme Brise wehte beim Fahren in den Bus. Zufrieden summte er vor sich hin. »Los Emmy, noch ein big dream.«

»Okay, einer noch ...«, Emily schloss die Augen und genoss den Fahrtwind auf ihrem Gesicht. »Ich träume davon, dass wir beide mit unseren Boards losziehen und erst mal immer nur fahren. Einfach am Meer entlang. Zusammen fahren. So wie jetzt, aber ohne irgendwo sein zu müssen. Wo es schön ist, halten wir an und geben Surf-Hungrigen unseren weltberühmten Surf-Unterricht. Wir betreiben einen Blog und sind so erfolgreich, dass unsere Follower immer wissen, wo wir gerade sind. Am jeweiligen Strand werden wir schon sehnsüchtig erwartet. Das machen wir zwei, drei Jahre und dann lassen wir uns irgendwo nieder.«

»Und was machen wir dann?«, Cooper grinste.
»Dann studiere ich vielleicht doch zu Ende.«
»Medizin?«
»Weiß nicht, bin ja in drei Jahren schon achtundzwanzig. Bisschen alt fürs Medizinstudium. Vielleicht Meeresbiologie.«
»Hey, jetzt träumst du aber wirklich.« Cooper sah, dass sie ihre Augen immer noch geschlossen hielt.
»Ich sollte doch träumen. Mich interessiert das Meer und alles, was damit zu tun hat. Vielleicht möchte ich auch am Meer leben. Mit dir.« Zärtlich strich sie über seinen Arm und sofort stellten sich Coopers blonde Härchen auf.
»An einem warmen Meer natürlich.«

In Portland angekommen, war es kurz vor achtzehn Uhr, sodass Cooper Emily direkt zum Food Market fahren musste. Er mochte Carrie, ihre beste Freundin, sehr, und begleitete Emily noch bis zum Crêpe-Stand. Sie sahen die Schlange Wartender vor dem Wagen und hörten auch schon Carries: »Emily Anderson, wieder mal zu spät. Du! Räumst! Heute! Auf!«
»Okay, Carrie. Bin sofort bei dir und ja, ich räum auf.« Schuldbewusst wollte Emily schnell in den Wagen huschen, um Carrie zu entlasten.
Aber Cooper bestand auf einen Abschiedskuss und ließ sich nicht aus der Ruhe bringen. Er nahm ihr Gesicht in die Hände, wofür er sich bei seiner Länge weit nach unten beugen musste.

»Bis morgen, mein Sahnebonbon.« Er küsste sie auf den Mund und erstickte ihren aufkommenden Protest mit den Lippen. Wild boxte sie auf ihn ein, bis er sie freigab. Sie konnte es nicht lassen und kniff ihn hinterrücks in die Seite. Zufrieden hörte sie sein schmerzliches Stöhnen, wischte sich die Haare aus der Stirn und zeigte ihm den ausgestreckten Mittelfinger. Ihre Augen funkelten und er fürchtete, dass sie ihn gleich treten würde. Geschickt wich er ihr aus und lachend trennten sie sich.

»Emmi!«, hörten sie Carrie rufen und Emily sah aus den Augenwinkeln Mr. David, der sie lächelnd beobachtete und ihr zuwinkte. Batman hing mit der Nase auf dem Boden und schnüffelte intensiv. Jeden Tag kam er an ihren Wagen und sie mochte ihn. Er erinnerte sie an den Schauspieler mit der liebenswürdigen Ausstrahlung, der sich später leider das Leben genommen hatte. Robin Williams. Ja. So, genauso sah er aus. So sympathisch!

Sie flitzte von hinten in den Wagen, band sich die Haare mit einem Gummi zurück, wickelte sich ein Geschirrhandtuch um die Hüften, holte den Teig aus dem Kühlschrank und legte los. »Sorry, Carrie, ich mach's wieder gut und übernehme eine Schicht von dir in der kommenden Woche. Okay?«

Carrie ließ sie einige Sekunden zappeln und schwieg. »Naaa guuut.« Versöhnlich zeigte sie auf die Schlange. »Schau, alle die gegenüber und um den Wagen stehen, haben bestellt und bezahlt. Sie warten auf ihr Essen.«

Carries Gesicht war hochrot, ihr kurzer blonder Pixie klebte an ihrem Kopf und Emily sah, wie sich die Schweißperlen einen bizarren Schlängelweg an ihrem Rücken abwärts suchten. Sie hielt der Versuchung stand, den Perlenweg an Carries Rücken mit dem Finger entlang zu fahren. So ein schönes Muster. Entschlossen nahm sie Carrie die Kelle aus der Hand, scheuchte sie aus dem Wagen und ließ den Teig über die heiße Platte laufen.

Das Herstellen der herzhaften Crêpes war im Sommer zwar schweißtreibend, aber zum Glück seit einem Monat auch gewinnbringend. Emily sah die kleinen Zettel mit den gewünschten Füllungen und den Vornamen der Besteller vor sich. Mit geübter Hand füllte sie die Crêpes und rief fröhlich in die Runde: »Einmal New York für Adam.« Ein schlaksiger Junge löste sich aus der Menge, lächelte sie an und nahm den New-York-Crêpe entgegen.

»Rom-Crêpe für Anna, lass es dir schmecken. Mit Tomaten, Basilikum und frischem Käse.« Auch Anna hatte geduldig gewartet und sich zwischendurch am Nachbarwagen einen frischen Orangensaft geholt.

»Ein Texas für William. Hey, Du warst letzte Woche schon da. Schön, dich heute wieder bei uns zu sehen.«

William freute sich über das Wiedererkennen. »Ich komme eigentlich aus Texas und eure Füllung trifft genau meinen Geschmack aus der Heimat. Lecker. Bis nächste Woche.«

»Ich komme auch aus Texas. Meine Familie lebt da noch.«

Sie erfreuten sich an den gemeinsamen Wurzeln, dann zog William weiter. Seine Hände voller Papiertüten mit Essbarem, verließ er winkend den Stand der beiden jungen Frauen.

Emily schaffte es innerhalb kürzester Zeit, gute Stimmung zu verbreiten. Für jeden gab es eine persönliche Ansprache und ein Lächeln. Damit glich sie Carries Schüchternheit aus. Dafür war Carrie die Schnellere beim Herstellen der Crêpes und vor allem verdreckte sie den Wagen weniger.

Die Stunden bis einundzwanzig Uhr flogen nur so dahin. Der Platz, auf dem die Foodtrucks standen, leerte sich allmählich, einige saßen bei einem letzten Bier auf den Bänken davor. Ein ganz leichter Wind, der die Schweißperlen auf den geröteten Gesichtern kühlte, zog über das Gelände und alle atmeten erleichtert auf. Der Wind versprach eine kühlere Nacht. Eine kühlere Nacht versprach einen besseren Schlaf. Ein besserer Schlaf einen besseren Morgen.

Carrie war doch bis zum Ende geblieben. Gemeinsam putzten sie und bereiteten alles für den nächsten Tag vor. »Emmi, wenn du mir wirklich eine Schicht abnehmen würdest, wäre der Mittwoch toll.«

Emily, die den vorbereiteten Teig abdeckte und in den großen Kühlschrank packte, richtete sich auf und musterte ihre Freundin, die verlegen den Blick senkte. »Carrie! Ich glaub's nicht! Du hast ein Date!«

Carrie nickte. »Gott, bin ich so leicht durchschaubar?«

»Bist du. Wer ist sie oder er?«

»Du kennst sie. Sie kommt fast jeden Tag hierher.«

»Lass mich raten. Miss Rom?«

Carrie schüttelte den Kopf.

»Thailand?« Heftiges Kopfschütteln und Augenrollen.

»Texas?«

»Emmi, nein, kein Mann, willst du mich auf den Arm nehmen? Ich sag's dir, bevor du mir noch Mister Singapur vorschlägst. Es ist ... tata ... Miss Paris.«

»Guck an. Die hübsche Miss Paris, ich finde, ihr könntet gegensätzlicher nicht sein. Ich glaube, sie heißt Annabelle, oder?«

»Ja, will aber Bella genannt werden. Sie kommt schon lange an den Wagen und isst immer den Paris-Crêpe. Als sie mal eine Weile nicht kam, habe ich sie vermisst. Letzte Woche war an einem Tag weniger los und so sind wir ins Gespräch gekommen. Nun ja, so ergab eins das andere. Meinst du unsere optische Gegensätzlichkeit?«

»Ja, auch. Du bist zart, schlank, blond. Kurze Haare und schaust weg, wenn man dich zu lange anschaut. Wie ein scheues Reh. Und sie ist ... sie scheint ... na ja, feurig und frech. Sie würde nie zuerst wegschauen. Hat viele dunkle Haare und sorry, sie ist auch ein bisschen füllig. Also ganz anders als du. Hat sie etwa französische Vorfahren?«

»Ich kenn sie noch nicht, keine Ahnung. Aber sie zieht mich magisch an.«

»So, so? An oder aus?«

Carrie schlug Emily mit der Kelle, die sie in der Hand hielt, auf den Arm. »Los, neugieriges Wesen. Lass uns fertig werden und ab nach Hause.«

»Oh ja. Ich war das ganze Wochenende in den Wellen. Ich schlafe bestimmt sofort ein.«

»Du Wellensüchtige!«

4

»Ja, Mom. Ja. Hab ich. Grüß Dad. Mach ich. Ja, Mom.« Cooper beendete genervt das Telefonat mit seiner Mutter und musste sich kurz schütteln. Ihre unterkühlte Ausstrahlung und kerzengerade Haltung schwappten auch durch das Telefon zu ihm. Kalt wie die Küste Oregons im Winter. Sein Vater war zwar eine Spur wärmer, aber seine Wärme reichte nicht für alle drei Familienmitglieder. Einer blieb immer auf der Strecke. Seine Eltern machten sich nicht viel aus ihm oder überhaupt aus Kindern. Cooper war nun mal da, wurde versorgt und es fehlte ihm auch nie an materiellen Dingen. Was er nicht hatte, war eine emotionale Bindung zu ihnen. Ab und zu telefonierte er mit seiner Mutter, die ihn aufklärte, wann sie nicht zu Hause sein würden, da sie gerne verreisten. Am Ende des Telefonats reichte sie ihn oft weiter an seinen Vater und das Gespräch war innerhalb von zwei Minuten erschöpft. Keiner interessierte sich wirklich für den andern.

Cooper war sonnenklar, wieso er sich Hals über Kopf in Emily verliebt hatte. Sie versprach nicht nur Wärme, sondern Hitze. Leben. Intensität. Schon nach dem ersten Blick in ihre Augen ahnte er, dass das Leben mit ihr kein harmonisches Zuckerschlecken werden würde. Sie würde nichts wie kühle Seide an sich abgleiten lassen, sie würde sich festbeißen, ansaugen, sie würde diskutieren wollen, Argumente hören und sich nicht mit mittelmäßigen Lösungen zufriedengeben. Sie würden sich reiben und er hoffte, dass ihre Hitze auf ihn abfärben würde. Ihre mexikanischen Vorfahren hatten ihr das helle Braun ihrer Haut und ihrer Augen geschenkt sowie das dunklere Braun ihrer Haare. Wunderschöne Geschenke.

Er schnappte sich sein Rad und fuhr die fünfzehn Minuten über die Clinton Street zu ihr. Schon von Weitem sah er, dass sie das Innere ihres alten gelben Schulbusses, in dem sie lebte, auf dem Rasen verteilt hatte. Sie putzte und sie war gut gelaunt. Diese Kombination kannte er von zu Hause nicht. Entweder seine Mutter putzte und war schlecht gelaunt oder Saria, die Haushälterin, putzte und seine Mutter war trotzdem schlecht gelaunt.

Cooper lehnte das Rad an den Zaun. Als er zu Emmi schaute, wedelte sie bereits mit dem Putztuch. Er hob sie hoch und drehte sie zweimal im Kreis bis sie kreischte.

»Großputz?«, fragte er.

»Ja. Es hatte sich wieder zu viel Krempel angesammelt. Mein Raum ist begrenzt, wie du weißt.« Sie hatte sich die Haare zu einem wilden Etwas gebunden. Ein Zopf oder ein Knoten. Undefinierbar. Trug ein altes Männerhemd mit einem Bikini darunter und hatte die Ärmel bis über die Ellbogen hochgekrempelt.

»Ach, Emmi, ich wiederhole mich, aber: Ich bin immer noch bereit, eine gemeinsame Wohnung oder ein kleines Haus mit dir anzumieten. Da hätten wir mehr Platz. Du weißt ...« Er zog sie in die Arme und flüsterte in ihre Haare. »Komm, Emmi. Lass es uns wagen. Lass uns zusammenziehen.«

Sie löste sich aus der Umarmung, griff beherzt in den Eimer mit dem Putzwasser und schrubbte die Frontscheibe vom Bus wie eine Besessene. »Cooper, bitte. Nimm mich einmal ernst. Dieser Bus und mein Wagen auf dem Food Market sind alles, was ich habe. Damit bin ich frei, von niemandem abhängig und glücklich. Wir kennen uns erst knapp zwei Jahre. Was ist, wenn dir morgen jemand besser gefällt? Wenn du doch in die Welt ziehst und reisen willst? Wenn deine Eltern den Geldhahn zudrehen? Ich wäre immer von dir abhängig. Du kennst die Preise in Portland. Das kann ich mir nicht leisten. Punkt.« Sie hatte sich in einen heiligen Zorn geputzt und ihre Augen funkelten wild und wütend.

Cooper sah, wie sie sie zusammenkniff. Er verstand nicht, wieso sie sein Angebot, dass er die Miete übernehmen würde, nicht annehmen konnte. Seine Eltern wussten nicht, wohin mit ihrer Kohle, und Cooper war ihr einziger Sohn. Alles floss zu ihm und er würde es später seinen Kindern zukommen lassen. Das war für ihn der Lauf der Dinge. So hatte er es gelernt. Wer hat, der gibt. Er verstand Emilys Problem wirklich nicht.

»Emmi, wenn du dich nur in deinem ewig gleichen Kosmos bewegst, kommen wir nie von der Stelle. Warum sollte immer alles schief gehen?«

»Ich kenne niemanden, bei dem über viele Jahre alles gut ist. Du?«

Cooper überlegte. Blöderweise fiel ihm auch niemand ein.

»Siehst du.« Sie warf den Lappen in den Eimer. »Warte auf mich, ich komm schon auf die Beine. Der Stand läuft inzwischen gut. Ich habe eine Menge Stammkunden und er macht Gewinn.«

Cooper schnappte sich einen Schwamm und schrubbte die verschmutzten Fenster auf der Fahrerseite. Inzwischen war er klug genug, rechtzeitig das Thema zu wechseln. Ein Wort mehr und er könnte den Eimer Schmutzwasser ins Gesicht bekommen. Aber anders als sonst, wechselte heute Emily das Thema.

»Übrigens bin ich heute Nachmittag allein am Wagen. Carrie hat ein Date.«

Cooper hielt inne. »Mann oder Frau?«

»Frau. Miss Paris.«

Bevor sie weiterreden konnte, folgte sie belustigt Coopers überzogenem Redeschwall, währenddessen er unbeirrt weiter sein Fenster putzte. »Ihr seid echt komisch ... dass ihr eure Kunden ständig nach euren Crêpe-Kreationen nennen müsst. Miss Paris? Was kann ich mir unter einer Miss Paris vorstellen? Isst sie einen Crêpe mit Eiffelturmmuster oder einer französischen Flagge belegt? Sieht sie aus wie eine Femme Fatale, attraktiv, verführerisch? Hat sie einen französischen Akzent?« Cooper schwatzte und schwatzte. Er schaute hinter dem Bus hervor und suchte Emilys Augen. Mit dem Putzschwamm in der Hand rezitierte er theatralisch: »Emmi, mon amour. Parlez vous francais? Je t`aime ... so much ...«

Sie warf ihm ihren Schwamm ins Gesicht und ließ sich von seinem Lachen anstecken. »Coop, dein Französisch ist grottenschlecht und du bist bis oben hin voll mit bescheuerten Klischees. Ihr Crêpe ist mit weichem Camembert, getrockneten Tomaten und Trauben belegt. Ziemlich lecker. Und ...« Sie schnalzte mit der Zunge und hob den Zeigefinger wie eine strenge Lehrerin: »Es ist andersherum. Die Leute bestellen zuerst und danach heißen sie wie unsere Crêpe-Kreation. Sie isst halt immer den Crêpe-Paris.«

»Okay, okay. Ich wette, dass Carrie sich wieder nach der Verliebtheitsphase trennt. Schätze, höchstens drei Monate!«

Emily schüttelte den Kopf. »Ich halte dagegen. Miss Paris könnte dieses Mal passen.« Sie vereinbarten, dass der Verlierer dem anderen, ohne zu murren, eine Stunde Massage schenken musste.

Emily wischte Cooper mit einem Tuch trocken und fuhr mit der Hand durch seine sonnengebleichten blonden Haare. »Übrigens, wenn du heute Abend Zeit hast, kannst du mir helfen?

Würde mich freuen, Coop. Ich fürchte, bei dem schönen Wetter wird viel los sein und ich werde kaum hinterherkommen, alle Bestellungen abzuarbeiten. Das ist übrigens meine selbstgewählte Strafe für das Zuspätkommen letzten Sonntag.«

»Klar helfe ich dir und glaub mir, du wirst sonntags immer zu spät kommen. Die Wellen locken dich viel mehr als dein Wagen auf dem Food Market. Da, auf dem Wasser, liegt deine Zukunft. An den Stränden dieser Welt. Du bist eine begnadete Surferin. Wenn du auf dem Wasser bist, bist du ... einfach du. Emmi. Ohne Sorgen.«

»Träum weiter, Cooper. Das eine ist Freizeit und das andere ist Realität und Geld verdienen.«

»Manchmal redest du wie meine Mutter.«

»Musste sie auch Geld verdienen?«

»Jetzt wirst du ungerecht. Sie hat immer gearbeitet.«

»Ach, komm. Sie hat reich geheiratet.«

»Das könntest du auch haben.«

»Vergiss es!«

»War Spaß.«

Cooper half ihr weiter, ihr kleines Heim in Ordnung zu bringen. Ihr gelber Bus spiegelte ihr Life-simple-Lebensmotto wider. Sie besaß nur Dinge, die höchst praktisch waren und davon nicht zu viele. Ein Set Bettwäsche, zwei große und zwei kleine Handtücher. Eine bunte Sammlung von Geschirr. Wenn es Cooper in ihrem Leben nicht gäbe, hätte sie wahrscheinlich auch nur eine Tasse, einen Teller, einmal Besteck. Alles war aufgeräumt und in praktischen Boxen verstaut. Sie hatte ihr Leben und ihre Kosten im Griff. Ihr Bus stand bei Freunden auf einem weitläufigen Grundstück. Alles, was sie hier bezahlen musste, konnte sie sich leisten und gab ihr existenzielle Sicherheit.

Ähnlich aufgeräumt sah ihr Foodtruck aus. Auf der einen Längsseite die Geräte, auf der anderen die Vorräte. Vorn das Verkaufsfenster, hinten die Tür mit einer kleinen Treppe. Auch hier hatte sie inzwischen alles im Griff. Die Schulden, die sie die letzten Jahre angehäuft hatte und ihr schwer zusetzten, waren nun abbezahlt. Emmi war eine Geschäftsfrau, obwohl sie auf den ersten Blick nicht so aussah. Nur beim Surfen erlebte Cooper eine Emily, die losgelassen hatte, die mit den Wellen verschmolz, die jauchzte und schrie, wenn sie es schaffte, die ganze Zeit auf dem Brett zu bleiben. Eine Emily, die nicht genug bekommen konnte. Eine Emily, die nichts kontrollierte.

Er seufzte ahnungsvoll. Ein Zusammenleben mit ihr lag noch in weiter Ferne, es sei denn, er könnte ihr ein Rechenbeispiel bringen, das sie davon überzeugte, dass sie trotz Gemeinschaft unabhängig von ihm blieb.

»Coop! ... Du hörst mich gar nicht.«

»Sorry, war in Gedanken. Was hast du gesagt?«

»Hast du den neuen Auftrag ergattert?«

Cooper strahlte sie an, als hätte er im Lotto gewonnen. »Ja, ein riesigen Fisch! Ich mach es mit Ranger zusammen, ist sonst zu fett für mich allein. Lass dir das auf der Zunge zergehen, eine Werbekampagne für die Horizon Airline! Das sichert mir mein Einkommen bis Ende des Jahres, mindestens! Und es wird hoffentlich Nachfolgeaufträge geben.« Er sah, dass sie sich ehrlich mit ihm freute. Ihr Mund öffnete sich für ihr bezauberndes Lächeln und nahm ihre Augen mit. »Ach, Emmi, mir geht's finanziell so viel besser als dir. Lass mich doch mit dir teilen.«

»Dann lad mich zum Essen ein oder füll den Tank vom Bus. Ich würde gern mal wieder mit meinem Auto raus an den Strand fahren.«

»Abgemacht. Beides. Dein Bus bekommt Nahrung und du auch, Sweety.« Er nahm ihren Kopf in die Hände und küsste sie auf die Stirn.

Emily fuhr ein wohliger Schauer durch den ganzen Körper. Diese Geste liebte sie mehr als alle anderen Bekundungen seiner Zuneigung. Als ob ihr Körper sich an etwas erinnern würde. Aufgehoben, beschützt, geliebt ... und noch etwas.

5

Kathy setzte sich abrupt auf, als sie Davids Schnarchen nicht mehr neben sich hörte. Wie spät war es? Sie schaute auf ihr Handy und erschrak, sie war wohl wieder eingeschlafen. Nun war es elf Uhr morgens. Welcher Tag? Sonntag. Hatte ihr Handy gepiept? Ja, eine Nachricht von John. Sie zu lesen, verschob sie auf später. Seit Ewigkeiten hatte sie nicht mehr derart geschlafen, stellte sie verwundert fest. Wieso war sie so müde?

Nur mit einem leichten Schlafshirt bekleidet, ging sie nach unten in die Küche, kochte neuen Kaffee und schaute nach, wo David war. Sie entdeckte ihn in seinem geliebten Schaukelstuhl auf der Terrasse vor dem Haus, für einen Moment blieb sie im Türrahmen stehen, ohne sich bemerkbar zu machen. Seine Hände waren im Schoß zusammengelegt, er hatte die Augen zusammengekniffen und beobachtete das Treiben auf der Straße. Der alte Baumbestand der Brooklyn Street spendete im Sommer erfreulichen Schatten und beide liebten die gigantischen Stämme und Kronen. Davids Augenmerk galt den umherflitzenden Eichhörnchen. Sie jagten sich, spielten, wirkten quietschfidel und landeten treffsicher auf dem anvisierten Ast. Selbst Eichhörnchen hatten Ziele; den nächsten Ast.

Sie kannte ihren Mann gut und ahnte, dass er wieder einmal darüber sinnierte, wie wenige Ziele er momentan hatte, weniger als ein Eichhörnchen. Sie hörte ihn regelrecht sprechen: »Kathy, schau doch. Ganz verkürzt ist es doch so, man kommt mit nichts auf die Welt, ackert ein Leben lang, um sich viel anzuschaffen und viel zu besitzen und dann später wieder mit nichts abzutreten. Was soll das Ganze?«

Er würde wie jeden Sonntag, wenn die Praxis geschlossen war und seine hochphilosophischen Gedanken mit ihm durchgingen, darüber erschrecken, worüber er nachdachte. Würde sich in einem Strudel negativer Gedanken verfangen und den Sinn des Lebens in Frage stellen. Es schmerzte Kathy jedes Mal aufs Neue, ihn so zu sehen. So müde, so melancholisch, so zynisch. Alles, wofür er früher lichterloh gebrannt hatte, war mit den Jahren zur Routine geworden. Einer Routine ohne Schmackes. Unmerklich hatte er den Höhepunkt seiner Karriere hinter sich gelassen. Er war über dem Zenit. Definitiv.

Sie sah, wie er sich in den Unterarm kniff, um sich wehzutun. Vor langer Zeit hatte er ihr von diesem Deal mit sich selbst erzählt. Wenn er gedanklich zu sehr ins Reich der Düsternis abrutschte, kniff er sich in den Arm. Der Schmerz würde ihn zurückholen.

Als ein kleiner Laut, ein Zischen, durch seine Lippen drang, setzte sie sich zu ihm. »Kaffee, Schatz?«, sie hielt ihm den Becher vor die Nase. »David, du bist noch nicht tot.«

Erleichtert richtete er sich etwas auf und umschloss die Kaffeetasse mit beiden Händen. Als müsse er sich wärmen oder festhalten. Oder beides. »Manchmal ist es so ruhig im Haus und auch in mir drin, dass es durchaus sein könnte.«

Sie nippten an ihren Kaffeetassen und starrten auf die Brooklyn Street.

Vor dem Nebenhaus parkten die Nachbarn ein.

»Hi, David. Hi, Kathy.« Sam winkte ihnen zu. »Wie geht's? Schönen Sonntag euch.« Die Familie packte ihre Einkäufe aus, jeder hatte ein Kind an der Hand, ein oder zwei Tüten in der anderen und mit dem Knie öffnete Sam das Eingangstor. Egal, wie vollbepackt sie waren, und sie waren eigentlich immer vollbepackt, hatten sie ein freundliches Lächeln für ihre Nachbarn übrig. Kathy verspürte Lust, die beiden mal zu einem Kaffee oder auf einen Wein einzuladen. Sie überlegte kurz, wie sie auf die Nachbarn wirken könnten und kam zu dem Schluss, dass David und sie wohl ein schrecklich langweiliges Bild abgaben. Sie, eine attraktive schlanke Frau Mitte fünfzig, die immer etwas gestresst wirkte und wie ein Schlot rauchte. Und dann David, der zu leichtem Übergewicht neigte und mit seinem freundlichen Gesicht und den gütigen Augen eine nicht greifbare Melancholie ausstrahlte. Dazu das stille Haus. Außer Davids Klienten kam nie jemand zu Besuch. Schnell verwarf sie den Gedanken wieder, die Nachbarn einzuladen.

Kathy und David schlürften still ihren Kaffee und beobachteten nun neben den Eichhörnchen noch die Nachbarsfamilie. Wenn Kathy es zuließe, würde sie das Paar um ihre Kinder, um das vollgepackte Leben, um die Tüten voller Windeln und Einkäufe, um die schlaflosen Nächte beneiden.

Schnell setzte sie ihre weißen Kopfhörer auf, übertönte die aufkommende Sehnsucht mit krachender Musik und schloss erleichtert die Augen. Das war knapp. Mit zittrigen Fingern zog sie sich blind eine Zigarette aus der Schachtel und zündete sie an.

David, den es ständig in den Fingern juckte, Kathys Kopfhörer mit einem schnellen Ruck, so wie man ein Pflaster abzog, wegzureißen und ihre Zigarette auf dem Boden zu zertreten, setzte sich heute über alle Zeichen ihrer Abgrenzung hinweg. Mutig berührte er ihren Arm. Erschrocken, als wäre der Alarm im Haus angegangen, öffnete sie sofort die Augen. Für einen Moment glaubte er, sie in Tränen schwimmen zu sehen. Zwei dunkelblaue Seen. Sie nahm einen der beiden Kopfhörer vom Ohr. »Was?«

»Ich würde gerne bisschen Zeit mit dir verbringen, wenn du

schon mal da bist.« Den Nachsatz konnte er sich nicht verkneifen. Sie seufzte und versuchte, ihre Gereiztheit zu verbergen sowie den Subtext auszublenden.

»Kathy ...«, er gab nicht auf, »... lass uns später einen Spaziergang zu den Foodtrucks machen, oben in der Divison Street. Wir können dort eine Weile sitzen, ein kühles Bier trinken und zurückschlendern. Die Luft kühlt am frühen Abend auf eine angenehme Temperatur ab. Komm schon. Morgen bist du wieder weg und unser Kühlschrank gibt nichts her, womit wir etwas kochen könnten.« Er nahm ihre Hand, wie er es früher so oft getan hatte, und zog sie hoch, mit sich. So standen sie etwas unbeholfen, Hand in Hand, in ihrer gut aufgeräumten Küche und wussten nicht weiter.

Verlegen lockerte Kathy als Erste den Griff und öffnete den mannshohen Kühlschrank, vor dem sie gelandet waren. Ihre letzte gemeinsame Anschaffung. Teuer und ausgestattet mit den neuesten technischen Raffinessen, die kein Mensch brauchte. Mit einem Stöhnen schloss sie ihn wieder. Er wusste, dass sie nun einen Scherz machen musste, um den kurzen Anflug der Nähe, der zwischen ihnen aufgekeimt war, zu killen.

»Eigentlich gibt unser Kühlschrank schon seit Monaten nichts mehr her. Aber toll sieht er aus. So Retro-toll ...«, amüsiert schaute sie an ihm herunter. »Ein bisschen wie du.«

Dankbar ging David auf das Thema ein. »Wo, bitteschön, bin ich retro? Ich sehe für mein Alter gut aus, das höre ich jedenfalls immer von meiner weiblichen Kundschaft. Männlich, modern.« Er fuhr sich zur Untermauerung seiner Worte mit der Hand durch die vollen Haare.

»Deine Haare sind okay, Schatz. Aber deine ausgebeulte Jeans, die breiten Hosenträger und die Schlappen. Glaub mir, das ist out. Deine weiblichen Patientinnen schmeicheln dir nur gnädig, weil sie auf eine saftige Ermäßigung hoffen. Bei deinen Stundenpreisen!« In Nullkommanichts hatten sie ihr sicheres Terrain aus Ironie, Alltagskram und kleinen Schikanen wieder hergestellt.

»Findest du, ich bin zu teuer?«

»David, ich bitte dich. Deine Frage ist jetzt nicht ernst gemeint, oder? Du nimmst Stundenpreise wie Psychotherapeuten in New York. Einhundertachtzig Dollar für fünfzig Minuten. Kein Wunder, dass hauptsächlich alte, gelangweilte und gut situierte Hausfrauen in deine Praxis kommen.«

»Ich bin gut.«

»Ich weiß, dein Ruf ist nach wie vor ausgezeichnet.«

»Nach wie vor?«

»Nun ja, ich merke doch, wie sehr dich die Therapien anstrengen.«

Oder langweilen, dachte David, ohne es auszusprechen. Was man aussprach, war existent. »Papperlapapp. Nichts strengt mich an. Ich müsste mal einige Therapien beenden. Das ist alles.«

»Du machst dir was vor. Ich sehe manchmal deinen zynischen, herablassenden Gesichtsausdruck, wenn du die Praxistür schließt. Aber bitte, mach weiter. Dieses Gespräch hatten wir schon so oft.«

Etwas unwirsch schenkte er sich ein Glas Wasser ein.

Kathy schaute noch einmal in den Kühlschrank und pulte eine einzelne Möhre aus dem Gemüsefach. Sie wusch und schälte sie lieblos, drehte sich zu ihm um und biss herzhaft hinein. Es knackte laut und Kathy wusste genau, wie sehr David laute Kaugeräusche beim Essen nervten. Mit vollem Mund ergänzte sie: »Dass du dich nicht selber langweilst ... mit diesen alten Frauen und ihrem Gejammer über verpasste Chancen im

Leben.« Herausfordernd schaute sie ihm in die Augen. Seine warmen Augen, die zu Schlitzen wurden, wenn er lachte. Augen, die immer alles durchschauten. Augen, die sie wieder leuchten sehen wollte. David senkte den Blick und beendete das nicht wirklich begonnene Gespräch. Er setzte die Brille mit dem schwarzen Rand auf, was seinen gelehrten Ausdruck unterstrich und nahm sich ein Buch.

»Komm, Schatz. Lass uns später rausgehen. Ich verzieh mich noch eine Weile in den Garten.« Batman, der ihnen die ganze Zeit zwischen den Beinen herumhüpfte oder anders gekonnt im Weg stand, schloss sich David schwanzwedelnd an. Garten war viel spannender.

Kathy sah aus dem Fenster, wie David einen Liegestuhl in den Schatten zog und versuchte, sich in seine Lektüre zu vertiefen. Anhand der Titel, die auf seinem Nachttisch lagen, fiel ihr auf, dass die Bücher blutrünstiger wurden. Thriller, Krimis oder Dystopien. Kaum ein literarisch anspruchsvoller Roman vermochte ihn in den letzten Monaten zu fesseln.

Kathy hörte drüben Sam aufgeregt rufen: »Nein, Jakob. Nein!!!«

Sie beobachtete, dass Klein-Jakob nackt im Garten stand und in aller Seelenruhe aufs Beet pinkelte. Als ihn sein Vater am Arm fassen wollte, um ihn wieder ins Haus zu holen, haute er ab. Kathy schmunzelte, als sie den Jungen und seinen Vater um die Wette flitzen sah. Sam schnappte ihn schließlich, nahm ihn schimpfend auf den Arm und verschwand im Haus. Sie hörte noch, wie Klara ihren Mann in der Eingangstür fragte, was los war und Sams Antwort: »Unser Sohn pinkelt jetzt nackt in den Garten.« Ihre Entgegnung hörte sie nicht.

Kathy machte es sich in ihrem Zimmer gemütlich und hörte das Pling der eingehenden Nachricht.

Sicher von John, ihrem Geschäftspartner ... und Freund.
Kath, sag! Hast du dich endlich entschieden?
Ja!, schrieb sie kurzerhand zurück. *Bin dabei*. Ohne weiter nachzudenken, drückte sie auf senden. Jetzt war es entschieden und sie musste es nur noch David beibringen. Heute Abend, überlegte sie. Heute Abend.

6

Emily hatte sich in ihren Bus zurückgezogen und telefonierte mit ihrer Großmutter. Einer rüstigen Frau, die stets einen frechen Kommentar auf den Lippen hatte. Sie hörte die Wellen an den Strand peitschen und hatte kaum die Geduld, die Fragen ihrer Granny zu beantworten. Die kopfhohen Wellen lockten sie heute besonders ins Meer.

»Aber ja, Granny. Natürlich pass ich auf mich auf ... Kisses for you ... Ja, Cooper ist auch hier ... ich schau mal, wann wir dich besuchen ... Texas ist einfach weit ... ja, ganz bald ... ich liebe dich auch.« Sie legte auf und meinte, am Ende ein seltsames Zischen gehört zu haben. Als hätte ihre Granny Luft aus irgendwelchen Reifen gelassen. Sie hoffte, dass sie nicht wieder selbst versuchte, irgendetwas zu reparieren.

Von Weitem sah sie Cooper, der ihr hektisch zuwinkte. In seinem Neoprenanzug sah er so unwirklich aus, viel dünner und schlaksiger als im Alltagsleben.

»Emmi, los!«, schrie er gegen den Wind an, »lass uns zusammen rauspaddeln. Wieso kannst du deine Granny nicht an einem anderen Tag anrufen? Du verpasst hier alles! Der Wind soll sich in einer Stunde legen.«

»Ich komm schon!« Im Laufen zog sie sich das Shirt über den Kopf. »Ich ruf sie doch immer sonntags um zehn an, sonst macht sie sich Sorgen. Das ist ihr einziger Wunsch, den möchte ich ihr erfüllen. Wer weiß, wie lange ich sie noch habe.«

»Gehen nicht alle älteren Menschen um zehn Uhr in die Kirche?«

»Ich bin ihre Kirche. Jeden Sonntag.«

Blitzschnell hatte sie sich umgezogen, schnappte sich ihr Board, überprüfte die *Leach,* die Fangleine, und nahm Coopers freie Hand. »Auf geht's!« Hand in Hand rannten sie zum Wasser. Legten sich auf ihr Boards und paddelten los.

Ziel jedes Surfers war, die grünen Wellen, die ungebrochenen Wellen, abzusurfen und die beiden hatten Glück, heute gab es eine Menge davon.

Völlig erschöpft fielen sie nach dem wilden Ritt in den warmen Sand. Ihre Brustkörbe hoben und senkten sich schnell und es dauerte einige Minuten, ehe sich ihre Atmung beruhigte. Emily zog sich zuerst aus, ihre Sehnsucht, die wärmenden Sonnenstrahlen auf ihrer Haut zu spüren, war größer als die Erschöpfung. Coopers Augen waren noch geschlossen und er bewegte sich keinen Millimeter. Sie öffnete den Reißverschluss von seinem Anzug und entdeckte die vertraute Gänsehaut.

»Komm, mein goose bumps. Mach dich frei!«

Er blinzelte. »Mach du!«

»Coop, ich kann dich hier nicht ausziehen.«

»Doch ... du kannst. Streng dich mal an!«

Emily zog an ihm wie an einer leblosen Gummipuppe. Schimpfte und versuchte, ihn auf die Seite zu drehen. Cooper lachte sich schlapp und musste sich den Bauch halten. Sie sah wild und entschlossen aus. So kannte er sie. Wild und entschlossen. Selbst bei kleineren Aktionen wie dieser. Er zog sie kurzerhand zu sich, sodass sie auf seinem Bauch lag. Bauch an Bauch. Er im Neoprenanzug, sie im Bikini. Emily fiel in sein Gelächter ein und ihre Bäuche stupsten sich dabei gegenseitig an. Wurde ein Bauch ruhiger, vibrierte der andere und sie steckten sich grundlos immer wieder von neuem an.

»Okay, Emmi, ich hab ein Einsehen. Warte, mir ist jetzt total heiß.« Cooper zog sich aus, drapierte alles ordentlich neben

Emilys Sachen und legte sich wieder in den aufgewärmten Sand. Doch sie war schon einen Schritt weiter.

»Lass uns vor zum Rockaway Beach fahren. Ich brauch mal 'ne kleine Pause und einen anderen Strand.«

»Okay, ich weiß, du liebst die endlose Weite dort. Und vielleicht fahren wir heute nicht so spät zurück. Lass uns gleich alles einpacken. Dann chillen wir noch zwei Stündchen dort am Strand und dann auf nach Portland.«

»Danke, Cooper, dass du jeden Sonntag mit mir zurückfährst. Du weißt, dass du auch die ganze Woche hierbleiben kannst. Nur ich muss zurück.«

»Wo denkst du hin? Mit dem neuen Auftrag in der Tasche kann ich mir das nicht leisten. Ranger und ich wollen morgen anfangen. Was ist übrigens aus Carries Date geworden?« Cooper schaute sie gespannt an. Immerhin lief da noch die Wette, wer wen massieren musste.

»Sie und Miss Paris treffen sich wieder. Es sieht gut aus. Carrie ist verliebt, eindeutig! Ich schätze, du schuldest mir eine Massage. Eine Stunde.«

»Na, warten wir mal ab. Noch sind keine drei Monate vergangen.«

Auf dem Rückweg in die Stadt hoffte Emily, dass Cooper nicht wieder mit dem Lass-uns-zusammen-ziehen-Thema anfangen würde. Sie war es leid, ihn immer enttäuschen zu müssen und auch wütend, dass er nicht kapierte, dass seine Hartnäckigkeit diesbezüglich fehl am Platz war. Sie konnte nicht.

»Emmi, Will zieht bei uns aus. Er zieht mit Beth zusammen. Das heißt, das schönste Zimmer in unserem Haus wird frei ... und bezahlbar. Komm, gib dir einen Ruck. Wir beide!«

»Nein!« Verdammt, hatte sie vorhin den Teufel an die Wand gemalt? Schon wieder das leidige Thema!

»Nein?«

»Coop! Bitte, hör auf, mich zu drängen. Es steht nicht an. Nicht für mich.«

»So langsam nehme ich es persönlich.« Schmollend schob er seine Sonnenbrille in die Haare und starrte mit zusammengekniffenen Augen auf die Fahrbahn.

»Wir haben es doch gut miteinander. Warum willst du alles ändern?« Versöhnlich legte sie ihre Hand auf seinen Arm und wartete auf eine Antwort.

»Wir leben seit zwei Jahren so. Immer gleich. Alles wie immer. Jeder hat seinen Alltag, getrennte Wohnbereiche und ab und zu machen wir was zusammen. Ich würde gern einen nächsten Schritt mit dir gehen.«

»Wir machen ziemlich viel zusammen. Nicht nur ab und zu.«

»Aber spürst du nicht, dass was Neues ansteht?«

»Nein, mir geht's gut so, wie alles ist. Vielleicht brauchst du ja eine Veränderung?«

Die Stimmung kippte. Emily war geschickt darin, den Ball der Verantwortung zurückzugeben, obwohl sie wusste, dass Cooper recht hatte. Aber eine Stimme in ihr flüsterte nicht nur, sie schrie regelrecht, dass sie sich nicht weiter auf einen Mann einlassen sollte als bis hierhin. Eine zartere Stimme hauchte, dass sie ihn verlieren würde, wenn sie so stur bliebe. Sie war froh, gleich in ihrem Foodtruck stehen zu können.

»Cooper, gib mir noch ein halbes Jahr. Im Winter treffe ich eine Entscheidung und überlege bis dahin, was ich mir als nächsten Schritt vorstellen kann.«

»Du hast Angst.« Er drehte sich kurz zu ihr und sah, dass sie eine Haarsträhne um den Finger wickelte. Wieder und wieder.

»Vielleicht.«

»Angst, dass ich dich verlasse. So, wie dein Vater deine Mutter. So, wie alle Männer in eurer Familie irgendwann weg waren.«

»Ja.« Emilys Antwort war schlicht und ehrlich. »Wenn ich mich mehr mit dir zusammentun würde, stünde die ganze Zeit eine rot blinkende Signallampel im Raum, die mich daran erinnerte, wie grauenhaft es ist, verlassen zu werden. Ich habe es bei meiner Mutter miterlebt, meiner Tante und bei meiner Großmutter auch. Es waren starke Frauen. Waren, wohlbemerkt. Meine Mutter ist inzwischen ein Wrack. Sofort, als Vater weg war, hat sie sich den nächsten Mann geangelt, mich, ihre erste Tochter vergessen und zu ihrer Mutter gegeben. Danach hatte sie drei neue Kinder allein durchzufüttern, da der neue Mann ebenfalls in Nullkommanichts auf und davon war. Inzwischen trinkt sie viel zu viel, ist depressiv und dauerhaft unglücklich. Und für Granny wurde ich Lebensinhalt, seit Großvater gestorben ist. Ganz zu schweigen von meiner Tante. Ihr dringt die Einsamkeit aus allen Poren.« Sie wickelte die Haarsträhne immer schneller um ihren Finger.

»Aber dafür konnte dein Großvater doch nichts. Gestorben wird immer.«

»Ja, aber verstehst du nicht? Alle Frauen waren viel zu stark auf ihre Männer fixiert. Kaum waren die Kerle weg, fielen sie ins Bodenlose. Das will ich nicht erleben, diese Fixierung und Abhängigkeit. Das waren nur drei Frauen, die mir sofort eingefallen sind. Ich will gar nicht in unsere Familiengeschichte gucken. Alle Männer waren irgendwann weg und auf den Hochzeitsfotos sah jeder so glücklich aus. Wie wir jetzt.«

»Alle ... Emmi, du übertreibst.« Cooper dachte nach und trommelte einen schnellen Takt mit den Fingern auf das Lenkrad, den nur er hörte. »Aber wie geht dann Beziehung? Man bezieht sich nun mal aufeinander?« Er dachte ernsthaft nach.

»Meine Eltern sind zusammengeblieben. Du siehst, ich habe die ›Ich-bleib-für-immer-da-Gene‹ in die Wiege gelegt bekommen.«

Emily schmunzelte und ließ während der ganzen weiteren Fahrt ihre linke Hand auf seinem Schenkel ruhen. Mit der rechten drehte sie ihre Haarsträhne. Je nach Gemütszustand mal langsamer, mal schneller. »Stimmt, das sollte mich beruhigen.«

Cooper war mit seiner Analyse noch nicht fertig. »Aber so, wie die beiden zusammen sind, will ich auch nicht leben. Da wird alles Emotionale weggeschwiegen. Mein Vater macht, was meine Mutter sagt. Ihr Leben besteht aus Rationalität, ihrer Firma und Dingen, die man nun mal so macht, weil sie schon immer so gemacht wurden. Viel Fassade, wenig Leben.«

Sie waren angekommen und anders als letzten Sonntag umhüllte sie heute ein senfgelber Schleier der Wehmut. Doch Coopers ewige Zuversicht rettete den Abschied. »Emmi! Ich glaube, wir brauchen neue Vorbilder, nicht unsere Eltern. Es muss doch möglich sein, lange und glücklich zusammenzuleben. Ich glaube daran!«

Emily lächelte und war froh, dass sie beide wieder in einem Boot saßen und das Senfgelb dem Sonnengelb wich. Das war noch mal gutgegangen. Cooper setzte an, noch etwas zu sagen, aber Emily unterbrach ihn belustigt: »Ich weiß, was du sagen willst.«

»Echt? Was?« Cooper zog die Augenbrauen hoch, die von der Sonne ebenso ausgebleicht waren wie seine Haare und riss in Erwartung dessen, was sie wohl gleich sagen würde, die Augen übertrieben auf.

»Warte.« Sie stellte sich aufrecht hin, stemmte eine Faust in die Seite und legte den Zeigefinger der anderen Hand an ihren Mund: »Emmi, es geht kein Weg am Optimismus vorbei.«

Cooper lachte und zog sie in seine Arme. »Mein Gott, wir kennen uns wirklich schon ziemlich gut. Du könntest mich vertreten, falls ich mal nicht kann. Das wollte ich tatsächlich sagen ... mit einer kleinen, aber feinen Ergänzung ... Es geht kein Weg am Optimismus vorbei, mein Karamell-Sahnebonbon.«

Carrie, die den letzten Satz hörte, da beide schon am Foodtruck standen, schnalzte mit der Zunge. »Das wäre doch mal eine neue Crêpe-Idee. Der Cooper-Crêpe.«

7

Am späten Sonntagnachmittag erinnerte Kathy ihren Mann an den gemeinsamen Spaziergang. Sie wollte es endlich hinter sich bringen und ihm ihre Entscheidung mitteilen. Die gutbekannte Faust im Bauch, die ihr ihren Gefühlszustand verdeutlichte, verkrampfte sich immer mehr. Sie war nervös, das Herz wummerte, und Kathy versuchte, die mögliche Tragweite ihres Schrittes herunterzuspielen. Batman hüpfte aufgeregt hin und her. Mit gewohntem Widerwillen ließ er sich an die Leine nehmen und zog so stark zur Haustür, dass David fast vornüber kippte.

David redete wie ein Wasserfall, als ahne er, dass sie ihm etwas Unumstößliches sagen wollte. Er quatschte den ganzen Weg Nonsens und in den kurzen Nonsens-Pausen wandte er sich in Kindersprache Batman zu. »Ja, fein. Fein hast du das gemacht. Komm, Batty.«

Kathy hakte sich bei ihm ein. »David. Hör auf.«

»Da ist das Stöckchen. Womit?«, fragte er unschuldig.

»Uns müde zu quatschen.« Bevor er wieder loslegen konnte, redete sie weiter. »David ... Ich muss dir was sagen ...«

Nein!, dachte David. Ich will es nicht hören.

Um es schnell hinter sich zu bringen, redete sie weiter, ohne auf seine Mimik zu achten. »Ich hab eine Entscheidung getroffen.«

Nein und nein. Er wollte nicht, dass sie einsame Entscheidungen traf, und er wollte nichts davon hören. Wenn er nicht schon zu alt dafür gewesen wäre, hätte er sich am Liebsten die Ohren zugehalten.

Kathy trommelte währenddessen ihren Mut, ihre Kraft und ihren Selbsterhaltungstrieb zusammen und sagte es endlich.

»Ich gehe mit John nach San Francisco. Für eine Weile. Wir eröffnen einen neuen Standort. Ein Kinderhospiz.« Sie schaute konzentriert auf ihre Schuhe, auf den Weg, auf den Hund. David löste sich von ihr und blieb stehen.

»Nein«, hörte sie. »Ich will nicht, dass du weggehst. Wir haben in den dreißig Jahren immer alles zusammen entschieden. Wir waren immer zusammen.«

»Eben. Ich brauche Abstand, sonst ersticken wir in unserer Einsamkeit. In unserem ›immer‹. Wir sind zwar zusammen, aber wir sind einsam. Jeder für sich.«

»Das klingt so traurig. Sag das nicht.« David wendete sich kurz von ihr ab und schaute nach Batman, der auf einem Grundstück herumschnüffelte.

»Das klingt nicht nur traurig. Das ist traurig.« Kathy hakte sich wieder bei ihm ein. »Ich habe lange nachgedacht und mich heute Mittag spontan dafür entschieden. Wir brauchen frischen Wind, einen Richtungswechsel. Ich brauche eine neue Aufgabe und ich hoffe, dass uns das irgendwie belebt.«

»Du gehst mit einem anderen Mann in eine andere Stadt, eröffnest ein Kinderhospiz, einen Ort, wo Kinder sterben, und das soll uns beide beleben?«

David hob einen dicken Ast auf.

»Ach, David. John ist mehr wie ein Bruder, den ich nie hatte, auch wenn wir in unserer Jugend kurz zusammen gewesen waren. Das zählt nicht und das weißt du. Ich habe mich für dich entschieden. Und dieses Hospiz ist etwas Besonderes. Die Familie kann da mitwohnen, solange ihr Kind dort ist. Es soll eher eine Art Kommune sein. Es gibt Wohnungen, Läden, Gesprächsrunden, Meditationsgruppen. Tiere sind erlaubt und noch vieles mehr. Wir haben dort ein Riesengelände gekauft und tüfteln daran, wie wir das sinnvoll nutzen.«

David wollte das alles nicht hören. Er verschränkte die Arme vor der Brust, verhakte sich dabei mit dem Ast, den er noch in der Hand hielt und konterte: »Ich weiß nur, dass John dich nicht wie eine Schwester anschaut. Seit Jahren wartet er darauf, dich für sich allein zu haben. Jetzt hat er es endlich geschafft.« David kochte vor Wut und würde John am liebsten eine reinhauen. Schade, dass er gerade nicht vor ihm stand. Der Adrenalinpegel verlieh ihm Bärenkräfte, er spürte das genau, und dieses Mal würde er zuschlagen. Stellvertretend ließ er seine Wut an dem dicken Stock aus, den er später für Batman werfen wollte. Jetzt donnerte er ihn erst gegen einen Baum, sodass der Stock splitterte, und warf dann den abgebrochenen Rest so weit, dass Batman ihn nicht mehr finden konnte. Enttäuscht, an der Leine ziehend, bellte der ohrenbetäubend.

Kathy hörte nicht auf, sie nahm ihn bei der Hand und redete weiter. »Und ... David, wer, wenn nicht ich weiß, wie es sich anfühlt, ein Kind gehen lassen zu müssen.«

Hand in Hand liefen sie weiter und umrundeten schon das zweite Mal den Food Market.

»Wir, Kathy. Wir wissen, wie es sich anfühlt, ein Kind gehen lassen zu müssen.«

Er sah, wie sich ihre Augen mit Tränen füllten und fühlte Kathy endlich wieder. In einer vertrauten Geste nahm er sie in den Arm, umschlang sie fest wie früher und wartete, bis sie sich beruhigte und ihr Atem wieder gleichmäßig ging. Dieser Schmerz schien nie weniger zu werden. Zärtlich strich er über ihre Wange und vergaß für einen Moment, dass er wütend auf sie war. Sie setzten sich auf die wacklige Holzbank, gegenüber von Emilys Crêpe-Stand, auf der David sonst allein saß. Um nicht auch loszuweinen, nahm er seine distanzierte Beobachterposition ein und fasste für sich zusammen:

Da sitzt er nun, dieser Mann Ende fünfzig, auf einer wackeligen Bank, mit seiner unglücklichen Frau, die es von ihm wegdrängt. Ausgerechnet zu dem Mann, der ihr seit Jahren schon hinterherhechelte und mal sein Freund war. Neben ihm kläffte sein Hund, der einen bescheuerten Stock nachtrauerte, und er kann nichts tun. Nichts.

Als er hochschaute, sah er, dass Emily sie aus ihrem Wagenfenster heraus beobachtete. Kathy und er saßen immer noch nah beisammen. Sie lag in seinem Arm und hatte ihren Kopf auf seine Schulter gelegt. Die Augen geschlossen. Er winkte Emily zu und sie hielt ein kleines Schild hoch, auf dem stand in Großbuchstaben: BANGKOK-CRÊPE??? Er schmunzelte, nickte und hob zwei Finger in die Höhe. Heute zweimal Bangkok.

Emily brachte das Essen zu ihnen an den kleinen Tisch, was sie sonst nie machte. Etwas verlegen, fast ehrfürchtig blieb sie stehen. Sie hatte ihre Hände vor ihrem Körper ineinander gelegt, rieb sie hin und her und hielt sich selbst daran fest.

David stellte die beiden Frauen einander vor. Er zeigte zuerst nach links. »Das ist Kathy, meine Frau.« Und zu Kathy: »Und das ist Emily, die mir täglich mein köstliches Mittagessen frisch zubereitet.«

Die Frauen gaben sich die Hand und lächelten sich an. So höflich hatte er Emily noch nie erlebt. Meistens lag ihr ein frecher Spruch auf den Lippen und alles an ihr war unaufhörlich in Bewegung. Ihre langen Haare, die Augen, der Mund, die schlanken Hände. Sie drehte sich normalerweise in dem kleinen Wagen wie ein Wiesel hin und her. Nun diese bewundernde Stille. Er konnte es sich nicht erklären.

Als sie wieder zu Hause waren, packte Kathy ihre Tasche für die kommende Woche, denn John würde sie bereits am nächsten Morgen abholen.

»Wie lange weißt du eigentlich schon von dem neuen Projekt?«, fragte David.

»Seit acht Wochen. Ich habe es ständig vertagt, mich zu entscheiden. Am Dienstag gibt es den ersten Vorort-Termin und John drängte auf eine Entscheidung. Er hatte schon einen Plan B organisiert, falls ich nicht mitkomme. Ich war ambivalent bis zur letzten Sekunde. Bis heute. Wenn ich ehrlich bin, war es die Sorge um dich, die mich hat zögern lassen. Wenn ich es nur für mich entscheiden müsste, hätte ich längst zugesagt.«

»Und seit heute Morgen machst du dir keine Sorgen mehr um mich?«

»Doch. Aber ständig auf seinen Partner Rücksicht zu nehmen, wäre ein fauler Kompromiss. Das weißt du besser als ich. Berätst du nicht auch Paare, die feststecken und faule Kompromisse eingehen? Ich muss hier mal raus.« Mit Trotz in den Augen schaute sie David an, der im Korbsessel in ihrem Zimmer saß und ihr seelenruhig beim Packen zusah.

»Du warst die letzten Jahre doch schon ständig woanders, Kath. Bei deiner Schwester, unter anderem. Ich dachte, das würde dir als Abwechslung reichen?«

»Ja, weil es bei ihr lebendig ist. Dort hab ich aufgetankt, um es hier auszuhalten.«

»Auszuhalten.« David wiederholte nur das eine Wort und ließ es sich auf der Zunge zergehen. »Kath, du musst nichts aushalten. Für mich wäre es auch okay, wenn du länger am Stück weg bist. Es klingt furchtbar, was du sagst.«

Ihr Blick wechselte von trotzig zu misstrauisch. »Willst du mich jetzt loswerden?«

»Nein. Ich will nur eine Frau, die gern hier ist. Mit mir.«

»David, dann triff ein paar neue Entscheidungen. Ich vermisse deine Lust aufs Leben. Dein Lachen. Deinen Witz. Schließ die Praxis für eine Weile, verreise. Geh mal wieder ans Meer. Spiel wieder Gitarre. Schreib mir einen Song. Mach irgendwas anderes!«

Jedes ihrer Worte traf ihn wie eine fein gesetzte Nagelspitze. Er wusste es ja. Irgendwas lief aus dem Ruder. Aber ohne seine Klienten und ohne seine Frau wäre es noch einsamer in seinem Herzen.

8

Kathy stopfte ihren großen Koffer auf die Rückbank von Johns Dodge. Sie hatte sich gestern Abend entschieden, länger in San Francisco zu bleiben und ein Zimmer anzumieten. Erst hatte sie nur eine Woche geplant und wollte am Wochenende wieder zu Hause sein. David bat sie nach ihrem Gespräch, Nägel mit Köpfen zu machen und sich eine richtige Auszeit zu nehmen. Danach blieb er den ganzen Abend eher stumm. Nur daran, dass er seine Hände knetete, bis die Knöchel weiß wurden, und am Zähneknirschen in der Nacht erkannte sie seine Angespanntheit. Sie schliefen miteinander, wie sie es schon lange nicht mehr getan hatten. Monatelang nicht. Fast ein Jahr.

»Kath«, flüsterte er sanft ihren Namen.

Es zerriss sie.

Obwohl sie sich nicht trennten, fühlte sich alles wie eine Trennung an. Ihr Magen rebellierte, sie hatte keinen Appetit und rauchte am Morgen eine Zigarette nach der anderen.

Sie schaffte es nicht, sich noch einmal umzudrehen. Sie wusste auch so, dass David in der Tür stand und ihr nachblickte. Fassungslos, etwas verwundert. Fast kindlich. Er würde sich fragen, was er nicht mitbekommen hatte, und ob er das vielleicht alles nur träumte. Sie wusste, ohne hinzuschauen, dass ihm die graumelierten Haare am Morgen in alle Richtungen standen, er die Brille in der Hand hielt und sein Gesicht aussah, als müsste es glattgebügelt werden. Müde. Erschöpft. Zerfurcht.

Kurz bevor sie die Beifahrertür zuschlug, hörte sie noch, wie er nach Batman rief. Sie ahnte, dass er sich umdrehte, von ihr abwendete. Ihre Augen füllten sich mit Tränen. Das linke Auge lief eher über als das rechte. Immer war es das linke Auge, registrierte sie nebenbei. Stumm wischte sie die Tränen weg und kramte geräuschvoll in ihrer Tasche nach der Sonnenbrille.

John verstaute währenddessen alles sicher im Auto, setzte sich ans Steuer und hielt ihr wortlos einen Kaffeebecher hin.

Sie nestelte erneut eine Zigarette aus der Packung. »Darf ich?«

John nickte, obwohl er überzeugter Nichtraucher war, und Rauchen im Auto für ihn einer Folter glich. Er startete den Motor und schaute sie fragend an. »Fertig?«

»Fertig.« Sie nickte, um ihren Entschluss zu bekräftigen.

Vor ihnen lag eine elfstündige Autofahrt nach San Francisco. John hatte darauf bestanden, das Auto mitzunehmen, angeblich, um sich dort freier zu fühlen. Sie wusste von seiner Flugangst und fragte sich, wann er aufhören würde, ihr etwas vorzumachen.

9

Kathy war abgefahren. Kathy war abgefahren! David konnte es noch nicht fassen. San Francisco, mit John. Der miese Schmerz des Verlassenen bohrte sich langsam in seine Eingeweide. Er hielt sich den Bauch und versuchte, Herr der Gefühle zu werden. Wenn das einer konnte, dann er.

David hörte das Praxis-Telefon im Haus klingeln und nahm das Gespräch entgegen.

Sein genuscheltes »David Tenner« verstand er selbst kaum, da er seine Stimme an diesem Morgen noch nicht gebraucht hatte.

»Oh, guten Morgen, Mister Tenner. Sie gehen ja selbst ans Telefon. Ich hatte zu so früher Stunde einen Anrufbeantworter erwartet ...«, stammelte eine unbekannte Frauenstimme.

»Soll ich wieder auflegen?«, fragte er nach.

»Ähh, nein ... nein ... ha, ha, wie witzig.« Er hörte ihr unsicheres Gekicher. »Ich wollte einen Kennenlerntermin ausmachen und hoffe, dass es freie Therapieplätze bei Ihnen gibt. Bei Ihrem guten Ruf kann ich mir vorstellen, dass ...«

»Tut mir leid. Ich bin voll.« Unwirsch unterbrach er sie, legte ohne weitere Worte auf und zog den Stecker des Telefons. Ungläubig, dass er das eben getan hatte, pfiff er wieder nach Batman und drehte eine grimmige Runde um den Block. Scheißveränderungen, dachte er, kann nicht mal was bleiben, wie es ist? Er kickte einen Stein gegen eine Mülltonne und Batman zog sofort an der Leine, um dorthin zu rennen. Die Frau, die gerade ihren Müll vor die Tür stellte, schaute ihm kopfschüttelnd nach. Leck mich, hätte er am liebsten laut gesagt und kickte einen weiteren Stein zur nächsten Mülltonne. Er sah die vielen neuen Schilder in den Straßen und in den Vorgärten seiner Nachbarschaft und blieb stehen, um alles in Ruhe zu lesen.

Liebe gewinnt.
Alle Menschen sind gleich.
Schwarze Leben sind wichtig (Black lives matter) Ausländer und Flüchtlinge sind willkommen.
Behinderungen werden respektiert.
Frauen entscheiden über ihren Körper.
Unterschiedlichkeit wird gefeiert.
Menschen und der Planet sind wichtiger als der Profit.

›Liebe gewinnt‹, gefiel ihm am besten. Es stimmte ihn milder, was er da las, und er war stolz, in Portland zu leben. Da, wo ein liberaler Geist herrschte. Da, wo die Menschen es liebten, Fahrrad zu fahren. Die Busse hatten Extra-Vorrichtungen für Fahrräder angeschraubt, falls man müde wurde. Da, wo es der Umwelt zuliebe keine Plastiktüten mehr gab. Er liebte seine Stadt und besonders sein Viertel. Die Holzhäuser, die wild wuchernden Gärten, die Bäume. Sobald der Regen aufhörte, wurde gepflanzt und gewerkelt. Und er liebte den über dreitausend Meter hohen Mount Hood, den Berg, der bis Ende August ein beliebtes Skigebiet war. Nur der neue Präsident machte ihm Angst. Seine Selbstverherrlichung gekoppelt mit der Macht, die er innehatte, toppten alles, was er kannte. Der Mann war kreuzgefährlich.

David wollte Sam fragen, wo es diese Schilder gab. Auch er wollte nach außen zeigen, wie er dachte, und es in den Vorgarten stellen. Möge die Liebe gewinnen.

Zuhause angekommen zog er die Betten ab, stopfte Kathys Decke samt Bettzeug in die Waschmaschine und stellte das Koch-Programm ein. Danach richtete er sein neues Quartier auf der unteren Etage ein, direkt vor dem Fernseher. Er zog das Sofa aus, schüttelte die Kissen zurecht und bereitete alles so vor, dass er heute Abend dort schlafen konnte.

Dann lüftete er seinen Praxisraum, um zum hundertsten Mal den Depressions-Angst-vorm-Leben-Alte-Leute-Gestank zu verscheuchen, und nahm sich vor, ab sofort wieder junges Klientel anzunehmen, auch wenn sie weniger Geld hatten. Er würde einfach die Preisliste an ihre Finanzen anpassen. Beflügelt von der Idee versuchte er seine Stimmung in den Das-Leben-ist-gut-Modus zu bringen, was ihm gänzlich misslang. Ein ganz kleines bisschen freute er sich heute sogar auf die Klienten. Durchweg allen ging es deutlich schlechter als ihm. Manchmal tat das gut. Obwohl er sonst nicht so erpicht darauf war, nur das zu hören, was schlecht lief, wollte er es heute hören. Er würde es aus ihnen herauskitzeln. Er wollte es ausgesprochen hören. So konnten sie etwas für ihn tun.

In der Mittagspause marschierte er, Batty an der Seite, strammen Schrittes zum Food Market. Batman blickte unsicher zu ihm auf. Das schnelle Tempo seines Herrchens könnte auch heißen: Komm, Batty. Rennen! Aber David schaute nur stur geradeaus und lief in diesem seltsamen Stechschritt. Völlig außer Puste stand er vor Emily.

»Hi, Mister David. Schön, dich zu sehen. O-oh, du hast aber heute miese Laune.« Emily zeigte auf die heiße Crêpe-Platte. »Wie immer?«

»Ja, Du kleine Blitzmerkerin.« David musste lächeln, zum ersten Mal heute. »Gott, habe ich schlechte Laune und ja, alles, wie immer. Wenigstens beim Essen soll alles wie immer sein.«

Am Stand war noch nicht viel los und Emily hatte Zeit für ein kleines Schwätzchen. »Wenigstens ... wie immer? Was ist denn los? Gott?«

»Meine Frau fängt einen neuen Job in San Francisco an und ich fürchte, sie wird dortbleiben.«

Emily reichte ihm seinen Crêpe. »Dann geh mit.«

»Das sagst du so in deinem jugendlichen Leichtsinn.«

»Die schöne Frau, die gestern an deiner Schulter lehnte?«

»Ja, die. Ich hab nur die eine.« Wieder verzog sich sein Mund zu einem ungewollten Lächeln.

»Was macht sie in San Francisco?«

»Sie ist Architektin und hat sich auf medizinische Einrichtungen spezialisiert. Sie bauen dort ein neues Kinder-Hospiz, irgendwas Innovatives. Sie und ihr Geschäftspartner. John. Tststs.«

»Hey, du bist eifersüchtig und denkst, sie fängt was mit ihm an!«

David hatte es schon immer gehasst, so durchschaubar zu sein. »Ich bin nicht eifersüchtig.«

»Ha! Erwischt!« Emily klatschte in die Hände.

»Sag mal, machst du nebenbei ein Psychologiestudium, Nebenfach Charakterstudien?«

»Nebenbei? Mein Wagen da ist ein Vollzeitjob. Nebenbei gehe ich höchstens surfen.«

»Deshalb kommst du manchmal so braungebrannt und wie vom Winde verweht hier an?«

»Ja, genau. Besonders sonntags hetze ich mich total ab.«

»Wo surfst du?«

»Mit Cooper, meinem Freund am Short Sands Beach.«

»Wir, meine Frau und ich, haben am Rockaway Beach ein kleines Häuschen. Ziemlich ungenutzt seit einiger Zeit.«

»Oh, wirklich? Ich liebe den Rockaway Beach, diese unendliche Weite ist der Hammer.« Emily bediente einige Kunden und David fand es schade, dass die Schlange länger und damit ihr Gespräch unterbrochen wurde.

Er legte ihr seine Visitenkarte hin. »Falls du oder ihr mal einen Therapeuten braucht. Ich mag junge Leute.« Damit verabschiedete er sich. »Bis morgen, Emily.« Er sah noch, wie sie die Karte einsteckte, ohne einen Blick darauf zu werfen. Alle Aufmerksamkeit war bei ihrer Kundschaft.

»David! Mister David!«, hörte er sie ihm nachrufen. »Batman. Du hast Batman vergessen. Das ist dir noch nie passiert. Er war an der Bank angebunden.« Atemlos drückte sie ihm die Leine in die Hand.

»Danke, Emily. Ich bin völlig durch den Wind.«

Sie rannte zurück, um ihre murrenden Kunden zu besänftigen.

David beugte sich zu seinem Hund und streichelte ihn. »Verzeih mir, Batty. Heute ist einfach nicht mein Tag.«

Zurück in der Praxis riss er die Fenster erneut auf, kochte sich einen Espresso und ließ Batman im Garten herumtollen. Er setzte sich in seinen Sessel und wartete auf Mr. und Mrs. Bramidge, die gemeinsam kommen wollten, um sich im vertrauten Nilpferdsumpf zu suhlen. Laut Mrs. Bramidge gab es seit Kurzem leichte Anflüge von Verbesserung. Sie waren sogar wieder zusammen im Kino gewesen. Doch dann, als es klingelte, stand eine verweinte Mrs. Bramidge vor der Tür. Allein.

»Kommen Sie rein. Wo ist Ihr Mann?«

Mit schweren Schritten stapfte sie in den Praxisraum, ließ sich in den Sessel plumpsen und schnäuzte sich kräftig. »Er ist weg.« Kaum hatte sie es ausgesprochen, heulte sie hemmungslos wie ein Kind. Der Rotz machte ihr Gesicht nicht schöner. Sie beugte sich vornüber, hielt sich den umfangreichen Bauch und zeigte auf das Sofa. »Darf ich?«

Er nickte. Weinenden Frauen konnte er noch nie etwas abschlagen. Er beobachtete, wie sie sich auf sein Sofa wälzte, was eigentlich nur da stand, weil Therapeuten nun mal ein Sofa im Praxisraum hatten. Es wurde kaum benutzt.

In Embryonalstellung lag sie da, weinte und versuchte, ihm die Situation zu erklären. »Seit drei Tagen ... mit seinem Rollkoffer ... dem großen ... weg ...«

Weg? Insgeheim bewunderte er Mr. Bramidge. Nie im Leben hätte er ihm auch nur einen Hauch von Aktivismus zugetraut. Für ihn war er der passivste Mensch unter der Sonne, der ihm jemals begegnet war. Nun war er über alle Berge, mit seinem großen Rollkoffer. Nicht mit dem kleinen, so viel hatte er verstanden. Seit drei Tagen, ohne ein Wort. Respekt, Mr. Bramidge! Aber das durfte er nur denken, ermahnte er sich selbst. Die weinende verlassene Frau brauchte sein Mitgefühl. »Misses Bramidge. Was ist passiert? Es lief doch viel besser. Sie waren im Kino!«

»Fuck, das Kino!«

Erschrocken schaute er sie an, das Wort ›fuck‹ hatte sie noch nie in den Mund genommen.

»Wir gingen auf mein ewiges Drängen, dass wir doch mal wieder etwas zusammen machen sollten, in einen beschissenen Actionfilm, wo es mindestens tausend Tote gab. Die Hälfte der Zeit habe ich nicht hingeschaut, weil es zu gruselig war. Da es ihm ja so schlecht ging, durfte er den Film aussuchen. Ich hab mich mal wieder hintenan gestellt. Scheiß auf meine Wünsche! Es war der beknackteste Film, den ich je gesehen habe!« Inzwischen saß sie wieder aufrecht und ihre heraufkriechende Wut nahm mehr und mehr Besitz von ihr. David mochte sie so wütend viel lieber, da war pures Leben in der Frau. »Wir haben riesige Becher Popcorn gegessen oder besser gesagt: gefressen, dazu eine XXL-Cola getrunken oder besser gesagt: gesoffen. Wie Tiere. Kein Wort gesprochen, nur gemampft und gegrunzt. Zu Hause hat er sofort wieder seinen üblichen Platz vor dem Fernseher eingenommen. Ich wollte es an diesem Abend aber wissen. Habe eine Flasche Sekt aufgemacht, den wir sonst nie trinken, habe mir Reizwäsche angezogen und den Fernseher ausgeschaltet. Mit der Hand. Die Fernbedienung hatte er ja in Beschlag. Ich habe mich einfach davor gestellt und den Bildschirm versperrt. So, wie Gott mich schuf.«

David versuchte, die aufploppenden Bilder zu verdrängen. Es funktionierte nicht. Ein Grinsen schummelte sich in sein Gesicht. Krampfhaft kämpfte er dagegen an. Er sah Mister Bramidge vor sich, wie er mit seiner dicken Plauze gemütlich im Sessel saß, sein Bier in der linken, die Fernbedienung in der rechten Hand. Nach dem glorreichen Kinoabend längst in gemütliche graue Jogginghosen geschlüpft, und dann stand da seine nackte Frau vor dem Bildschirm und wollte was Neues. In Reizwäsche. David vermutete, dass da sein Entschluss gereift war, zu fliehen. Mit dem großen Koffer.

Inzwischen stand Mrs. Bramidge vor dem Sofa, hatte die Arme in die Hüften gestemmt und funkelte ihn böse an. »Ich sehe, dass Sie sich das Lachen verkneifen!«

David konnte nicht mehr. Sein Lachen ließ sich nicht mehr unterdrücken, sonst wäre er implodiert. »Sorry ... Misses Bra ... sorry.«

Sie kam auf ihn zu und schubste ihn wütend an der Schulter, sodass er in seinem Sessel nach hinten fiel. Reflexartig stand er auf und hielt sich an ihr fest. Sie schubste ihn wieder weg. Innerhalb kürzester Zeit lieferten sie sich ein handfestes Gerangel, und David musste aufpassen, dass er sie nur festhielt und der Versuchung, ihr eine zu donnern, widerstand.

Sie boxte auf ihn ein und attackierte ihn verbal. »Sie Scheißtyp. Alle gleich ... ich hasse Sie ... fassen Sie mich nicht an ...«

Er hielt ihre Arme fest und staunte über ihre Kraft. Irgendwann wurde sie schlapp, sackte in sich zusammen und weinte in seinem Arm. Er wiegte sie, wie man ein Kind wiegt. Fühlte ihre Einsamkeit und sagte: »Sie brauchen jetzt einen Hund, einen treuen Begleiter und einen guten Food Market.«

Sie befreite sich aus seinen Armen, schaute ihn mit verschmiertem Gesicht und verrutschter Frisur an und antwortete: »Sie sind auch nicht ganz dicht, Mister Tenner, oder?«

»Nein«, antwortete David schlicht und ein ehrliches Schmunzeln erreichte seine Augen.

10

Emily schloss den Foodtruck ab und freute sich auf einen ruhigen Montagabend in Coopers Wohngemeinschaft. Sie sehnte sich nach einem Film, einem kalten Bier und Cooper, mehr brauchte sie heute nicht. Sie war müde und wartete bereits seit einer Woche auf ihre Regelblutung. Ihre gespannten Brüste und das leichte Ziehen im Bauch signalisierten ihr, dass sie prämenstruell war. Sie konnte sich nicht erinnern, dass sich ihre Blutungen jemals regelmäßig und schmerzfrei anbahnten, und beneidete Carrie, deren Hormonsystem wie ein Uhrwerk lief.

»Hi, Emmi, mein Sahnebonbon. Komm rein.« Bestens gelaunt empfing Cooper sie mit einem offenen Lächeln, hob sie in die Höhe und drehte sich mit ihr einmal im Kreis.

»Aua ... und sag nicht immer Sahnebonbon!« Sie boxte ihm spielerisch in die Seite.

»Lass dich anschauen.« Cooper hielt sie auf Armeslänge von sich weg. »Ich hab dich schon mehr als vierundzwanzig Stunden nicht gesehen. Mein Baby sieht müde aus. Komm, schmeiß dich auf das Sofa ... ich verwöhne dich heute ... und wieso *aua*? Hab ich dir wehgetan?«

»Meine Brüste schmerzen. Nicht anfassen.« Schützend hielt sie ihre Hände vor den Oberkörper und wackelte wie eine strenge Lehrerin mit dem Zeigefinger.

»Alles ohne anfassen heute? Bekommst du deine Tage?«

»Ja, sie müssten längst da sein. Aber weißt ja, bei mir herrscht Chaos.«

»Ja, den Bereich bekommst du ausnahmsweise nicht unter Kontrolle. Dein Körper macht, was er will!«

Cooper duckte sich, bevor ihr Schuh ihm entgegengeflogen kam. Emily ließ sich von seiner guten Laune anstecken und streckte sich wohlig auf dem Sofa in Coopers Zimmer aus. Er hantierte in der Küche und brachte zwei Teller mit Pasta und Salat für sie beide mit.

»Hmm, oberlecker. Wirklich.« Emily leckte sich genüsslich die Finger einzeln ab.

Sie mochte dieses Haus, das sich Cooper, sein bester Kumpel Ranger und Will, der jetzt auszog, teilten. Es gab einen kleinen Garten mit einer Hängematte, ein paar Büschen und einem großen Baum mit einer ausladenden Krone. Mit bunten Blumen hatten es die Jungs nicht so. Dafür gab es jede Menge Fahrräder, Surfbretter, eine kleine Werkstatt und Autoteile, da Will gern an Autos schraubte und schon oft ihren oder Coopers Bus in der Mangel hatte. Sie hoffte, dass Cooper heute nicht wieder mit dem Thema Zusammenziehen kommen würde. Sie war zu müde.

»Bin gleich wieder da.« Cooper verschwand in der Küche und kam mit zwei Espressi und einer Wärmflasche für Emilys krampfenden Bauch zurück.

»Coop, du hattest übrigens recht. Carrie und ihr neues Date, das war nix.«

»So schnell?«

»Carrie sagte, sie hätten sich zwei Mal getroffen und sie wäre kaum zu Wort gekommen. Da hat sie keinen Bock drauf.«

»Aber vielleicht war die andere nur so aufgeregt und hat deshalb so viel geredet. Carrie ist ja nun nicht die größte Rednerin.«

»Kennst ja Carrie. Entweder es passt sofort oder eben nicht. Dann investiert sie keine weitere Minute.«

»Einerseits ist sie so scheu und man könnte meinen, man

kann alles mit ihr machen. Andererseits ist sie knallhart.«
»Sie weiß, was sie nicht will.«
Cooper schnalzte mit der Zunge. »Das heißt, ich bekomme eine Massage von dir.« Er rieb sich die Hände. »Eine Stunde lang.« Die Schadenfreude war nicht zu übersehen.
»Aber auf keinen Fall heute«, wehrte Emily ihn ab.
Will klopfte an und steckte fast gleichzeitig seinen Kopf ins Zimmer. »Hi, Emmi. Mein Zimmer ist ausgeräumt, kannst ja mal gucken. Coop sagte, du wirst einziehen. Ich freu mich für euch. Bye.« Er winkte und zog die Tür wieder zu.
»Das ist jetzt nicht dein Ernst.« Emily hatte sich wieder aufgesetzt.
»Ich hab nur gesagt, vielleicht ... dass du vielleicht hier einziehst.«
»Kannst du nicht einfach Ruhe geben? Ich werde nicht einziehen. Langsam werd ich sauer. Ich hatte dich um mehr Zeit gebeten. Bis zum Winter.«
»Um mir dann im Winter abzusagen. So lange kann ich es nicht freihalten.«
»Du hast doch genug Geld.«
»Jetzt wirst du ungerecht. Was hat das alles mit Geld zu tun?«
»Stimmt. Sorry.«
Die Stimmung war sofort im Keller und beide saßen schmollend beieinander. Emily hielt sich die Wärmflasche an den Bauch und hoffte, dass ihre Krämpfe bald nachließen. Was sollte sie noch sagen? Aus den Augenwinkeln schaute sie zu ihrem Freund, der ebenfalls nachdachte. Sein Gesicht war ernst, sein sonst so oft lächelnder Mund zeigte zusammengekniffene Lippen. Er schaute zuerst in ihre Richtung.
»Okay. Ich denke, ich habe es endlich verstanden. Ich lass das Thema jetzt los. Dann ziehen wir eben nicht zusammen und

alles bleibt so, wie jetzt. Alles wie immer. Das willst du doch, oder?«

Sie hörte seine Worte, da gab es keinen blöden Unterton, er meinte, was er sagte. Und trotzdem, es fühlte sich nicht besser an. Du wirst ihn verlieren, flüsterte es in ihr. Bleib standhaft, brüllte es aus dem Off.

11

Davids letzte Woche vermanschte sich in seiner Erinnerung zu einem Einheitsbrei. Er verlor das Gefühl für die Tage und über allem lag eine hellgrün-gelb-graue Staubschicht, die er nicht anrührte. Kathys Nachrichten und Anrufe wimmelte er ab, indem er »den Mann, um den man sich keine Sorgen machen musste« mimte. Fröhlich erzählte er Unwichtiges von seiner Woche, dass er am Wochenende mal wieder ans Meer fahren wollte, die Gitarre gefunden hätte, den Keller ausmisten würde und anderen Mumpitz. Als er sich selbst zuhörte, fand er die Idee mit dem Meer gar nicht so schlecht. Aber nicht jetzt. Später. Nächstes Wochenende. Vielleicht.

Es gab eine einzige Unterbrechung in der vergangenen hellgrün-gelb-grauen Woche, die ihm in Erinnerung geblieben war und ihm das Herz wärmte.

Mittwochabend fragte ihn Sam, sein Nachbar, ob er auch ein kühles Bier haben wolle. Ohne nachzudenken, sagte David zu und setzte sich zu ihnen in den Garten. Batman folgte ihm und David beobachtete, wie die Kinder und der Hund zusammen spielten.

Er fragte Sam und Klara, ob es nicht anstrengend sei mit zwei kleinen Kindern und beide sagten wie aus einem Mund: »Und wie!«

Sam sagte: »Beide sind Wunschkinder, aber der Ausdruck *anstrengend* ist noch untertrieben. Nachdem Jakob auf der Welt war, wollten wir, dass er schnell einen Bruder oder eine Schwester bekommt. Er sollte nicht so allein sein. Und Voila, da ist unsere Matilda.«

Die Kleine kam gerade an den Tisch und stützte sich bei David ab, um zu schauen, was auf dem Tisch lag. Ihr Kopf reichte bis an die Tischkante und David hielt schützend die Hand davor, damit sie ihn sich nicht verletzte.

»Habt ihr auch Kinder oder schon Enkel?«, fragte Klara.

»Schau. Matilda mag dich.«

David blickte zu dem kleinen Mädchen und sah, dass sie ihre nasse, schmutzige Hand auf seinem Hosenbein abschmierte. Er schmunzelte, überlegte, ob er ehrlich antworten oder eher wie üblich ›wir haben keine Kinder, leider‹ sagen sollte. Innerhalb einer Sekunde entschied er sich für die Wahrheit. Wenigstens die halbe Wahrheit.

»Wir hatten eine Tochter, sie ist nur knapp zwei Jahre alt geworden. Sie litt an einer schweren Auto-Immunkrankheit und ist schließlich daran gestorben.«

Die beiden hielten die Luft an, nur das Geplapper der Kinder und das Geschmatze des Hundes waren zu hören.

Klara fing sich als Erste. »Wie schrecklich ... für euch als Eltern.«

»Absolut. Für Rose, so hieß unsere Kleine, war es am Ende eine Befreiung. Ihr Gesicht sah nach dem Tod entspannt aus, wie nie zuvor in ihrem kurzen Leben.« David schluckte. Sein Adamsapfel trat für einen Moment stark hervor.

Sam holte ein neues Bier und berührte ihn sanft an der Schulter. »Komm, David. Auf das Leben.« Sie prosteten sich zu.

»Ja ... Auf das Leben«, wiederholte David. Er sah in ihren Augen, wie betroffen sie waren. Trotzdem fuhr er fort. Er hatte lange nicht über diese Zeit gesprochen. Eigentlich noch nie. »Kathy hat sich nie davon erholt. Ich glaube, danach haben wir es verpasst, wieder zu leben. Als hätten wir Rose zuliebe auch aufgehört zu leben.«

»Das hätte sie nicht gewollt«, warf Klara ein. »Jedes Kind will glückliche Eltern. Auch die kleinen Engel da oben, die zu früh gehen mussten.«

David schaute sie nachdenklich an. »Da ist was dran. Gefällt mir, der Gedanke.«

»Wie lange ist es her?«

»Dreizehn Jahre.« Er sah ihren Gesichtern an, dass sie rechneten. »Meine Frau war zweiundvierzig und ich fünfundvierzig Jahre alt. Ja, wir waren spät dran und hatten schon nicht mehr daran geglaubt, noch ein Kind zu bekommen. Eine lange Geschichte.«

Matilda saß inzwischen auf Davids Schoß und verlangte mit ernstem Gesicht: »Mehr, mehr.« Sie zeigte mit ihren nassen Patschhänden auf die Wasserflasche. Seine Hose sah aus, als hätte er gerade irgendeine schmutzige Übung bei der Army bestanden. Egal, das Vertrauen des kleinen Mädchens war für ihn der glücklichste Moment seit Ewigkeiten. Sie war im gleichen Alter wie seine Rose damals. Knapp zwei Jahre. Er roch an ihrem verschwitzten Haar und zwang sich, nicht vor Schmerz aufzuschluchzen. Verlegen wischte er sich im Gesicht herum und ließ die Kleine behutsam von den Knien. Es war zu viel. Der Geruch, der vertraute Körper, die Kindersprache.

Jakob tobte unterdessen mit Batman im Garten und es war nicht mehr klar erkennbar, wer Hund und wer Kleinkind war. Er beäugte David von Weitem um einen Hauch skeptischer als seine kleine Schwester.

Klara beobachtete ihn aufmerksam, sagte dann zu ihm: »Jakob ist autistisch. Nicht wundern, wenn das mit dem Kontakt bisschen dauert.«

Vertrauen gegen Vertrauen, dachte David dankbar. Er nickte. »Ich hab alle Zeit der Welt.« Er sah, wie Sam Klara über den

Kopf strich und wusste um den hohen Wert des eigenen Lebens, wenn es woanders um so viel tragischer zugegangen war.

Zurück in seinem Haus setzte er sich noch eine Weile auf die Terrasse. Dem Impuls, Kathy anzurufen, widerstand er, wobei er gern so eine Partnerin gehabt hätte, die er anrufen könnte. Egal, was ihn bedrückte. Egal, zu welcher Zeit.

12

Seit einer Stunde saß Emily in ihrem Bus und starrte aus dem Fenster.
Seit einer Stunde fuhren ihre Gedanken Karussell.
Seit einer Stunde drehte sich die Welt nicht mehr.
Seit einer Stunde wusste sie, dass sie schwanger war.
Stillstand auf allen Ebenen. Sie versuchte, sich das Datum zu merken. 2. August 2017.
Ihre Brüste waren druckempfindlich, und das leichte Ziehen im Bauch wusste sie nun ebenfalls einzuordnen. Sie ließ den Kopf auf das Lenkrad sinken, ihre gekreuzten Arme dienten als Kissen.
Sofort sah sie Bilder ihrer abgekämpften Mutter vor sich. Ein Leben, das sie komplett ihren Kindern geopfert hatte. Nichts war von der ursprünglich lebendigen Frau übrig, die sie auf früheren Fotos gesehen hatte. Ihre Mutter hatte sich mit der Geburt ihres ersten Kindes von sich selbst verabschiedet. Bis heute.
Intuitiv entschied Emily sofort, das Kind nicht auszutragen. Jetzt bloß keine emotionale Bindung aufbauen. Sie setzte sich geradewegs an den Rechner, um zu schauen, was sie dafür tun musste. Richtig, sie brauchte erst mal die Bestätigung ihrer Ärztin, dass sie wirklich schwanger war. Bisher gab es nur die zwei Tests aus der Apotheke. Sofort rief sie an und ließ sich einen Termin für den nächsten Morgen geben. Ihre Hände wanderten zu ihrem flachen Bauch. Es ist ein Zellklumpen, sagte sie sich wie ein Mantra auf. Nur ein Zellklumpen.
Wie unter einer Glasglocke erledigte sie heute ihre Arbeit am

Food Market. Carrie würde gegen achtzehn Uhr dazu stoßen, da es um die Zeit langsam voller wurde und die Arbeit besser zu zweit zu schaffen war.

»Einen Texas für William. Lass es dir schmecken.«

Der junge Mann, der jeden Tag sein Essen bei ihr bestellte, lächelte ihr zu. »Danke, bis morgen. Ich hoffe, dass dein Lächeln dann zurück ist.«

Sie schaute ihn kurz an. »Oh, sorry. Ich war in Gedanken.«

Er lief bereits weiter und Emily glaubte, dass er ihre Antwort nicht mehr gehört hatte.

»Wer war in Gedanken?« Mister David, wie Emily ihn immer noch am liebsten nannte, stand vor ihr. Sie schaute an ihm vorbei und sah Batman, der entspannt unter der Bank lag und kein Trauma davongetragen hatte, weil er letztens vergessen worden war.

»Ach, Mister David. Ich bin in Gedanken. Wie immer?«

»Wie immer«, antwortete er. »Ich bin Spezialist für Leute, die in Gedanken sind.«

Sie lächelte und erinnerte sich an seine Visitenkarte: Dr. David Tenner.

»Stimmt, der Doktor der Psychologie. Ich fürchte, das muss ich mit mir selbst ausmachen. Beziehungsweise mit Cooper.« Der Gedanke, Cooper einzuweihen, bereitete ihr sofort verstärktes Bauchziehen. »Noch zwei Tage, dann fahren wir erst mal wieder raus ans Meer, surfen. Ich vermisse es total. Vielleicht pustet der Wind meinen Kopf frei und ich bin klarer.«

»Eine gute Idee. Vielleicht fahre ich auch mal wieder in unser Strandhaus ... Und lass mich durchpusten.« Einvernehmlich lächelten sie sich an. Sie reichte David seinen Crêpe und ein Leckerli für Batman aus dem Fenster.

Der Tag endete für sie, wie er begonnen hatte. Unter einer Glasglocke. Dumpf und gefühllos.

Am nächsten Morgen fuhr sie ins Planned Parenthood und ihre Ahnung wurde Realität. Neunte Woche. Sie registrierte lediglich die Fakten. Neunte Woche. Früh genug. Ich muss es nicht bekommen. Noch habe ich eine Wahl. Ich muss mit Cooper reden. Oder nicht? Nicht mit ihm reden? Einfach selbst entscheiden? Nein. Oder doch?

Zurück am Food Market sah sie, dass Carrie den Wagen schon geöffnet hatte. Alles blitzte wie neu und sie stellte die Eimer mit dem vorbereiteten Crêpe-Teig gerade in den Kühlschrank. »Hi, Emmi. So früh? Ich hol uns Kaffee.« Ohne eine Antwort abzuwarten, schlenderte sie zum Nachbarwagen und bestellte zwei große Milchkaffee. Sie flirtete ein bisschen mit Linn, der Inhaberin des Kaffeestandes und kam mit den Kaffeebechern und zwei Muffins zurück.

Emily saß bereits auf der wackligen Holzbank gegenüber ihrem Wagen, und noch bevor Carrie sich setzen konnte, platzte es aus Emily heraus. »Carrie. Ich bin schwanger.« Sie übergab sich fast, so übel war ihr, das Unaussprechliche auszusprechen.

Carrie blieb mit den Kaffeebechern in der Hand vor ihr stehen. »Darfst du dann noch Kaffee trinken?« Carries Pragmatismus toppte alles und Emily prustete los.

»Wenn das alles ist, was dir dazu einfällt. Na denn Prost!«

Carrie stellte die Becher ab, setzte sich neben ihre Freundin und nahm sie in den Arm. »Sorry, ich bin aber auch ... Sweety, wie du aussiehst, ist das keine frohe Botschaft.«

»Nein.«

»Ich dachte, du verhütest?«

»Es gab einen Spiralenwechsel mit einer kurzen Pause dazwischen. Da muss es passiert sein.«

»Shit. Welche Woche?«

»Neunte. Ich weiß es erst seit heute Morgen ganz sicher.«

»Und Cooper?«

»Hat noch keine Ahnung. Ich muss mit ihm reden, aber ich wollte es selbst erst mal verdauen.«

»Verstehe. Mist, Emmi. Lieber einen Schnaps statt Milchkaffee?«

»Schnaps wäre eine echte Alternative.« Sie rang sich ein Lächeln ab und fuhr fort, »Ich will mein Leben jetzt nicht verändern. Ich trinke den Kaffee. So, wie jeden Tag!« Trotzig ergriff sie den Becher und nahm den ersten Schluck. »Gerade jetzt ist in meinem Leben endlich mal alles gut. Ich habe keinen Schuldenberg mehr, der Crêpe-Stand wirft Gewinn ab. Du bist eine fantastische Freundin und Mitarbeiterin. Ich habe seit Ewigkeiten mal wieder ein Plus auf meinem Konto. Meine Beziehung zu Cooper ist gut. Mein Bus fährt wie ein geölter Blitz, seit Will ihn repariert hat, und ich kann an den meisten Wochenenden ans Meer fahren, um zu surfen. Wieso denn jetzt ein Kind? Ich will kein Kind. Alles, was ich liebe, müsste ich aufgeben. Das Surfen, den Stand, das Leben im Bus.«

Carrie war still und schlürfte ihren Kaffee. »Also willst du es abtreiben?«, fragte sie dann vorsichtig nach.

»Ja. Das klingt so schrecklich. Schon das Wort *abtreiben*.«

»Hmm. Stimmt.«

»Glaub mir. Alles in mir sträubt sich, mich auf ein Kind einzulassen. Ich habe keinen Funken Mutterlust in mir. Ich bin keine Mutter. Wenn überhaupt, dann vielleicht mal in zehn Jahren. Auf keinen Fall jetzt.« Emily schaute ihre Freundin kreuzunglücklich an. »Verstehst du mich ein bisschen?«

Carrie legte den Arm um Emilys Schultern und gab ihr einen Kuss auf die Wange. »Ja, ich verstehe dich ... aber, Sweety, einen kleinen Funken Mutterlust gibt es doch in dir.«

»Ich seh keinen.«

»Du hast deinen Kaffee nicht weiter getrunken. Hast nur den ersten trotzigen Schluck genommen.«

Carrie räumte die Becher weg, ging zum Wagen und heizte die Platte an. »Komm Emmi, es geht los oder willst du heute lieber frei machen?«

»Nein, ich will ganz viel arbeiten. Ich brauche Zerstreuung.«

Emily ging ebenfalls zum Wagen und sah, dass Miss Paris, Carries letztes Date, auf sie zugesteuert kam. Sie spazierte mit durchgestreckten Rücken und ohne mit einer Wimper zu zucken auf Carrie zu.

»Soll ich sie übernehmen?«, fragte Emily leise.

»Ich mach das schon.« Carrie schob sie zur Seite und richtete sich ebenfalls zur vollen Größe auf.

»Hi Carrie, einen Paris-Crêpe, bitte. Schön, dich zu sehen. Du antwortest ja auf keine meiner Nachrichten, also muss ich herkommen.«

»Ich dachte, meine Nachrichten waren eindeutig. Ich habe kein Interesse.«

»Das glaube ich dir nicht.«

Carrie war für einen Moment sichtlich sprachlos; Emily kannte sie gut und verfolgte nun das Gespräch neugierig aus dem hinteren Teil des Wagens.

Nach einer kurzen Pause fragte Carrie versöhnlicher: »Und wieso? Wieso glaubst du mir nicht?«

»Wir hatten keine richtige Chance, uns besser kennenzulernen. Du bist viel zu früh ausgestiegen. So geht das nicht!«

Carrie fand zurück in ihre Abwehr und klang wieder genervt.
»Ja, zu viel Text deinerseits. Ich steh nicht so auf Monologe.«
»Carrie, wir haben monatelang geflirtet, uns angeschmachtet. Ich habe Tag und Nacht nur an dich gedacht. Ich möchte noch eine Chance. Bitte. Das war alles viel zu überfrachtet.«
»Nein.«
»Dann komm ich jetzt wieder jeden Tag hierher und esse Crêpes, bis ich platze. Ich nehme meine Gitarre mit und sing dir ein Ständchen. Jeden Tag.«
»Bloß nicht.« Carrie winkte ab. »Okay, ein einziges Treffen und wenn du mich wieder so vollquatschst, stehe ich auf und gehe. Auch mitten im Satz!«
»Ich werde es nicht verkacken. Indianerehrenwort!«
Emily lächelte im Hintergrund und bewunderte Miss Paris Hartnäckigkeit. Wie so ein kleiner Kläffer hatte sie sich an Carries Wade festgebissen und nicht locker gelassen. Sie hörte noch, wie sie Ort und Zeit verabredeten, dann traute sie sich aus der Deckung.
»Hut ab, Carrie. Die will dich!«
»Eine einzige neue Chance, mehr nicht.«
»Ich glaube, Cooper muss mich massieren.«
»Ich glaub's ja nicht. Habt ihr wieder um mein Liebesleben gewettet?« Entrüstet hob sie die Kelle. »Wenn du nicht schwanger wärst, würde ich dich schlagen.«
»Oh Carrie, jetzt hatte ich es kurz vergessen.«
»Oh, sorry. Das heißt, wir brauchen ein neues Drama, um dich abzulenken.«
»Ja, bitte.«
»Da hinten kommt dein Lieblingshund mit seinem Herrchen im Schlepptau.«
»Oh, Mister David und Batman.«

13

Cooper und Ranger brüteten schon den ganzen Vormittag über einem Webseitentext für ihren neuen Kunden. Ranger mochte Webtexte kurz, knackig und witzig. Cooper dagegen liebte Texte formeller und ausformulierter. Meistens einigten sie sich auf die gute Mitte, aber bei manchen Sätzen war das schier unmöglich. Beide rangen um ihre Version, argumentierten und meistens gab Cooper nach, da er zugeben musste, dass Rangers Stil schwungvoller war.

Zwischendrin kam Will und holte letzte Schrottsachen aus dem Garten, die er für seine neue Werkstatt brauchte, sodass der Garten neuerdings freie Flächen hatte. Freie braune und öde Areale. Kein Grashalm hätte an dieser Stelle jemals eine Chance.

»Zieht Emily nun bei dir ein?«, fragte Ranger, weiterhin auf den Bildschirm starrend. Das kleine Büro im Haus sah aus wie die Schaltzentrale in einem Cockpit.

»Ich glaube nicht. Ich warte noch das Wochenende ab. Wir fahren raus zum Surfen. Manchmal ist sie da zugänglicher. Aber ehrlich, ich glaub's nicht. Sie hat Angst, sich für immer festzulegen und traut keinem Typen zu, dass er bleibt.«

»Wer oder was bleibt auch schon für immer? Ich kenne niemanden und nichts.« Insgeheim war Ranger froh, dass Emily nicht einziehen würde. Cooper war nicht derselbe, wenn sie dabei war. Dann hatte er nur Augen für sie. Er würde am liebsten sein Leben mit Cooper allein weiter leben. Trotzdem fand er die Diskussion spannend und sagte: »Aber man kann doch nicht ständig in diesen Ewigkeitsschleifen denken, da bewegt sich niemand mehr irgendwohin.«

Cooper wirkte mürrisch, was Ranger aber nicht beeindruckte. »Stell dir nur mal vor, alle haben Angst, ihr Gewohntes zu verlassen, weil sie nicht wissen, was die Zukunft bringt und ob dann noch alles so ist, wie es sich jetzt anfühlt. Alle bleiben einfach steh...«

»Ranger, hör auf, das ist der Beginn einer deiner Dystopien, die du so gerne skizzierst. Kein Bedarf heute.«

»Ach, komm. Alter Spielverderber.«

»Ich koch mal ne neue Ladung Kaffee.« Cooper ging in die Küche, die wieder aufgeräumt aussah, seit Will ausgezogen war. Er wartete auf das Geräusch des Wasserkochers und schaute solange, die Hände in den Hosentaschen, in den Garten. Zu gern hätte er Emily hier. Sie würde aus dem Garten ein Blumen- und Kräutermeer zaubern. Sie würde sogar die Wäsche draußen aufhängen, weil sie Trockner überflüssig fand. Sie würden jeden Tag in einem Bett schlafen. Er könnte sie jeden Tag riechen. Ihr Gesicht anschauen, das wie eine zweite Sonne leuchtete. Plötzlich hatte er eine zündende Idee, die ihn beflügelte und alles unter einen Hut zu bringen schien.

Er strahlte, nahm die Hände aus den Taschen und überlegte, was er in der Küche wollte. Hier war es zu still und die Erinnerung kam zurück. Kaffee. Er vermisste das Geräusch des kochenden Wassers, drehte sich zum Wasserkocher, stellte ihn ein zweites Mal an und brühte den Kaffee auf. Gebannt auf die vollen Tassen schauend, balancierte er sie in das kleine Büro, im schattigen Teil des Hauses. Zwei Schreibtische standen zusammen, sodass Cooper und Ranger nebeneinander oder auch sich gegenübersitzend arbeiten konnten.

»Übrigens, falls Emmi nicht einziehen wird. Ich hätte da jemanden.« Ranger registrierte sein Kommen trotz der großen

Kopfhörer, die er auf den Ohren hatte. Einen schob er beim Reden hinters Ohr. An ihm war alles kräftig, sein ganzer Körper, die Hände, Beine, die Haare. Dicke braune Haare, die ihm immer wieder ins Gesicht fielen. Die Kopfhörer halfen, sie aus dem Gesicht zu halten.
»Und? Wen?«
»Caroline. Ist die Freundin einer Freundin, die dringend was Bezahlbares zum Wohnen in unserer Gegend sucht.«
»Okay, ich behalte sie im Hinterkopf.«
»Eine Frau würde uns mal guttun. Dann würden wir weniger laut furzen. Die Klotür beim Kacken wieder abschließen und so Sachen, die man nicht macht, wenn eine Frau im Haus ist.«
Sprach es und ließ einen fahren.
»Ranger! Du! Du brauchst dringend weibliche Gesellschaft.«
Sie grinsten sich einvernehmlich an und machten sich wieder an die Arbeit.

14

Schon an der Art zu klingeln, erkannte er Mrs. Lawrence. Bevor er öffnete, wappnete er sich und schwor sich, heute energischer zu sein. Aktiver. Sich nicht unterbrechen zu lassen.

»Hi, Mister Tenner. Darf ich?« Sie drängelte sich an ihm vorbei in den Flur, sodass es unvermeidlich war, sich zu berühren. Sie roch unverschämt gut. Wahrscheinlich hatte sie vor der Stunde geduscht und ihre Haare frisch gewaschen, der Duft hing ihm sogleich in der Nase. Er schloss die Tür wie in Zeitlupe und schaute ihr nach. Sie bewegte sich kokett, hatte einen viel zu engen Rock an, der ihren dicken Hintern betonte und bog wie selbstverständlich zum Praxisraum ein. Er starrte wie ein Perverser auf ihre Kehrseite. Magnetisiert. Es läuft schon wieder falsch, dachte er. Noch kein Wort gesprochen und es läuft falsch. Nervös rieb er seine Hände an den Hosenseiten ab. Sie setzte sich und er fasste einen Entschluss.

»Nun, Misses Lawrence. Ich fürchte, Sie müssen nochmals klingeln. Wir fangen von vorn an.«

Irritiert schaute sie aus ihrem Sessel zu ihm hoch. Sie hatte schon die Beine übereinandergeschlagen, sodass ihr Rock zu einem Gürtel mutierte, und sich lasziv nach hinten gelehnt. »Ist das ein Spiel? Ein Psychospiel?« Sie stand wieder auf und ihm gegenüber. Ihr keckes Lächeln signalisierte ihm, dass er noch lange nichts im Griff hatte. »Bitteschön. Fangen wir noch mal an. Sie sind mir ja einer.«

Sie nahm ihre Handtasche und schob sich erneut dicht an ihm vorbei, um wieder vor die Tür zu gehen. Als sie draußen war, schloss er die Haustür und versuchte, Herr der Lage zu werden. Ich bin der Therapeut, sie ist die Klientin. Ich sage, wie das hier läuft! Ich, ich, ich! Nicht sie.

Sie klingelte bereits das dritte Mal. Ganz kurz zog David in Erwägung, nie mehr zu öffnen. Reiß dich zusammen! Und mach endlich die Tür auf, du Waschlappen!

Sie klingelte Sturm. Ganz langsam öffnete er die Tür. In ihrem Gesicht spiegelte sich die reinste Empörung. »Was ist das für ein krankes Psychospiel?«

David hob die Hand zum Gruß und nickte seinen Nachbarn zu. Denen von rechts und denen von links. Besorgt um seinen guten Ruf, zog er sie schnell in den Flur und ließ die Tür ins Schloss fallen. Sicher dachten sie, er hätte sich eine Edelnutte kommen lassen. So, wie Mrs. Lawrence heute aussah, könnte sie diesem Berufsstand alle Ehre machen. Sie trug einen Bleistiftrock, längsgestreift in weiß-blau, der ihr nicht besonders schmeichelte. Hinter ihr zu laufen und diesem schwingenden Po zu folgen, glich einer Folter. Dazu passend trug sie ein enganliegendes weißes Shirt, einen Büstenhalter, der durchschimmerte und mehr zeigte, als er verbarg. Die Krönung waren ihre Sandaletten mit verboten hohen Absätzen.

Wieder gelang es ihm nicht, die Situation zu beherrschen. Sie standen sich im Flur gegenüber.

Sie hielt sich an ihrer Handtasche fest und zischte ihn an. »Mister Tenner! Was soll das? Ich erwarte eine Erklärung!«

»Kommen Sie, kommen Sie.« Er streckte den Arm einladend in Richtung Praxisraum aus und erneut ließ sie es sich nicht nehmen, aufreizend vor ihm herzulaufen.

Als sie saßen, hob er die Hand als Zeichen dafür, dass er etwas sagen wollte, und nahm all seinen Mut zusammen.

»Misses Lawrence, ich möchte Sie höflich bitten, weniger reizvoll gekleidet in meine Therapiestunden zu kommen.«

Sie lehnte sich entspannt zurück, schlug die Beine übereinander und war in ihrem Element. »Oh, was passiert mit Ihnen, wenn ich so angezogen bin, wie ich nun mal angezogen bin?«

»Es lenkt zu sehr ab von dem, weshalb Sie eigentlich hier sind.«

»Sie haben sich nicht im Griff, Mister Tenner. Selbst, wenn ich hier nackt säße, sollten Sie Ihren Job machen können. Sie sollen meine Seele retten.«

»Vielleicht ist Ihre Seele längst geheilt und Sie brauchen keine Therapie mehr?«

»Oh nein, so billig werden Sie mich nicht los. Jede Woche ist dieser Termin mein Highlight. Jede Woche gebe ich alles, um wenigstens hier bei Ihnen als ganze Frau wahrgenommen zu werden, nicht nur als kaputte Seele. Ich erwarte, dass Sie damit umgehen können.«

»Okay, lassen wir das.«

»Aber es freut mich, dass ich Sie irritiere. Ich sehe, dass Sie auch das Weib in mir wahrnehmen. Aber ich spiele nur, haben Sie keine Angst.«

»Ich habe keine Angst.«

»Doch, Sie haben Angst. Angst, dass der Mann in Ihnen erwacht und der professionelle Therapeut nur noch sabbert.«

»Stopp! Es reicht. Sie haben mir erklärt, was Sie mit Ihrem Aufzug bezwecken. Das reicht mir als Erklärung. Gut, dass das Thema mal auf dem Tisch gewesen ist. Weiter im Text, worüber wollen Sie heute sprechen?«

Plötzlich war sie still und er hatte für einen Moment das Gefühl, das Ruder wieder in der Hand zu haben. Sie nestelte etwas aus ihrer Handtasche und zog den Rock nach unten. Nach unten! Das hatte sie seit Wochen nicht getan, alles rutschte eher nach oben, ohne dass sie es korrigierte.

»Ich hole uns Wasser.« Er klang versöhnlicher und merkte, dass er seine Therapeutenstimme wieder gefunden hatte. Das war ein guter Tag!

Nachdem er Mrs. Lawrence verabschiedet hatte, setzte er sich erschöpft auf die vordere Terrasse und beobachtete die Eichhörnchen. Hier, im Schatten des Hauses und der alten Bäume, las er Kathys Nachrichten. Er rechnete nach, wie lange sie sich nicht gesehen hatten, und kam auf zwölf Tage. Noch nicht mal zwei Wochen. Sie teilte ihm mit, dass sie ein kleines Appartement gefunden hatte und an diesem Wochenende dort einziehen würde. Davids Herzgegend schmerzte, als er ihre nüchternen Zeilen las. Unwillkürlich legte er eine Hand dorthin.

15

Kathy zögerte, die Nachricht an David abzusenden. Eigentlich wollte sie für ein paar Tage nach Hause kommen und auch, wenn David ihr allen Freiraum ließ, wusste sie, dass er mit ihrem Kommen gerechnet hatte. Noch eine Enttäuschung auf den über die Jahre angehäuften Berg der Enttäuschung. Ihr stetig wachsender Enttäuschungsberg. Manchmal sahen sie sich gar nicht mehr hinter dem kontinuierlich wachsenden Berg. Manchmal lugte einer von beiden hervor und unternahm einen Versuch, den anderen deutlicher zu betrachten, was nur selten gelang.

Kathy versuchte, ihren ureigensten Bedürfnissen zu folgen und trotzdem mit David im Kontakt zu bleiben. Eine Mammutaufgabe, da er ein verbohrter Nachrichtenmuffel war. Wer nicht da war, mit dem kommunizierte er auch nicht. Basta. Seine lapidaren Alles-ist-gut-Nachrichten nahm sie ihm nicht ab. Aber sie hatte sich vorgenommen, nicht mehr auf den latenten Vorwurf oder die unterschwellige Enttäuschung zu reagieren, die sie wahrzunehmen meinte. Sie nahm seine Worte ernst und so antwortete sie auf sein: *Mir geht es gut, mach dir keine Gedanken* mit: *Das freut mich, Schatz*. Wohlwissend, dass sich beide etwas vormachten. Wohlwissend, dass es irgendwann eskalieren würde. Kathy tigerte im Hotelzimmer umher und überlegte, ob sie David diese kurzfristige Absage antun konnte. Sie entschied, zuerst eine Dusche zu nehmen und dann die Nachricht eine Nuance freundlicher zu schreiben. Unter dem Brausestrahl versuchte sie, sich in seine Lage zu versetzen und dann hatte sie die richtigen Worte gefunden.

David, Liebster, ich weiß, du rechnest mit mir und wirst wahrscheinlich enttäuscht sein. Aber ich habe endlich ein kleines Appartement gefunden und ziehe am Wochenende um. Ich komme nächste Woche, versprochen. Kisses, deine Kathy

Sie drückte auf senden, atmete auf und freute sich auf das bevorstehende Abendessen mit John. Wenn sie an ihn und das gemeinsame Projekt dachte, fühlte sie sich lebendig. Gebraucht. Zwischen ihnen gab es keinen stetig wachsenden Enttäuschungsberg. Zwischen ihnen gab es Klarheit und eine langjährige Freundschaft, die beide sehr schätzten. Sie hätten schon oft miteinander ins Bett gehen können. Sie waren oft knapp davor. Aber immer siegte die Stimme der Vernunft, die die Freundschaft höher bewertete als schnellen Sex.

Sie trocknete sich ab, schlüpfte in ein buntes, langes Sommerkleid und zog die flachen Sandalen an. Das Kleid hatte sie sich erst vor zwei Tagen gekauft. Eigentlich war sie ein Jeanstyp, meistens mit einer Bluse oder einem Shirt kombiniert. Langweilig, aber praktisch. In Meetings mit potenziellen Geldgebern kleidete sie sich so und sah es wie eine Uniform. Nichts, worauf man viel Energie verschwenden sollte.

Aber dieses Kleid hatte sie angelächelt und in den Laden gelockt. Sie probierte es an, zückte ihre Kreditkarte und zog es nur ungern wieder aus. Heute war die Gelegenheit, es auszuführen. Sanft strich sie über den angenehmen Baumwollstoff, drehte sich einmal im Kreis und ließ den Stoff ihren Körper umspielen. Wenn David sie sehen könnte ... Nein! Kein David heute!, verbot sie sich.

Sie schaute auf die Uhr. John wartete in einem kleinen Café um die Ecke auf sie. Ihre Haare ließ sie an der Luft trocknen.

Packte Handy, Geld und Schlüssel ein und machte sich beschwingt auf den Weg.

Als John sie sah, pfiff er anerkennend. »Kathy, ich weiß nicht, wann ich dich zuletzt in einem Kleid gesehen habe. Das ist Jahre her. Jahrzehnte. Du siehst toll aus!«

»Das war zur Beerdigung von Rose. Ein schwarzes Kleid, schwarze Strümpfe, schwarze Schuhe.«

»Sorry, ich wollte nicht ...«

Sie setzte sich zu ihm und tätschelte seinen Arm.

»Du wolltest mich nicht erinnern. Ich weiß. Niemand will mich daran erinnern. Dabei ist sie in meiner Erinnerung. Jeden Tag. Vielleicht ist es sogar besser, darüber zu reden.«

Er legte seine Hand auf ihre Hand. »Jedenfalls siehst du umwerfend aus. Wie ein junges Mädchen. Wie ein kleiner Hippie.«

»Wer weiß, vielleicht bringt San Francisco meine verschüttete Hippieseite wieder zum Vorschein.«

»Love, Peace and Happiness.«

»Woodstock, Kiffen und Blümchenkleider.«

Sie prosteten sich zu. John hatte mit einem Fingerzeig ein zweites Glas Prosecco geordert.

Eingehängt schlenderten sie die Market Street hinunter. Ziel war das legendäre Café Zuni mit seinen einfachen, leckeren kalifornischen Gerichten. Kathy liebte die Ricotta-Gnocchi und John das Brathähnchen im Brotsalat. Vertraut genossen sie den Abend, redeten über ihr Projekt und mieden persönliche Fragen. Kathy wusste zwar, dass sich John erst vor einem halben Jahr auf eine neue Beziehung eingelassen hatte, das war`s aber auch schon. Genauso wie John wusste, dass sie nicht mit ihm über David sprechen würde. Leicht angetrunken bestellten sie eine letzte Karaffe Wein.

Der kam so angenehm kühl, dass Kathy vor lauter Genuss auch die Tropfen an der Karaffe ablecken musste.

Am Nachbartisch saß ein älterer Mann mit einer deutlich jüngeren Frau, die sich seit Stunden händchenhaltend verliebt in die Augen schauten.

John nahm Kathys Hände und sie versuchten albern, das Paar zu imitieren. »Komm! Wer zuerst lacht, hat verloren.« Kathy verlor die ersten drei Male. John verlor zwei Mal.

»Hey, ich will wenigstens Gleichstand.« Kathy nahm seine Hände, rückte näher an ihn heran und schaute ihm in die Augen.

»Ich werde nicht verlieren«, flüsterte er.

»Ich auch nicht«, gab sie zurück, bevor sie still wurden.

Sie versuchte, nur seine Augen zu sehen. Nicht den Mund oder den Rest des Gesichtes. Klare Augen, dachte sie. Blaugrau, mit einem dunkleren Ring um die Pupille. Leuchtende Augen. Warm. Voller Liebe. Voller Liebe für mich. Ihre Augen füllten sich im Zeitlupentempo mit Tränen. Sie ließ es geschehen, hörte auf zu denken und begab sich in den freien Flug. Seine Augen taten es ihr gleich und glänzten mit dem flackernden Windlicht auf dem Tisch um die Wette. Sie saßen sich weiterhin gegenüber, hielten sich an den Händen und hingen wie festgeklebt in den Augen des anderen.

Kathy schob ihren Kopf nach vorn. Näher an ihn heran. Er beugte sich ebenfalls leicht zu ihr. Sie küsste ihn zuerst. Legte ihre Lippen sanft auf seine. Behutsam. Fühlte seine Wärme und registrierte, dass wieder ihr linkes Auge zuerst überquoll. Sie tastete mit ihrer Zunge nach seiner. Vorsichtig, ungläubig, erwiderte er den Kuss. Ließ sie das Tempo vorgeben, folgte ihr.

Kathy rutschte auf seine Seite des Tisches, nahm sein Gesicht in beide Hände und küsste ihn wieder und wieder.

Sie sprachen kein Wort. Kathy ließ sich fallen, wie bei einem Sprung vom Zehn-Meter-Turm. Fiel in diesen Kuss. Fühlte das Kribbeln in ihrem Körper, als würde sie nach einer Wanderung übers Packeis wieder auftauen. Sie schloss die Augen und lehnte den Kopf an seine Schulter. Ihre Tränen liefen und liefen. Tief in ihr taute es.

Taumelnd bezahlten sie die Rechnung, gingen in sein Hotelzimmer und schliefen miteinander. Zart, vorsichtig und einvernehmlich. Die Stimme der Vernunft hatten sie mit den Klamotten abgelegt.

16

Emily war aufgewühlt. Fahrig packte sie ihre Sachen für den Strand und überlegte, was sie am Wochenende essen könnten, denn diese Woche war sie für den Einkauf zuständig. Bevor sie Cooper abholte, fuhr sie kurz zum Winco, lud den Einkaufswagen voll und hatte überraschenderweise eine Heißhungerattacke auf etwas Pikantes. Wie eine Irre schob sie den Wagen durch die Reihen und fand ein Regal mit scharfen Würstchen. Sie kaufte gleich zehn Packungen, beeilte sich, zur Kasse zu kommen, und riss direkt nach dem Bezahlen eine Packung auf, angelte sich eine Wurst heraus und biss herzhaft hinein. Was für eine Erlösung.

Die Kassiererin schmunzelte. »Na, Mädchen. Hunger?«

Emily nickte mit vollem Mund und schob die zweite Wurst hinterher.

Sie belud den Bus und machte sich auf den Weg zu Cooper. Parkte vor seiner Tür, schmiss mit Schwung die Bustür zu, warf einen erstaunten Blick in den größer wirkenden Garten und ging ins Haus. Wie immer waren alle Türen sperrangelweit offen. Manchmal glaubte sie, dass sie auch die Toilettentür nicht abschlossen, aber das war wohl übertrieben. Selbst wenn niemand zu Hause war, wurde die Haustür nur ins Schloss gezogen. Cooper kam die Treppe heruntergepoltert und war abreisefertig.

»So viel neuer Platz in eurem Garten. Wahnsinn. Den könnt ihr jetzt richtig schön machen.«

»Ja.« Cooper küsste sie zur Begrüßung. »Seit Will endlich alles abgeholt hat, sieht man erst mal, wie viel Kram von ihm hier über die Jahre herumstand.« Er drehte sich im Kreis. »Schau dich um, Emily. Im Herbst wird alles neu gepflanzt.«

»Ich bin dabei.« Sie strahlte ihn an.

Wusste er doch, dass sie Gartenarbeit liebte. Auf dem Weg zur Küste würde er ihr seine neue Idee erzählen. »Das hoffe ich sehr. Du weißt, ich hab keinen grünen Daumen.«

Emily winkte Ranger zu, der wahrscheinlich das ganze Wochenende mit Bier, Burger und seinem Laptop verbringen würde. »Hi, Ranger. Komm doch mit. Strand, Meer, Salz, Sonne. Man muss nicht surfen können. Lass dich mal durchpusten, macht den Kopf frei.«

»Lass nur, Emmi. Schon deine Aufzählung klingt nach einer Höchststrafe. Sonne, Salz, Sand. Keine stabile Internetverbindung. Lass mal.« Er schüttelte sich theatralisch, als hätte sie ihm vorgeschlagen, dass sie am Wochenende gemeinsam einen Eimer Würmer essen würden.

Die Straßen waren verstopft, viele Portländer zog es bei den sommerlichen Temperaturen aus der Stadt hinaus und sie kamen nur langsam voran.

»Seit wann magst du denn diese Würstchen?« Cooper entging nichts. Er zeigte auf die leere Packung, die auf der Konsole lag.

»Erzähl ich dir gleich.« Erst wollte sie aus der Stadt sein, um sich weniger auf den Verkehr und die Abfahrten konzentrieren zu müssen.

»Emmi, eine Idee hab ich noch, wie wir vielleicht unsere Bedürfnisse unter einen Hut bekommen könnten. Deine und meine.«

»Du gibst wohl nie auf?« Emily holte tief Luft und konnte sich ein Lächeln trotz Anspannung kaum verkneifen. Seine Hartnäckigkeit hatte dazu geführt, dass sie sich überhaupt mit ihm getroffen und auf ihn eingelassen hatte. Mit einer sehr charmanten Dauerpräsenz hatte er sie spielend leicht über eine unsichtbare Linie in sein Leben gezogen. Da war sie nun, Teil seines Lebens. Ab jetzt musste sie besser aufpassen, die nächste unsichtbare Linie war gefährlich. Hochsicherheitstrakt. Alle Ampeln auf Rot, alle Fahnen gehisst.

»Nein, ich geb nicht auf. Geht nicht, gibt's nicht. Mit diesem Spruch bin ich groß geworden. Du erinnerst dich?« Er zwickte Emily sanft ins Knie.

»Okay, schieß los.« Die Stadt lag hinter ihnen und Emily war froh, dass sie noch etwas Zeit gewann, bevor sie ihm ihre Neuigkeiten erzählte.

»Du hast heute unseren leeren Garten bewundert. Jetzt, wo all die Autoteile weg sind, sieht man, wie groß er eigentlich ist. Und da kam mir eine Idee. Was hältst du davon, wenn du deinen Bus auf unser Grundstück stellst? So bist du weiterhin völlig autonom. Kannst im Bus schlafen oder abhauen, wenn dir danach ist, und wenn wir wollen, können wir zusammen sein. Es ist fast wie Zusammenwohnen. Die Vorstufe des ultimativen Zusammenwohnens. Ein Schritt aufeinander zu. Emmi sag, das klingt doch gut, oder? Keine Verpflichtungen, gleiche Kosten wie bisher und ich vermiete das freie Zimmer an jemand anderen.«

Sie überlegte, ob es einen Haken gab. Wenn sie ehrlich zu sich war, war ihr auch das viel zu eng. In ihr gab es definitiv keinen einzigen Impuls, irgendetwas zu verändern. Die Nähe, die sie teilten, und ebenso die Distanz waren für Emily optimal. Aber ihr war klar, dass sie irgendeinen Kompromiss eingehen musste, um Cooper nicht ständig zu frustrieren.

»Coop … Ich lass es mir durch den Kopf gehen. Es klingt gar nicht so schlecht. Vielleicht ist das eine gute Möglichkeit.«

»Vielleicht ... gar nicht so schlecht ... Mensch, Emmi ... manchmal ...«

»... geh ich dir auf die Nüsse.«

»Aber gewaltig!«

»Tut mir leid. Aber ich hab dir von Anfang an gesagt, dass ich nicht so für dieses Beziehungsding gemacht bin. Ich bin mein Leben lang gewohnt, alles alleine zu entscheiden. Es schnürt mir regelrecht die Luft ab, wenn es zu dicht wird.«

»Was ist denn an der Idee zu dicht?« Er verschränkte die Arme und fixierte einen imaginären Punkt auf der Straße. Die Sonnenbrille hatte er vor die Augen geschoben, nur an seinem zusammengepressten Mund erkannte sie, dass er sauer war. So richtig sauer. Da die Stimmung sowieso schon im Keller war, setzte sie noch eins drauf.

»Cooper, ich habe ein viel größeres Problem. Ich esse diese Würste, weil ich schwanger bin und ich sag es dir lieber gleich. Ich werde das Kind nicht behalten.« Sie atmete kaum und wartete. »Und am liebsten möchte ich nie mehr darüber reden.« Noch immer fuhr sie den Bus, noch immer atmete sie zu flach und wartete.

Cooper reagierte zeitverzögert. »Was?« Jetzt schob er die Brille wieder in die Haare, drehte sich zu ihr und sah sie von der Seite an. »Das kannst du nicht einfach so raushauen!«

»Wie denn sonst? Hätte ich es aufschreiben sollen? Vorsingen?«

Vor ihnen war eine Tankstelle und Emily fuhr raus. Mittlerweile zitterte sie am ganzen Körper und konnte nicht weiterfahren. »Coop, ich bin schwanger und ich will es nicht. Verstehst du? Das beschäftigt mich gerade mehr, als das Thema, wo in Zukunft mein Scheißbus stehen wird. Verdammt!« Sie haute mit den Händen auf das Lenkrad.

»Du willst es nicht?« Er schaute immer noch irritiert, als würde er nur Bahnhof verstehen.

Emily wiederholte es erneut für ihn: »Nein. Ich möchte es nicht. Ich kann nicht. Zu früh ... Sieh doch. Ich schaffe es nicht mal, meinen Bus auf deinem Grundstück abzustellen, ohne Panikattacken zu bekommen. Immerzu habe ich Angst, dass mir alles zu viel wird. Jemand anderes mein Leben bestimmen will. Ständig bin ich auf der Hut. Wie soll das mit einem Kind gehen? Es würde definitiv mein Leben bestimmen!«

»Ganz langsam, Emily. Wir haben ein langes Wochenende am Meer vor uns. Lass es mich verdauen, wir werden darüber weiterreden müssen. Es ist auch mein Kind. Aber jetzt muss ich die Nachricht erst mal sacken lassen.« Er stieg aus, umrundete ihr Auto, steckte den Kopf in die Fahrerkabine und fragte, ob er ihr etwas mitbringen solle.

Sie schüttelte den Kopf, griff nach der offenen Packung und stopfte eine weitere Wurst in sich hinein. Das derbe Kauen lenkte sie ab, beruhigte den wilden Takt ihres Herzens. Der pfeffrige Geschmack breitete sich erst in ihrem Mund und dann in ihrem Bauchraum aus. Mund, Bauch, Po. Sie ahnte, woher der Ausdruck ›da hat jemand Pfeffer im Arsch‹ stammen könnte. Von einer schwangeren Frau, die Pfefferwürste in sich hinein stopfte. Bevor sie den Gedanken vertiefen konnte, war Cooper zurück.

Eine Riesentüte mit Fastfood in der einen Hand und eine XXL-Cola in der anderen versuchte er, die Beifahrertür zu öffnen. Die Nachricht schien ihm ebenfalls eine Heißhungerattacke zu bescheren. Er bugsierte alles auf seinen Platz, schnallte sich an und begann sofort, sich mit dem ungesunden Zeug vollzustopfen. Als wolle er alles abtöten, was an gesunden Bakterien in ihm wohnte. Autoaggressiv.

Emily startete den Motor und schweigend fuhren sie Kilometer um Kilometer Richtung Meer. Mit einem Rülpser beendete Cooper seine Gourmet-Mahlzeit, lehnte sich zurück und schlief augenblicklich ein. Fast musste sie lachen. So kannte sie ihn. Wenn ihm irgendwas zu viel wurde, beamte er sich in den Schlaf. Weg war er. Manchmal für wenige Sekunden, manchmal für Stunden. Sie hatte erlebt, dass er mitten in Streitdiskussionen herzhaft gähnte, sich wie ein Kind die Augen rieb und, wenn es ein Bett gegeben hätte, sich ohne Umschweife hingelegt hätte. Immer in der Hoffnung, dass alles wieder gut wäre, wenn er aufwachte. So kindlich, dachte sie. Bei jedem anderen wäre sie ausgeflippt, aber seit Cooper ihr erklärt hatte, dass das für ihn neben der Hoffnung, beim Aufwachen sei alles wieder gut, auch eine Form des Sichsammelns sei, konnte sie damit leben.

Am Short Sands Beach angekommen, stellte Emily den Bus auf ihren Lieblingsstellplatz, unter einen schattenspenden Baum.

»Cooper. Kannst aufwachen. Alle Probleme sind noch da! Bist du bereit?«

Nach einem müden Lächeln streckte er sich. »Mist, ich bin eingeschlafen. Aber hallo, mein Sahnebonbon, klar bin ich bereit!« Er stieg aus. »Komm. Lass uns eine Runde surfen, das macht uns frei und dann reden wir weiter.« Er hielt kurz inne und schaute sie zärtlich an. »Oder darfst du jetzt nicht mehr surfen?«

»In meinem Zustand, oder was? Es gibt keinen Zustand. Klar surfe ich.« Wäre sie eine Feuerkönigin, würden jetzt die Funken sprühen. Unbeirrt holte sie die Anzüge und Boards aus dem Wagen, zog sich trotzig um und war eher fertig als ihr schläfriger Freund. »Und sag nicht immer Sahnebonbon zu mir!«

Am Strand begrüßten sie die anderen Surfer in der Bucht. Das Wetter war ideal, blauer Himmel, viel Sonne und eine kräftige Brise. Die Wellen waren mannshoch und in Emilys Körper kribbelte es vor lauter Vorfreude. Sie machte ein paar Dehnübungen und animierte Cooper wie eine ambitionierte Fitnesslehrerin, es ihr gleich zu tun. Grinsend schaute sie zu, wie er sich lustlos verrenkte. Eigentlich waren seine Beine für alles viel zu lang. Nur beim Surfen, wenn er leicht die Knie beugte, passten sie zu seinem Gesamtbild. Er setzte sich im Schneidersitz in den warmen Sand, ließ ihn durch die Finger rieseln und wartete, dass Emily fertig wurde. Hand in Hand rannten sie ins Meer und balgten eine Weile in den nassen Fluten. Gleichzeitig legten sie sich auf ihre Boards und paddelten hinaus.

Emily liebte den Moment, wenn das Wasser sie vollständig umschloss. Sie ihren Kopf untertauchte und die Haare glatt nach hinten gezogen wurden. Sie sich leicht und gleitend erlebte. Fischig. Geborgen. Umhüllt. Kostbare Augenblicke absoluter Ruhe und Geborgenheit. Geborgen im Wasser. Wasser, das schon viel länger auf dieser Erde existierte, als sie oder die Generationen vor ihr. Länger als ihre Familie, die im Beschützen versagt hatte.

Wenn sie auftauchte und auf ihr Brett sprang, spürte sie die immense Kraft des Meeres, begleitet von einem wohligen Schauer. Dann fing sie an zu spielen. Stellte sich nie gegen die Wellen, bewegte sich mit ihnen, mal obenauf, mal untendurch. Ließ sich anschieben und vorwärtstreiben, bis sie völlig atemlos war. Sie verband sich mit dem Ozean und wurde jedes Mal demütig.

Ewig würde sie Cooper dafür dankbar sein, dass er sie mit ans Meer genommen und ihr das Surfen beigebracht hatte. Eines Tages war er an ihrem Foodtruck aufgetaucht und hatte ausgesehen, als wäre er geradewegs vom Strand gekommen. Zerzaust, frei, wild. Sein Blick war intensiv, sodass sie ihm kaum ausweichen konnte. Aber das Schönste war der Schalk, der sich überall in seinem Gesicht abzeichnete. Mal in den Mundwinkeln, die immer bereit schienen, sich zu einem Lächeln zu verändern. Mal in den Augen, mal, indem er die Augenbrauen leicht bewegte. Fasziniert beobachtete sie sein Gesicht. Der Crêpe verbrannte, die Schlange der Wartenden wurde größer und Emily war aus dem Takt. Er kam immer wieder und erzählte ihr vom Surfen. Seiner Behauptung, dass jeder surfen kann, widersprach sie vehement. Mit einer Wette, dass er es ihr in weniger als zwei Wochen beibringen könne, köderte er sie und kitzelte ihren Ehrgeiz wach. Bis dahin hatte Emily noch nichts von ihrer Liebe zum Meer und schon gar nichts von der zum Surfen geahnt. Ihr Leben hatte in Portland stattgefunden, mit beiden Beinen auf der Erde. Mit Exceltabellen, die ihre Ein- und Ausgaben belegten, mit ihrem Bus, der ihr zu Hause war und den wöchentlichen Telefonaten mit ihrer Großmutter, die ihre Verbindung in die Vergangenheit war. Bis Cooper in ihr Leben geschneit war.

Als sie sich nach ihm umschaute, sah sie, dass er gerade heftig vom Board geschubst worden war. Sie sah nur noch seine Beine, die kurz in die Luft ragten. Der Wind hatte zugenommen und die Wellen waren inzwischen höher als mannshoch. Cooper tauchte auf, schüttelte die Haare, die ihm komplett ins Gesicht hingen, lachte und hielt den Daumen hoch, als Zeichen dafür, dass er in Ordnung war.

Sie hatte sich in Coopers Unbeschwertheit verliebt. In seine Liebe zum Leben und in den warmen Blick, der so oft auf ihr ruhte. So war sie noch nie angeschaut worden. Er schien sie vollständiger wahrzunehmen als sie sich selbst. Anfangs war er ihr suspekt gewesen. Ein gutaussehender blonder, hochgewachsener Surfer, dem alle Frauen hinterherschauten. Jede könnte er haben. In ihr Beuteschema hatte er so gar nicht gepasst. Sie wollte immer einen Partner, der weniger gut aussah, einen, bei dem sie nicht ständig Angst haben musste, dass er abhauen würde. Einem, der wie sie mit beiden Beinen im Leben stand. Doch keinen Surfer!

Guter Dinge und in ihre Erinnerung versunken, paddelte sie zu ihm. Sie verständigten sich mit Gesten, welche Welle sie zusammen surfen wollten. Mit einem fröhlichen Jauchzen gelang es ihnen, gleichzeitig auf den Brettern zu stehen. Aber Emily war unkonzentriert und schaffte es nicht, sich oben zu halten. Die Welle überrollte sie, verschlang sie und drehte sie ein paar Mal um sich selbst. Plötzlich spürte sie Cooper neben sich, der sie hektisch nach oben zog. »Emmi! Du hast mir einen Schrecken eingejagt. Alles okay?« Noch immer hielt er sie am Arm.

»Alles gut.« Sie hielt den Daumen hoch, atmete geräuschvoll und schnell. Cooper blieb in ihrer Nähe, bis ihr Atemrhythmus sich beruhigte. Ohne zu sprechen, schwammen sie an den Strand und legten sich in den warmen Sand. Er hielt die ganze Zeit ihre Hand.

»Emmi, ich hatte plötzlich Angst.«

»Cooper, du bist der einzige Mensch, den ich kenne, der nie Angst hat.«

»Quatsch. Jeder Mensch hat Angst. Ich hatte Angst, dass du abgetrieben wirst.«

»Passendes Wortspiel.«

Cooper erschrak. »Sorry, das war echt doof.«

»Ich bin okay, Coop, alles gut. Bin ja da.«
»Nichts ist gut, lass es bei uns ... das Kind. Es soll auch da bleiben.«
»Nein. Tut mir leid, Cooper. Ich kann nicht.« Tränen liefen über ihr Gesicht. Irgendwo hatte sie gelesen, dass sich viele Paare nach einem Schwangerschaftsabbruch trennen. Das Nein zum Baby würde auch ein Nein zum Partner bedeuten, stand in dem Artikel. Damals hatte sie gedacht, was für ein Quatsch. Das hätte doch alles nur mit der Selbstbestimmtheit der Frau zu tun, nichts mit dem Mann.

Jetzt spürte sie es selbst. Ihr Nein war auch ein Dolchstoß in Coopers Seele. Ein Nein zu einem Teil von ihm.

Cooper gab das ganze Wochenende sein Bestes, Emily zu überzeugen, nichts zu überstürzen. Nach der ersten Schockstarre, der Suche nach dem Zeitpunkt, wann das Kind entstanden sein könnte und seinem Komaschlaf, war er bereit für das zu kämpfen, was das Leben ihnen schenken wollte. Emily hatte recht, eigentlich hatte Cooper fast nie vor etwas Angst. Nur im Meer, als Emily in der Welle strudelte, hatte er plötzlich Angst gehabt, dass sie und das Baby aus seinem Leben verschwinden könnten.

Sie surften, diskutierten, stritten und schliefen leidenschaftlich miteinander. Zur sexuellen Wildheit aus ihrer Anfangszeit hatte sich in den letzten Monaten eine neue Ruhe gesellt, die sie genossen. Zwar scherzten sie darüber, dass es einen Hauch nach alter Ehe schmeckte. Aber beide wussten, dass das Wilde und Ungestüme kein Dauerzustand sein konnte. Es war zu erschöpfend.

»Ein Vorgeschmack aufs Alter«, hatte Emily gewitzelt.
»Ich freu mich auf meine alte Emmi«, war Coopers Lieblings-

antwort und parodierte seine Vorstellung einer alten Frau. Gebeugt, hängende Brüste, eine Hand in die Seite gestemmt. Er wusste nie, wie er die hängenden Brüste darstellen sollte, und entschied sich, ein Paar Socken kurz überm Bauch zu positionieren und mit seinem Oberkörper hin und her zu pendeln.

Lachend kam sie dann zu ihm, fiel ihm um den Hals und massierte seine Socken-Brüste, bis sie wieder in Position waren. »Jetzt hast du einen Push-up geschenkt bekommen. Alles sitzt wieder da, wo es hingehört.«

Und nun das!

Ihre Positionen hatten sich inzwischen festgefahren und ihre Diskussionen waren ständige Wiederholungen mit dem immer gleichen Text. Im Bus, auf der Rückfahrt in die Stadt, wiederholten sie sich, ohne einen Schritt weiterzukommen.

»Cooper, versteh doch einfach. Ich kann nicht, selbst wenn ich es dir zuliebe wollte. Alles in mir sträubt sich. Alles in mir ist ein Nein. Ich würde mich dafür so verbiegen müssen und ja, ich habe Angst.«

»Was für Angst?«, fragte Cooper.

»Alles zu verlieren. Meine Existenz. Meine Sicherheit. Meine Freiheit. Mein Leben.«

»Emmi, ich sage es nochmals. Ich bin da, ich bin dein Partner, ich bin der Vater von unserem Kind und ich habe bei diesem Thema keine Angst. Du bist nicht allein.«

»Ich höre es, aber ich glaube es nicht.«

»Und übrigens widersprechen sich Sicherheit und Freiheit. Du hast Angst um deine Sicherheit und Angst um deine Freiheit. Das passt nicht.«

»Mir egal, ob das passt. Für mich schon. Durch meinen Foodtruck hab ich finanzielle Sicherheit und die schenkt mir Freiheit. Was gibt's daran nicht zu verstehen?«

»Egal, passt trotzdem nicht.« Coopers Kopf rauchte. Er wollte jetzt keine philosophische Grundsatzdiskussion über den Widerspruch von Freiheit und Sicherheit. »Muss man nicht zu irgendeiner Beratung, Emmi, bevor man abtreiben darf?«

»Ja.«

»Ich möchte auch zu einer Beratung mit dir gehen. Einmal über alles sprechen, während jemand anderes uns Fragen stellt und uns aus der Dauerschleife holt, die wir drehen. Vielleicht kann ich dein Nein dann besser akzeptieren oder du findest doch zu einem Ja. Das wäre mein Wunsch.« Er sah, wie sich ihre Stirn kräuselte. Wie sie nachdachte.

»Du darfst auch aussuchen, zu wem wir gehen. Hauptsache, keine Feministin und nichts Staatliches«, schob er Stoff zum Nachdenken hinterher.

»Aber sonst hast du keine Bedingungen, oder? Private Therapeuten sind teuer. Schweineteuer.«

»Ich übernehme das, ist ja auch mein Wunsch.« Sie zögerte.

»Emmi. Kannst du das jetzt bitte mal annehmen? Es ist eine größere Entscheidung in unserem Leben. Ich will alles versucht haben.«

»Okay. Wir teilen das Geld.«

Cooper atmete auf. »Von mir aus, du Dickkopf.« Zeit gewonnen, dachte er. Kostbare Zeit gewonnen.

»Ich denke nach, zu wem wir gehen könnten. Vielleicht frage ich Mister David, er ist ein sympathischer älterer Mann, hat sicher schon viel erlebt, und ist ein gefragter Therapeut. Ihm vertraue ich.«

»Wer ist das?«

»Er kommt seit Monaten fast täglich in der Mittagspause zu meinem Foodtruck, isst einen Crêpe, trinkt einen Kaffee und manchmal plaudern wir ein bisschen. Er hat was Väterliches für mich. So eine Art, wie ich mir einen guten Vater vorstelle. Er interessiert sich für das, was ich mache. Er hat mir seine Visitenkarte gegeben, falls ich ihn mal brauche. Und dann habe ich seinen Namen im Internet eingegeben und es kamen viele Einträge. Er hat Artikel und Bücher geschrieben, Vorträge gehalten und sein Spezialgebiet war Angst.«

»War?«

»Ich weiß nicht. In letzter Zeit ist nichts Neues mehr erschienen. Ich glaube, er arbeitet nur noch in seiner Praxis.«

»Klingt doch gut. Mach einen Termin.« Erleichtert, dass Emily auf seine Idee eingegangen war, verabschiedete sich Cooper von ihr.

»Bye, Coop. Ich dusche schnell und lös dann mal Carrie ab. Ich liebe dich.«

Sanft strich er ihr die Haare hinters Ohr und nahm ihr Gesicht in die Hände. Ihre Augen schwammen sofort in Tränen. Er wusste, dass sie diese Geste liebte, auch wenn sie nie darüber gesprochen hatten. Er schenkte sie ihr, sooft es sich passend anfühlte.

17

Wie so oft in letzter Zeit lungerte David bei der Nachbarsfamilie herum. Jeweils einer von beiden fragte ihn ungezwungen: »Kaffee, David?«, oder abends: »Ein Bierchen, David?«

Anfangs scheute er sich und sagte nur jedes zweite Mal zu. Gab vor, auf dem Sprung zu sein. Schnappte sich Batmans Leine und trottete ziellos einmal um die Häuser, um geschäftig auszusehen. Zwischendrin spendierte er großzügig Kaffee, Bier oder Wein, wenn er ihnen zusagte, sodass die gemeinsamen Vorräte nie ausgingen.

»Ich hab Kathy lange nicht gesehen. Alles okay bei euch?«, fragte Klara, inzwischen wusste er, dass sie aus Deutschland kam und sie erklärte ihm an einem Abend, dass Deutsche direkter, offensiver kommunizierten. Sam hätte ihn das nie so direkt gefragt. Aber sie verfügte über feine Antennen. »Oh, sorry, das fragt man nicht. Oder?«

David mochte das. Alles war klar, offen und er gewöhnte sich daran, die Dinge ebenfalls beim Namen zu nennen. »Sie ist schon seit einiger Zeit in San Francisco. Für ein neues Projekt.« Er schwieg und blickte auf sein Weinglas, drehte es in den Händen und genoss die angenehme Kühle des Glases. Seit einiger Zeit stellte er neue Regeln auf. Eigene Regeln, nur für sich selbst. Eine davon war, dass Alkoholtrinken ab achtzehn Uhr in Ordnung war. So was von in Ordnung. Letztes Jahr besagte die Regel noch ab zwanzig Uhr. Aber das war eine gemeinsame Regel. Keine persönliche.

Genüsslich nahm er einen Schluck des köstlichen Weines.

»Sie will am Wochenende nach Hause kommen. Ich fürchte

allerdings, sie kommt nur, weil sie sich um mich sorgt.«

Klara schenkte ihm sofort nach, das stille Zeichen für ›erzähl weiter‹. Die Kinder saßen auf der Holzveranda und leckten einvernehmlich an ihrem Eis. Klaras Blick wanderte prüfend zu ihnen. Sie lächelte, als sie sah, wie sie einander gegenseitig an ihrem Eis lecken ließen. Das andere schmeckte immer besser. Ihr Lächeln steckte ihn an und er ertappte sich dabei, dass er ihrem Blick folgte, was sein Lächeln verstärkte. Sie schaute wieder zu ihm und nur er bemerkte, dass auch Batman von dem Eis der Kinder profitierte.

»Lass uns lieber über die Kinder reden. Bei mir und Kathy ist gerade ... hmm ... wie soll ich es nennen. Pause. Ja. Pause klingt gut. Es gibt nicht viel zu erzählen.«

»Und wie ist die Pause für dich?« Diese junge Deutsche. Fragte ihn einfach, was sonst niemand fragte.

»Hey, ich bin hier der Therapeut«, konterte er.

Sie lachte. »Kannst mir das Honorar später auf den Tisch legen.«

David mochte ihren Humor. Klar, blitzschnell, geistreich. Sam kam nach Hause, packte die Einkäufe in den Kühlschrank, setzte sich dazu und wischte sich über die schweißnasse Stirn. Er sah müde aus.

»Ich weiß, dass es folgerichtig ist ... in der Natur der Sache liegt ... ich fühl mich ... allein.« Seltsam, es auszusprechen, dachte David.

»Allein oder einsam?« Interessiert schaute Klara ihm in die Augen und wollte es ganz genau wissen.

»Beides«, sagte er ernst. »Beides. Allein und einsam.«

Die Kinder kamen angerannt und patschten mit ihren klebrigen Händen auf den Tisch. Nebenbei schmierten sie die Sitzkissen der Gartenstühle noch mehr ein, als sie es schon waren.

Alle Erwachsenen in diesem Garten hatten über die letzten Wochen eine akzeptierende Gelassenheit entwickelt.

»Ist eben so mit kleinen Kindern. Wir kaufen erst neues Zeug, wenn sie in der Pubertät sind«, sagte Sam achselzuckend.

David lachte. Er war froh, seine beklemmende Antwort ziehen lassen zu können. Die Kinder waren eine willkommene Ablenkung. Batman schleckte an den Sitzkissen und fast sahen sie wieder sauber aus.

»... und was heißt eigentlich folgerichtig, dass es in der Natur der Sache liegt?« Klara versorgte die Kinder mit einem neuen Spielzeug und schon sausten sie wieder los. Schmutzig, als hätten sie Kohle geschippt.

»Na ja. Es musste so kommen. Tief in mir weiß ich, dass es richtig ist. Folgerichtig. Einer von uns musste sich wegbewegen, überhaupt bewegen. Wir lebten im Stillstand, schon viel zu lange. Da ich zu feige und zu bequem bin, hat sie den Job übernommen.«

Klara dachte nach, ehe sie fragte: »So siehst du das?«

»Ja. Ich bin ihr fast dankbar, obwohl ich ziemlich viel Angst habe, was nun aus mir wird.«

»Du hast Angst? Bist du nicht der Experte für Angst?«

»Bin ich. Das macht mich jedoch nicht frei davon. Jeder Mensch hat Angst. Angst ist was Gutes.«

»Wo die Angst ist, ist der Weg. Heißt es nicht so?«

»Genau. Da geht's lang. Ich bin dabei, mich meinen Ängsten zu stellen. Vielleicht sollten wir in Zukunft zusammenarbeiten. Dann kommen auch wieder junge Leute in meine Praxis.«

»Ich denk darüber nach ... wenn ich mal Zeit habe.« Sie war längst aufgestanden, wischte mit der einen Hand Jakobs Rotznase sauber und hielt an der anderen Matilda fest, die an ihr zerrte und ihr etwas zeigen wollte.

Sam fragte David, ob er zum Abendessen bleiben möchte. Kurz zögerte er. Mal wieder etwas Warmes in den Magen zu bekommen, klang sehr verlockend. Er lugte in die Küche und sah den Riesentopf Spaghetti mit Tomatensoße.
»Nein, nein. Ich habe mir heute schon was vorbereitet. Ein anderes Mal. Bis später, ihr vier. Bis morgen.« Er winkte in die Runde und die Kinder winkten zurück, wie immer, wenn sich jemand verabschiedete. Auch wenn ihre Köpfe schon wieder woanders hinschauten, winkten sie und sagten mehrmals: »Bye, David. Bye.«

Zurück in seiner Küche schmierte er sich zwei Käsebrote, goss sich ein Glas Wein ein und setzte sich auf die vordere Terrasse. Sein mageres Abendbrot schmeckte schal und er kaute ewig, ehe er das zu trockene Brot vertilgt hatte. Wenn er ersticken sollte, würde es wahrscheinlich niemand mitbekommen. Vielleicht käme Sam mal nachschauen oder seine Klienten wären aufmerksam, wenn er nicht reagieren würde. Aber darauf wollte er nicht wetten.

Seine Augen gewöhnten sich an die Dämmerung und er beobachtete die jungen und älteren Menschen, die ihre Hunde und Kinder nach Hause brachten. Es war ein reges Treiben auf dem Gehweg vorm Haus. Stehenbleiben, plaudern, weitergehen. Viele hatten braune Papiertüten mit ihren Einkäufen in der Hand. Im Sommer fand das Leben auf der Straße statt. David liebte das.

Die Eichhörnchen waren eine nette Abendunterhaltung und Batman lag zufrieden neben seinen Füßen. Davids Gedanken schweiften zu Emily, die ihn gestern Mittag dringend um einen Termin für sich und ihren Freund gebeten hatte. Auf ihrem jungen Gesicht lag seit Kurzem ein Schatten. Er hatte nicht gewagt, sie darauf anzusprechen, er spürte die unsichtbare Gren-

ze, die sie um sich gezogen hatte. Ohne zu zögern hatte er ihr einen kurzfristigen Termin angeboten, obwohl er einiges dafür verschieben musste. Er mochte diese hitzige junge Frau und war gespannt, was sie bedrückte. Er schaukelte. Vor. Zurück. Vor. Zurück.
Schließlich holte er sein Handy und schrieb Kathy.

Liebes, komm bitte nur nach Hause, wenn du es wirklich möchtest. Nicht, weil du dir um mich Sorgen machst. Dein Mann.

Ihm war nicht recht klar, warum er seine Rolle, seinen Bezug zu ihr, so altmodisch betonte. *Dein Mann.* Albern, dachte er. Er hätte auch David schreiben können. Zu spät, er hatte die Nachricht abgeschickt. Nur eine Sekunde später kam die Antwort.

Davidschatz, mein Mann. Dann nehme ich dein Angebot ernst und verschiebe nochmal. Danke. Deine Frau.

Machte sie sich lustig? Ihm schwante schon länger, dass er sie nicht mehr gut kannte, dass sie ihm entglitt. Was war Humor? Was war ernsthaft? Was war ironisch? Früher hätte er keine Mühe gehabt, den Unterschied herauszuhören. Seine Frau, die Fremde. Genervt schob er das Handy quer über den kleinen Tisch und sah es so grimmig an, als wäre alles seine Schuld. Er fummelte es wieder heran und stellte es zur Strafe aus. Richtig aus, nicht nur in den Standby-Modus. Erschöpft lehnte er sich zurück, schob seine Brille nach oben und gab sich dem rhythmischen Schaukeln hin. Er fühlte seine Angst hochkriechen. Vor. Zurück. Vor. Zurück. Seine größte Angst war, Kathy zu verlieren. Sie war seine Verbindung zum Leben. Und auch zum Tod. Vor. Zurück. Vor. Zurück.

18

Am nächsten Morgen lüftete er, ging mit Batman die übliche Morgenrunde, grüßte die Nachbarn, winkte ihren Kindern und räumte die Spuren der Nacht weg. Seit Kathy weg war, schlief er auf dem weißen Ecksofa, direkt vor dem Fernseher und hatte für Batman unnützerweise eine Decke auf der anderen Seite des Sofas ausgebreitet. Jeden Morgen lag der Hund in seinem Arm wie eine verbotene Geliebte, schnarchte und hatte Mundgeruch. Auch er schien große Angst zu haben, verlassen zu werden. Irgendwas musste David ändern. Er lebte wie ein Scheintoter in einer bescheuerten Unterwelt. Bewegte sich nach wie vor keinen Millimeter in irgendeine Richtung, machte weiter, obwohl Weitermachen das Falscheste von allem war, was er tun konnte. Seine einzige Bewegung war wie das Schaukeln im Schaukelstuhl. Vor. Zurück. Vor. Zurück. Ohne dabei vom Fleck zu kommen.

Es klingelte und David freute sich, dass selbst das Klingeln frischer klang, wenn junge Leute klingelten. Dynamischer. Das mussten Emily und ihr Freund sein.

Er öffnete, schaute in ihre ernsten Gesichter und versuchte, sich den Namen ihres Freundes zu merken. Cooper. Optisch erfüllte er alle Klischees, die David über Surfer wusste. Sonnengebleichte Haare, braun gebrannt, attraktiv, durchtrainiert, federnder Gang, als würde er gleich auf sein Brett hüpfen. Er sah aus wie jemand, der ohne Mühe den Frauen den Kopf verdrehte. Er trug eine knielange weite Hose, ein geringeltes Shirt und Flip-Flops. Fehlte nur noch, dass er einen bunt angemalten

VW-Bus fuhr. Emily sah heute erwachsener aus. David konnte auf die Schnelle nicht herausfinden, woran es lag. Ihre Klamotten waren wie immer; bunt zusammengewürfelt, so, wie er sie kannte. Eine kurze Hose, ein Shirt in den Farben des Regenbogens und ein ebenso buntes Tuch in den Haaren, die sie zu einem lockeren Zopf zusammengebunden hatte.

Als sie saßen, kam Emily ohne Umschweife auf den Punkt. »Also, Mister David, um die Stunde gut zu nutzen, fang ich gleich an: Wir sind fast zwei Jahre zusammen, lieben uns und jetzt bin ich ungewollt schwanger. Ich will das Kind auf keinen Fall. Cooper will es unbedingt. Jetzt wissen wir nicht weiter. Ich habe Angst, Cooper zu verlieren, wenn ich abtreibe, und ich habe auch Angst, ihn zu verlieren, wenn ich es behalte.«

Cooper räusperte sich. »Ich würde gern was ergänzen. Emilys Angst bedeutet, sich einzulassen und mir zu vertrauen. Gut, das Kind war nicht geplant. Aber hey, jetzt ist sie schwanger. Ich nehme die Herausforderung an.«

»Cooper, das ist kein verdammtes Spiel. Keine Challenge oder so. Ein Kind hat man dann immer. Zumindest ich.«

»Du traust mir echt nichts zu, oder?«

Beide schauten David hilfesuchend an. Wie zwei große Kinder, dachte er.

»Was kann ich tun?«

»Hilf uns, dass wir uns nicht verlieren.« Emilys Wunsch kam wie aus der Pistole geschossen. Cooper nickte. Da waren sie sich einig.

David musste kurz blinzeln. Für einen Moment war er in der Zeit verrutscht und sah sich selbst und Kathy dort sitzen. Ein alter Film spulte langsam vor ihm ab. Sie hatten damals eine ähnliche Diskussion. Kathy war zum ersten Mal schwanger, gerade fünfundzwanzig geworden, und hatte viele Pläne.

Sie wollte Karriere machen und viel Geld verdienen. Auf keinen Fall wollte sie jeden Cent umdrehen, wie es ihre Eltern ein Leben lang tun mussten. Und David wollte unbedingt ein berühmter Psychologe werden, Menschen helfen, selbstbestimmt zu leben, ihren Weg zu finden, sich von Ängsten zu befreien.

Denn Davids Kindheit und Jugend war von Angst geprägt gewesen. Der Hauptspruch, den er von seiner Mutter gehört hatte, war: »Mein Junge. Wenn du Angst hast, musst du das nicht machen. Dann bleib hier, brich es ab.« Sein Vater hatte, bevor er früh starb, einen sicheren Bürojob bei einer Bank und predigte Sicherheit, ganz egal, um welches Thema es ging.

So starteten sie in ihre Beziehung. David, ausgestattet mit den Ängsten seiner Eltern und Kathy, die Geldsorgen ihrer Familie vor Augen. Ein Kind zu diesem Zeitpunkt war undenkbar. Er überließ die ganze Entscheidung ihr und war froh, als sie sich dagegen entschied. Er hatte Kathy damals allein gelassen und bewunderte Cooper, der eine derart glasklare Haltung zeigte.

Er schaute zu Emily und ohne seine Gedanken zu filtern oder zu steuern, rutschte es ihm heraus.

»Emily, ich sage es frei heraus. Du solltest das Kind behalten.«

»Was?« Entsetzt schaute sie ihn an. »Musst du nicht vorher überlegen, was du sagst? Musst du nicht unparteiisch sein? Sowas darfst du gar nicht sagen! Du darfst mir keine Ratschläge geben. Das dürfen Therapeuten nicht! Was soll das hier? Frei heraus ...« Sie stand auf, jede Pore mit Wut gefüllt. Sie lief auf und ab. »Cooper, hast du ihn bestochen? Hast du dein Scheißgeld eingesetzt, damit er dich unterstützt?«

»Nein!« Cooper schaute David hilfesuchend an.

»Emily, beruhige dich. Cooper hat mich nicht bestochen. Wenn du dich wieder hinsetzt, höre ich mir deine Ängste an, und dann erzähle ich dir, warum ich das gesagt habe.«

Widerwillig setzte sie sich, verschränkte die Arme und nuschelte. »Egal, was ihr alle erzählt. Ich mache, was ich will!«

David schaffte es, dass sie sich wieder öffnete. Er war selbst erschrocken, was er da gesagt hatte. »Ja, Emily. Am Ende darfst du natürlich machen, was du willst. Lass mich deine Ängste hören. Alle! Und entschuldige meinen ersten Impuls. Das war falsch.« Er ermutigte sie, alles auszusprechen, und fragte mit einem taktvollen »was noch?« so lange nach, bis ihr nichts mehr einfiel.

»Wenn ich es herunterbreche auf zwei Pole, hast du erstens hauptsächlich davor Angst, dass Cooper abhaut und du ganz allein bist. Und zweitens, dass du nicht mehr dein Leben leben kannst.«

Sie nickte. »Und, dass ich das alles nicht schaffe!«

Jetzt nickte David. »Erzähl mir von deinen Träumen.«

Sie verbrachten insgesamt zwei Stunden in Davids Praxis. Er hörte den jungen Leuten zu, auch Cooper bekam Gelegenheit, alles zu erzählen, was ihn beschäftigte.

Am Ende sagte David: »Ich habe eine ungewöhnliche Idee. Lasst mich eine Nacht drüber schlafen und kommt morgen nochmal. Ihr müsst mir kein Geld geben. Ich habe genug Geld in meinem Leben verdient. Es wäre mir ein Vergnügen.« Wie ein verrückter Professor, der gerade etwas erfunden hatte, rieb er sich die Hände und schaute die beiden über seine Brillengläser hinweg freundlich an.

»Du wolltest noch erzählen, warum du gesagt hast, ich soll das Kind behalten.«

Emily war wieder milder gestimmt und konnte sich besser auf ihn einlassen. Einerseits durch Davids ehrliche Entschuldigung zu Beginn, andererseits durch seine Beteuerung, die er fast

beiläufig immerzu wiederholte, dass sie am Ende machen könne, was sie für richtig hält.
»Morgen. Alles morgen.« Er schob sie fast aus der Tür, so dringend wollte er allein sein und über alles in Ruhe nachsinnen.

19

»Bisschen seltsam ist er schon, oder?«, fragte Cooper und sah Emily nachdenklich an. Sie hatte die Hände in den Taschen ihrer kurzen Jeans und war ungewöhnlich still. Trottete vor sich hin und kickte ab und zu einen kleinen Stein vor sich her.

»Ja. Ich fand ihn auch ... bisschen schrullig. Bin gespannt, was er uns morgen erzählen will. Aber Coop, egal, was er sagt ...« Sie rang nach Worten.

Cooper suchte ihre Hand und unterbrach sie. »Komm, wir befolgen seinen Rat und reden bis morgen früh über alles Mögliche, aber nicht über eine Entscheidung bezüglich des Kindes. Kleine Pause. Worauf hast du Lust?«

Emily hielt ihr Gesicht in die Sonne. »Lust? Warte ... ich hab noch zwei Stunden Zeit, bevor ich an den Crêpe-Stand muss. Lass uns zu dir gehen. Ich mag in deinen Armen liegen. Zwei volle Stunden lang ... und eine davon massierst du mich.«

Endlich blickte sie ihn an, Cooper verdrehte die Augen. »Ich hatte so gehofft, dass du es vergessen hast.«

»Nix da.« Sie zog ihn in die andere Richtung. »Komm, da geht's lang zum Glück.«

»Hey, Emmi. Das ist ein guter Werbeslogan. Da geht's lang zum Glück.«

»Bisschen kitschig, oder?«

»Du meinst, so wie Sahnebonbon?«

»Genau. Sahnebonbon, Glück ... alles Quatsch. Glück bleibt nur kurz. Nie für immer. Niemals.«

Für die nächsten zwei Stunden hatten sie ihre Unbeschwertheit zurück. Cooper presste ein paar frische Orangen aus, füllte zwei Gläser und gab Emily das vollere. Sie kuschelte sich, mitten am Tag, wohlig in seine Arme, nuschelte: »Das ist Glück ...«, und schlief innerhalb weniger Minuten ein, sodass Cooper ein weiteres Mal um das Massieren herum kam. Er beobachtete, wie Emily unbewusst eine Hand auf ihren Bauch legte, während sie in seinen Armen einschlief. Er lauschte ihren regelmäßigen Atemzügen, die ihm so vertraut waren wie seine eigenen.

Eigentlich bin ich der Problemschläfer, wunderte er sich und hoffte so sehr, der schrullige Professor könnte es schaffen, dass Emily ihr gemeinsames Kind behalten wollte. Er hatte zwar auch keinen Plan, wie das alles funktionieren sollte, war sich aber sicher, dass es irgendwie gehen würde. Seine absolute Bereitschaft für ein Leben zu dritt hatte er so oft signalisiert, dass es lächerlich war, dies ständig zu wiederholen.

Seine Atmung passte sich der von Emily an und bevor er ebenfalls in den Schlaf sank, sah er sich in den Wellen, spürte den Wind, hörte das starke Rauschen des Meeres und Emilys Jubelschreie, wenn sie eine Welle genommen hatte. Auf seinem Board stand ein kleines Mädchen, ein Abbild von Emily und wollte genauso surfen wie Mom und Dad.

Ein Lächeln umspielte seine Lippen im Schlaf. Unbewusst zog er Emily noch näher an sich heran und sie gab ein zufriedenes Schmatzen von sich.

Am nächsten Morgen trafen sie sich erneut bei David und saßen in seinen bequemen Sesseln. David wirkte aufgekratzt, fast euphorisch. Cooper fand, dass er aussah, als hätte er nicht viel geschlafen. Seine Falten stachen deutlicher hervor, sein Hemd war falsch geknöpft und er fiel mit der Tür ins Haus, sobald die Begrüßungsfloskeln ausgetauscht waren. »Emily. Cooper. Setzt euch. Noch mal. Emily, wenn ich alles, was du mir gestern erzählt hast, richtig verstanden habe, willst du das Kind nicht behalten, weil du einen Sack voller Ängste hast. Einmal die Angst, nie mehr du selbst zu sein, wie du es zum Beispiel bei deiner Mutter erlebt hast.« Emily wartete auf seine Fortsetzung. »Die andere Angst ist deine finanzielle Situation und eventuelle Abhängigkeit und eine dritte Angst, dass Cooper dich verlässt, so wie dein Vater dich und deine Mutter von heute auf morgen verlassen hat. Ich habe deine primären Bezugspersonen als Beispiel genommen, weil da alle Ängste drin stecken.«

»Deine Zusammenfassung ist zwar knapp, aber so ungefähr.«

»Ich habe auch verstanden, dass deine Großmutter in Texas lebt und sehr alt ist. Dein Vater ist verschwunden, lebt irgendwo in Kanada und ihr habt keinerlei Kontakt. Von deiner Mutter ist nicht viel Hilfe zu erwarten, da sie selbst Hilfe braucht.«

Emily nickte und nestelte an ihrem T-Shirt herum.

David wandte sich an Cooper. »Du sagtest, deine Eltern wären ständig auf Kreuzfahrtschiffreisen und auch, sie können nicht so gut mit Kindern umgehen. Alles würde sich um deine Mutter drehen, sodass dein Vater alle Hände voll zu tun hat, um sie zufriedenzustellen. Da wäre kein Platz für ein Kind. Es war schon eng, als du ein Kind warst. Besonders deine Mutter mag alles gern pedantisch rein, da würdest du euer Kind nicht hingeben wollen.« David schaute Cooper über seine Brille hinweg an.

»So ungefähr«, bestätigte der die verknappte Zusammenfassung.

»Du sagtest auch, dass die Männer eurer Familie dazu verdammt seien, an die falschen Frauen zu geraten, und die stille Hoffnung der Männer, dass ihre Frauen abhauen würden, wäre nie eingetreten. Alle hätten sich in ihr Schicksal gefügt.«

Cooper nickte und setzte sich auf seine Hände, da er nicht

wusste, wohin mit ihnen.

»Und du willst es anders haben.«

»In unserer Familie sind schwache Männer. Männer, die sich dem Willen ihrer Frauen untergeordnet haben. Ich möchte auch meine Bedürfnisse im Blick haben. Will mich nicht nur unterordnen.« Er sah aus dem Augenwinkel, dass Emily ihn beobachtete.

»Siehst du«, zischte sie.

»Was?«

»Du könntest einfach abhauen, wenn dir was nicht passt.«

»Emily. So bin ich nicht. Ich würde nie verschwinden.«

David hob die Hand als Zeichen zur Unterbrechung. Eine bedeutungsschwere Pause entstand. David setzte sich gerade hin, seine großen Hände lagen übereinander gefaltet im Schoß, er schaute das Paar im Wechsel an und räusperte sich. Fast feierlich.

»Ich mache euch einen ungewöhnlichen Vorschlag. Ich habe die ganze Nacht darüber nachgedacht und stehe hundertprozentig zu der Idee. Wir hätten alle nur Vorteile davon.« Er räusperte sich noch einmal und seine Stimme war belegt. »Ich, David Tenner, möchte als stabile Bezugsperson, quasi als Ersatzgroßvater für euer Kind da sein und besonders dich, Emily, entlasten. Du machst dadurch die unumstößliche Erfahrung, dass Männer zu ihrem Wort stehen können. Ich werde es beweisen. Selbst wenn Cooper abhauen sollte, was ich nicht glaube, wärst du nicht allein.« Er schaute Emily in die Augen und sagte sanft: »Du musst das Kind bekommen, sonst wirst du es ewig bereuen.«

»Du bist ja völlig durchgeknallt«. Wie ein Sektkorken schoss Emilys Antwort in die Luft.

»Vielleicht«, sagte David in aller Gelassenheit, die nur Menschen haben, die niemanden mehr etwas beweisen müssen.

»Und was ist, wenn du stirbst? Du bist nicht mehr der Jüngste!« Emily war am Austeilen und durch nichts zu bremsen.

»Ich bin nicht mal sechzig und werde mindestens fünfundachtzig. Da ist das Kind hoffentlich aus dem Haus.«

»Du berätst uns viel zu sehr *pro Kind*, das darfst du nicht. Du bist viel zu einseitig. Du hast meine Abneigung gar nicht ernst genommen und überhaupt, was hast du davon? Kein normaler Mensch macht so ein Angebot.«

Ihr Temperament ging mit ihr durch wie ein wild gewordener Stier. Längst lief sie im Zimmer auf und ab, fuchtelte mit den Händen in der Luft herum und redete sich in Rage. »Und was sagt deine Frau dazu, wenn hier ständig ein Kleinkind wäre, oder hat sie dich längst verlassen und vögelt mit dem anderen, ihrem Geschäftspartner?« Sie war fuchsteufelswild, strich sich die Haare aus dem Gesicht und griff anschließend Cooper an. »Und du? Wusstest du davon? Ihr steckt doch alle unter einer Decke. Natürlich gefällt dir sein bescheuerter Vorschlag und du hast recht, zu deiner Mutter würde ich unser Kind nie geben!« Sie hielt kurz inne. »Und vielleicht bin ich auch die falsche Frau für dich. Wer weiß. Aber ich schwöre dir, ich gehe, wenn es mir nicht passt. Ich bin nicht wie die Frauen in eurer Familie.« Sie schnappte sich ihren bunten Stoffbeutel, schmiss das Wasserglas auf dem Beistelltisch an die Wand und verschwand türenknallend.

Cooper wollte gerade etwas sagen. Zu spät. Er sackte im Sessel zusammen und beobachtete, wie sich das Wasser an der Wand entlang schlängelte und ein dunkles Muster hinterließ.

David holte Schaufel und Besen und kehrte seelenruhig die Scherben zusammen. »Wirst sehen, Cooper. Scherben bringen Glück.«

»Hör mir auf mit Glück. Ich weiß nicht, ob das so klug war, was du uns vorgeschlagen hast. Jetzt wird sie das Kind erst recht nicht behalten und ihr Ding machen. Nur, um allen zu beweisen, dass sie sich nicht reinreden lässt.«

»Warte ab, bis sie sich beruhigt hat. Das, was ich ihr vorgeschlagen habe, muss erst ihr uraltes Vulkangestein durchdringen. Die oberste Schicht Lava hat sie soeben ausgespuckt.«

»Wieso machst du das? Den Vorschlag? Der beeinflusst doch total dein Leben ... und meins auch.«

»Diese Geschichte wollte ich euch beiden zusammen erzählen. Warten wir, bis sie sich beruhigt hat.« David kippte die Glasscherben in den Mülleimer und wirkte total zufrieden mit dem Ausgang des Gespräches. »Cooper, bitte halt mich auf dem Laufenden und lass uns weiter reden, wenn Emily sich beruhigt hat.«

Cooper schälte sich aus dem bequemen Sessel, nickte David zu und ließ sich von ihm in den Flur begleiten. Er spürte, wie David in einer väterlichen Geste den Arm um seine Schulter legte. Nach einem Moment fand er es erstaunlich beruhigend.

»Sie wird sich abkühlen. Dann sehen wir weiter.« David schloss die Tür hinter ihm.

Draußen zermarterte Cooper sich den Kopf. Hätte er eingreifen sollen? Emily stoppen sollen? Mehr sagen sollen? Wie so oft, war er deutlich langsamer als Emily. Noch während er Davids Angebot verdauen musste, hatte ihn Emily angeschrien und es entschieden abgelehnt.

Emily marschierte im Soldatenschritt die Brooklyn Street hoch und war außer sich vor Wut. Wie konnte David sich so in ihr Leben einmischen? Was für eine bescheuerte Beratung! Keinen Cent würde sie dafür bezahlen. Während sie rannte, fummelte sie ihr Handy aus der Tasche und rief sofort in der Beratungsstelle an. Nur wenige Sätze später hatte sie einen weiteren Beratungstermin und einen Termin für den Abbruch bei Planned Parenthood. In fünf Tagen wäre der Spuk vorbei und sie könnte weiterleben, wie sie es geplant hatte. Am Mittwoch, den 16.8.2017 um zehn Uhr musste sie wieder in der Stadt sein. Bis dahin würde sie abtauchen, um nichts mehr zu hören und sich von niemandem beeinflussen zu lassen.

Sie telefonierte mit Carrie. »Carrie, kommst du ein paar Tage allein klar? Ich muss nachdenken und ich muss allein sein. Bitte! Wenn es nicht geht, dann schließ den Foodtruck ruhig stundenweise. Ich muss nachdenken ...«

»Emmi, du wiederholst dich. Was ist denn los?«

»Wir waren bei dieser Beratung und jetzt bin ich völlig durch den Wind und ich bin stinksauer auf Mister David. Der braucht gar nicht mehr zu uns an den Stand zu kommen ... ich ...«

»Emmi. Beruhige dich.«

»Der bekommt nie wieder einen Crêpe von mir. Der nicht!«

»Emmi ...«

»Ich muss nachdenken.«

»Das sagtest du schon. Dann los, denk nach. Ich komm klar. Aber melde dich zwischendurch.«

»Danke, Carrie. Mach ich.«

»Wo willst du überhaupt hin? ...«

»Weiß ich noch nicht.«

Als sie auflegte, sah sie, dass Cooper versucht hatte, sie anzurufen. Zehn Mal. Sie stellte ihr Handy aus. In ihrem Kopf schwirrte alles durcheinander, sie wollte sich von niemandem beeinflussen lassen und sehnte sich nach Ruhe. Nach kurzem Überlegen stellte sie das Handy wieder an und rief ihre Großmutter an.

Sie würde gewohnheitsmäßig am Sonntag ihren Anruf erwarten, aber Emily wollte ihr Handy bis Mittwoch gar nicht anschalten.

»Hier ist Emily. Granny, nicht wundern ... ja, ich rufe ausnahmsweise heute schon an ... nein, nichts passiert ... Handy ist am Sonntag noch zur Reparatur ... ruf dich erst übernächsten Sonntag wieder an.«

»Kannst du nicht Coopers Handy nehmen? Ihr teilt doch sonst alles miteinander.«

»Das ... das geht auch nicht.«

»Emily, was stimmt nicht?«

Es wurde immer komplizierter und Emily gab auf. »Grandma, alles gut. Ich ruf dich Sonntag an. Ich hol das Handy früher aus der Reparatur. Alles gut. So wie immer.«

Sie hörte das Aufatmen ihrer Großmutter. Seit dem Tod ihres Mannes weigerte sie sich, in die Kirche zu gehen. Sie bestrafte Gott mit ihrem Wegbleiben, er hatte ihren Mann viel zu früh zu sich geholt. Das verzieh sie ihm nicht, das war so nicht ausgemacht. Die sonntäglichen Telefonate mit ihrer Enkelin waren wichtiger als jeder Kirchgang dieser Welt. Irgendwann mal hatte Großmutter einmal falsch abgespeichert, dass Emily nur sonntags telefonieren konnte, und Emily tat ihr den Gefallen und ließ sie glauben, dass es so war. Alles andere stellte sich als zu kompliziert heraus. Obwohl Emily nie nach ihrer Mutter oder ihrem Vater fragte, erzählte ihr Grandma jedes Mal, was sie wusste. Es war nichts Neues dabei, Mom kämpfte mit dem Überleben und Dad war irgendwo in Kanada, mit seiner neuen Familie. Grandma war Moms Mutter und verstand ihre Tochter mit den Jahren immer weniger. Nie fragte jemand nach Emily. Alle gingen selbstverständlich davon aus, dass das Kind ihr Leben regelte und keine Sterbensseele brauchte.

Mach ich, dachte Emily. Ich regle das.

Sie packte ihren Bus und bereitete alles vor, um die Tage bis zum Schwangerschaftsabbruch am Meer zu verbringen, schaltete ihr Handy aus und würde es nur für ihre Grandma am Sonntag anschalten.

20

Davids Tag würde lang werden, da er bis in die Abendstunden Klienten empfangen musste, auf die er immer weniger Lust hatte. Manchmal verachtete er sich selbst für seine Angst, sein Leben zu verändern. Er konnte Kathys Hunger nach etwas Neuem verstehen. Kathy. In Gedanken notierte er, dass er unbedingt die PIN-Nummer von seinem Handy finden musste. Dort war ihre Nummer gespeichert und sie hatte ihm sicher schon ein paar Mal geschrieben, machte sich wieder Sorgen um ihn. Er wollte keine Frau, die sich um ihn sorgte. Seit zwei Tagen war sein Handy ausgestellt, da er sich nicht an die blöde Nummer erinnerte. Gleichzeitig hatte er das Praxistelefon ausgestöpselt, um neuen Therapie-Anfragen auszuweichen. Heute Abend würde er zumindest dieses Telefon wieder zum Funktionieren bringen.

Er schrieb es auf eine imaginäre To-do-Liste: PIN-Nummer suchen, Telefon einstecken, aufräumen, Garten gießen, Hundefutter kaufen.

Den Vormittag hatte er für Emily und Cooper freigeschaufelt und konnte seine Enttäuschung darüber nicht verleugnen, dass Emily so ungezügelt-ablehnend abgehauen war. Ja, er hatte mit ihrem Widerstand und ihrem Hitzkopf gerechnet, auch mit einer ersten Zurückweisung seines Vorschlages. Aus dem Affekt heraus. Aber von ihrer Flucht war er überrascht. Na gut. Er würde ihr das Wochenende Zeit geben und sich am Montag bei ihr melden. David fand die Idee nach wie vor gut. Realistisch und umsetzbar. Wie jeden Tag lüftete er den Praxisraum. Der nasse Fleck an der Wand trocknete langsam und er schmunzelte, wenn er an Emilys Ausbruch dachte. Was für ein Feuer.

Das Klingeln an der Tür ließ ihn zusammenzucken. Er begrüßte seinen Klienten Ken, der heute noch verschreckter aussah als letzte Woche. Verhuscht, dachte David. Erkläre jemandem das Wort verhuscht, zeige ihm Ken Brandon.

Die braunen Klamotten hoben sich nur einen Hauch vom dunkelbraunen Ledersessel ab. Fast waren Ken und der Sessel verschmolzen, ein mittelbrauner Einheitsbrei. Eine verhuschte Masse braun, dachte er. Bevor David innerlich weiter spottete, kniff er sich in den Arm, um sich zur Ordnung zu rufen. Nur Kathy wusste von seinen zynisch-bösen Gedanken und im Grunde schämte er sich dafür. Doch seine zynische Seite übernahm in den letzten Tagen immer mehr das Kommando. Manchmal konnte er kaum noch gegensteuern. Er holte tief Luft und wendete sich Ken zu.

Der saß wieder nur auf der vorderen Sesselkante und David fragte sich, wie man überhaupt eine längere Zeit so sitzen konnte. Es musste doch alles verkrampft sein. Da unten.

»Heute ist es ganz schlimm«, fing er an und David konnte diesen Einleitungssatz, den er seit bald zwei Jahren von ihm vernahm, nicht mehr hören oder ernst nehmen. Als hätte er nur diese Einleitung, um ein Gespräch zu beginnen. Davids Geduld ging zur Neige.

»Ken, was würde eigentlich passieren, wenn du dich bequem in den Sessel setzen würdest?«

Irritiert schaute er David kurz an, drehte den Kopf zur Seite und hüstelte unnatürlich, die Hand vor dem Mund. »Ich ... ich weiß nicht.«

David stand auf. Packte den verdutzten Mann, indem er die Hände unter seine Achseln schob, hob ihn hoch und setzte ihn wie ein Kleinkind mit dem Po und dem Rücken bis nach hinten in den Sessel. Zufrieden ging er zurück zu seinem Sessel und lächelte Ken an. Der hielt die Luft an, wurde knallrot und sagte kein Wort.

»Atmen! Ausatmen!«, befahl David.

Ken atmete aus.

David beobachtete ihn wie ein Wissenschaftler, der gerade einen neuen Stamm Bakterien untersuchte. »Nun? Was passiert?«

Ken Brandon hielt wieder die Luft an.

»Atme, Ken, und lehne dich zurück. Lass dich fallen. Spür den Sessel. Der hält dich, der tut dir nichts.«

Zumindest atmete Ken wieder und sein Gesicht war nicht mehr knallrot, die normale Gesichtsfarbe war zurückgekehrt. Für jemanden, der nie rausging, sah er beinahe gesund aus.

»Gut, Ken. Du atmest. Und nun: Trau dich, wütend auf mich zu werden. Ich hab einfach etwas mit dir gemacht. Ohne deine Zustimmung. Willst du nichts dazu sagen?« Ken schüttelte erschrocken den Kopf. »Können alle mit dir machen, was sie wollen?«

»Im Prinzip schon.«

»Ken, du kommst seit fast zwei Jahren zu mir. An deinem Zustand hat sich nichts verändert. Gar nichts. Und ...«

»Aber ...«

»Ja?«

»Nichts weiter.« Ken nuschelte vor sich hin, knetete unruhig seine Hände und wartete ab.

»Ich kann nichts mehr für dich tun. Es ist schade um dein Geld. Spende es lieber Obdachlosen oder Kindern oder gequälten Tieren. Ich bin der Falsche. Tut mir leid, Ken.«

»Aber ... aber. Du bist spezialisiert auf Angst. Ich habe vor allem Angst. Ich habe wirklich sehr viel Angst.«

»Ich auch, Ken. Ich empfehle dir jemand anderen. Tut mir leid, dieser Stillstand ... die Nicht-Entwicklung macht mich aggressiv. Ich kann dir nicht helfen.« Inzwischen saß Ken entspannt angelehnt im Sessel und schien vergessen zu haben, dass er eigentlich vorn auf der Kante sitzen musste. Seine Hände lagen ineinander gefaltet in seinem Schoß. Geht doch, dachte David. »Du musst mir heute nichts bezahlen.« Erleichtert schob David Ken aus der Tür, drückte ihm die Visitenkarte einer Kollegin in die Hand und rief ihm hinterher: »Ich ruf sie an und lege ein gutes Wort für dich ein. Sie ist viel geduldiger als ich. Glaub mir.«

Ken nickte und David wusste nicht, ob auch Ken erleichtert war, diesen unzurechnungsfähigen Psychologen los zu sein.

Zufrieden mit sich und froh über die gewonnene Zeit, ging er in die Küche und öffnete eine Flasche Sekt, die noch von Kathy sein musste. Sie liebte dieses prickelnde Getränk. Er prostete sich zu und sagte laut: »Weiter so, David! Mach nur noch, was du magst!«

Als Nächste kam Ms. Dullington und sobald er in ihr trauriges Gesicht mit den Tränensäcken sah, ihren schlaffen Händedruck erwiderte, sagte er, noch bevor sie saß: »Miss Dullington. Ich habe eine Entscheidung getroffen. Das ist heute unsere letzte Sitzung. Sie müssen mir kein Geld geben. Hier ist eine Visitenkarte meiner Kollegin. Ich werde ein gutes Wort für Sie einlegen. Wir kommen nicht weiter und ich glaube, ich bin der Falsche für Sie.«

Sie plumpste in den Sessel und wirkte, als hätte sie nicht vor, wieder aufzustehen, bevor ihre gebuchte Stunde ausgesessen war. »Das können Sie nicht machen.«

»Wieso nicht?«

»Sie müssen mich behandeln, bis ich wieder gesund bin. Seelisch.«

»Wo steht das? Wir beide sind freiwillig hier und können jederzeit aussteigen. Sie genauso wie ich. Und glauben Sie mir, wenn ich Sie behandeln müsste, bis Sie seelisch gesund wären, würden wir beide eher sterben, bevor das eintritt.« Erschrocken über seine Worte kniff er sich heftig.

Empört setzte sie zur Gegenwehr an. »Heißt das, ich bin ein aussichtsloser Fall?«

Er dachte kurz an seine Nachbarin Klara und antwortete ehrlich wie nie zuvor genau das, was er dachte: »Ich fürchte, ja! Sie haben sich in Ihrer Depression eingerichtet. Sie leben schon so lange mit ihr, mein Gott, dann nehmen Sie sie endlich an. Sie gehört zu ihnen.« Klara wäre stolz auf ihn. Kathy hätte gefragt, ob er verrückt geworden sei.

Ms. Dullingtons Lethargie war wie weggeblasen. Sie beugte sich nach vorn und erwiderte mit fester Stimme. »Sie! Sie sagen mir nicht, dass ich ein aussichtsloser Fall bin. Sie sind selber depressiv und brauchen Hilfe. Sie ... Sie Barbar!« Sie schälte sich nun doch aus dem Sessel und ging erhobenen Hauptes aus der Tür. Natürlich schmiss sie sie ins Schloss. He, da war ja doch noch Leben in ihr.

David war äußerst zufrieden mit sich. In der Küche füllte er sein Glas erneut mit Sekt und gratulierte sich euphorisch: »Weiter so! Zieh es durch! Beende diese Farce!«

Batman schien zu spüren, dass etwas Ungewöhnliches vor sich ging und wollte am Glück seines Herrchens teilhaben. Er sprang an seinem Bein hoch und runter wie ein Gummiball und hoffte auf ein Leckerli.

»Komm, Batty. Wir schauen mal, ob Emily am Foodtruck ist

und sich beruhigt hat.« Beschwingt und leicht beschwipst schlenderte David in die Division Street. Batman, dessen federnden Gang er in schöner Regelmäßigkeit bewunderte, lief an der langen Leine voraus. Seine viel zu großen Ohren flatterten in der sanften Sommerbrise, die heute durch Portlands Straßen wehte. Enttäuscht sah David bereits aus der Ferne, dass nur Emilys Freundin am Wagen war.

»Hi, Carrie. Ist Emily heute nicht da?«

»Hi, David. Sie hat sich ein paar Tage frei genommen und war mächtig sauer auf dich.«

»Ein paar Tage? Weißt du, wo sie ist?«

»Nein, ihr Handy ist auch aus. Brauchst du gar nicht zu probieren. Sie wollte nicht gestört werden.«

»Verstehe. Würdest du mir sagen, wenn sie auftaucht?«

»Nein.«

»Verstehe.«

»Ich bin nun mal Emilys Freundin und nicht deine. Sorry. Einen Crêpe?«

»Gerne.«

»Sehr klug. Von Emily wirst du keinen mehr bekommen. Jedenfalls im Moment nicht. So sauer hab ich sie lange nicht erlebt.«

David dachte nach und fragte sich, ob er zu naiv an die Sache herangegangen war. Er sah an seinem Vorschlag nur Gutes. Alle hätten etwas davon. Er den ersehnten Familienanschluss und eine neue Aufgabe. Emily und Cooper könnten zusammenbleiben und hätten Unterstützung. Sie müssten sich später nicht mit Themen wie Schuld und falschen Entscheidungen herumschlagen. Wie er und Kathy.

Er würde Emily trotzdem eine Nachricht hinterlassen und hoffte, dass sie Kontakt zu Cooper hielt. Der arme Junge war bei der Sitzung völlig durch den Wind gewesen. Als er sein Handy aus der Tasche holen wollte, fiel ihm ein, dass es ausgeschaltet war und zu Hause lag.

»Carrie. Eine kleine Bitte noch. Mein Handy ist tot. Kannst du Emily schreiben, dass es mir leidtut. Ich wollte sie mit meinem Vorschlag nicht erschrecken. Es war absolut gutgemeint.«

Sie nickte. »Sie hat ihr Handy zwar aus, aber gut. Ich schreibe ihr deine Nachricht.« Plötzlich leuchteten Carries Augen auf und er sah dahin, wohin sie schaute.

Eine junge Frau schloss gerade ihr Fahrrad ab und strahlte mit Carrie um die Wette. »Ich habe gehört, hier wird Hilfe benötigt?«

Carrie errötete. So genierlich hatte David sie noch nie gesehen. »Miss Paris, ich brauche unbedingt Hilfe. Unbedingt!« Die flirteten doch, kombinierte David messerscharf.

21

Zu Hause trank er vor der Sitzung mit seiner nächsten Klientin, Mrs. Bramidge, einen weiteren Schluck Sekt und freute sich auch auf diese Stunde, da er die Therapie beenden würde.

Bevor sie auftauchte, überlegte er, was sie in der letzten Stunde besprochen hatten. Seit ihr Mann mit dem großen Rollkoffer verschwunden war, kam sie mit ihrem neuen Welpen. Unerklärlicherweise hatte sie auf Davids lapidaren Rat gehört und sich vor zwei Wochen einen Hund angeschafft. Batty geriet völlig aus dem Häuschen, wenn er die kleine Hündin sah und sie fegten regelmäßig durchs Haus. Jagten sich, fingen sich und wedelten den Staub auf, der sich seit Kathys Abfahrt überall sammelte.

Es klingelte. Galant wie immer öffnete David die Tür und versuchte, nicht zu fröhlich zu wirken. Schließlich hatte er Ernsthaftes vor. Mrs. Bramidge sah verändert aus, weniger grau. Sie lächelte und hatte ein schwingendes, großes und farbenfrohes Sommerkleid an. Wo war ihr Grau geblieben? Sie watschelte den gewohnten Weg in das Praxiszimmer und ließ sich fröhlich in den Sessel plumpsen. Sie wirkte gut gelaunt und David nahm eine milde Stimmung ihr gegenüber wahr. Eigentlich mochte er diese tapfere Frau, ja, er bewunderte ihren Mut, sich nicht unterkriegen zu lassen. Während er noch in seinen Gedanken hing, redete sie schon.

»Mister David, ich habe nachgedacht und möchte in Zukunft nur noch einmal im Monat zu Ihnen kommen, um über meine Fortschritte zu berichten. Die kleine Hündin tut mir unwahrscheinlich gut. Ich gehe jeden Tag mit ihr in den Park, sie bringt mich in Bewegung und ich habe einen netten älteren Herrn kennengelernt.« Sie lächelte fast mädchenhaft und wischte sich mit einem Taschentuch den Schweiß von der Stirn. Danach steckte sie es in eine winzige Tasche, vorn am Kleid. Etwas verlegen erzählte sie weiter. »Wir treffen uns täglich zur gleichen Zeit im Park und vor zwei Tagen hat er mich gefragt, ob wir mit unseren Hunden einen Ausflug unternehmen wollen. Heute musste ich leider hierher kommen, aber morgen sehe ich ihn wieder.«

»Sie hätten den Termin verschieben können.«

»Welchen?«

»Egal welchen. Den in der Praxis oder den mit dem Hundeherren.«

»Stimmt. Ich bin so aufgeregt, auf diese Idee bin ich gar nicht gekommen.«

David schob die Brille in die Stirn und lächelte sie an. »Alles ist gut. Ich glaube, Sie brauchen mich nicht mehr, Misses Bramidge. Bleiben Sie nur standhaft, wenn Ihr holder Gatte wieder vor der Tür steht.«

»Der kann mich mal. Dann stelle ich den zweiten großen Koffer raus.« Sie lachte und verabschiedete sich von David. »Das mit dem Hund war der beste Rat, den Sie mir je gegeben haben.«

Als sie gegangen war, buchte er diese Therapie als erfolgreich beendet ab, genehmigte sich einen weiteren Schluck Sekt und setzte sich damit in den Garten.

Nachdenklich schüttelte er den Kopf. Sein jahrelanges Studieren, Promovieren, an Vorträgen basteln war eigentlich für die Katz. Seine klug recherchierten Artikel über die Komplexität der menschlichen Seele konnte man vergessen. Der beste Rat, den er ihr je gegeben hatte, war, sich einen Hund anzuschaffen.

Er wünschte ihr von Herzen alles Glück dieser Welt.
Plötzlich musste er lachen. Über sich, sein Leben, die unendlichen Bemühungen, ein anerkannter, erfolgreicher Psychologe sein zu wollen. Einer, den man ernst nimmt. Dessen Texte man sich aus den Händen reißt. Sein vieles Geld, was er in Ausbildungen gesteckt hat, sein vieles Geld, was er später verdient hat. Er war gut. Er hatte erreicht, was er sich vorgenommen hatte und jetzt? Er wurde langsam zu einem lächerlichen, verrückten alten Mann. »Schaffen Sie sich einen Hund an.« Er sagte es laut und haute sich dabei auf die Schenkel.

22

Er beruhigte sich wieder, wischte die Lachtränen aus den Augenwinkeln und grüßte seinen Nachbarn.

»Bist du okay, David?« Sam schaute über den Gartenzaun und tätschelte Batman den Kopf, der seine Schnauze durch die Latten steckte.

»Ich bin dermaßen okay, das glaubst du kaum.« Bevor sich eine neue Lachsalve ihren Weg suchte, verschwand David winkend ins Haus, und ließ den verdutzten Sam einfach stehen.

Mit einem weiteren Glas Sekt wappnete er sich für seine herausforderndste Klientin. Nebenbei registrierte David, dass er etwas zu viel getrunken hatte. Seine Laune war zu gut für den bevorstehenden Termin mit Mrs. Lawrence. Absichtlich hatte er ihre Stunde für den Freitag weit nach hinten verschoben. Nach ihr brauchte er Pause.

Natürlich klingelte sie viel zu früh. Er öffnete und traute seinen Augen kaum. Sie trug ein weißes, beinahe durchsichtiges Kleid. Fast nackt. Sie sah aus wie eine Braut im Nachthemd. Er stockte. Für den Bruchteil einer Sekunde schoben sich aus dem Sumpf der Erinnerungen alte Bilder dazwischen: seine Mutter, sturzbetrunken, mit einem weißen, durchsichtigen Nachthemd.

Ein leichter Rülpser suchte sich den Weg. Zu viel Kohlensäure, dachte er und hielt die Hand vor den Mund.

»Kommen Sie rein. Sie wissen, dass Sie zu früh sind.« Hektisch kniff er sich den Unterarm wund. Nicht abdriften, sagte er sich vor. Bleib ruhig. Letzte Stunde. Bleib ruhig.

»Ich plaudere gern mit Ihnen und weiß einfach, dass direkt vor mir niemand einen Termin bei Ihnen hat. Sie mögen gerne richtig lange Pausen zwischen den Stunden. Hab ich recht?«

»Sie wissen ja 'ne ganze Menge.« Er zeigte mit dem geröteten Arm in den Praxisraum und bemühte sich, die Augen auf einen Punkt an der Wand zu fixieren und nicht über ihren Körper gleiten zu lassen. »Ich komme gleich.«

»Aber gern, Mister Tenner. Kommen Sie ruhig«, flötete sie ihm offensichtlich zweideutig hinterher.

Er unterdrückte den aufkommenden Brechreiz, verzog sich in die Küche, versuchte sich zu sammeln, und die Erinnerungen, die ausgerechnet jetzt an die Oberfläche drängten, aufzuhalten. Er füllte zwei Wassergläser und nippte zur Beruhigung seiner Nerven an der offenen Sektflasche. Widerwillig stellte er fest, was er längst wusste: Er mochte überhaupt keinen Sekt. Lieber einen guten Rotwein. Für einen Moment lehnte er sich über die Spüle mit dem schmutzigen Geschirr und ließ den Kopf hängen, schüttelte ihn und klatschte sich kaltes Wasser ins Gesicht. Er hatte vergessen, die Brille abzunehmen, nun suchte er nach einem sauberen Geschirrtuch, um die Gläser zu putzen. Nichts war mehr an seinem Platz, seit Kathy weg war, also improvisierte er und nahm ein altes T-Shirt aus dem Wäschekorb. Mit jeder Bewegung beruhigte er sich und war froh, die alten Dämonen, die kurzzeitig angeklopft hatten, wieder gebändigt zu haben.

Er balancierte das Tablett mit den Wassergläsern zurück in den Praxisraum. Stolz, dass er trotz zitternder Hände nichts verschüttet hatte, stellte er es ab und setzte sich auf seinen gewohnten Platz, versuchte, sein starkes Herzklopfen zu ignorieren.

Sie saßen sich gegenüber. Ihr Mundwinkel verzog sich zu einem überheblichen Grinsen. Wieder hatte er das Gefühl, dass sie mit ihm spielte. Drehte ihre Haare um den Finger, beugte sich weit nach vorn und hauchte, dass sie sehr gern ein Wasser hätte. Sehr gern. David atmete tief durch, reichte es ihr und achtete darauf, sie auf keinen Fall zu berühren. Er kniff sich an einer anderen Stelle in den Unterarm. Beide Unterarme glühten inzwischen. Sein Puls ging viel zu schnell, sein Atem war hektisch, nur im oberen Brustbereich und viel zu flach, registrierte er besorgt. Das Blut schoss ihm in den Kopf und mit ihm eine unaufhaltsame Wucht der alten Bilder. Bilder, Gerüche, Geräusche. Als wäre er wieder fünfzehn Jahre alt. Es überschwemmte ihn, als würde er mit einem Wasserfall in den Abgrund stürzen. Die spöttisch-überheblichen Worte seiner Klientin waren weit weg. »Dieser Sommer ist besonders heiß, oder? Man mag ja gar nicht so viel anziehen. Jedes Fetzchen Stoff ist eins zu viel ...« David hörte sie nur noch wie unter Wasser.

Er war fünfzehn Jahre alt. Seine Mutter scharwenzelte in diesem durchsichtigen Nachthemd um ihn herum. Sie bat ihn, ihr beim Baden zu helfen. Sie wäre so allein und niemand würde ihr je den Rücken waschen. Sie hätte doch nur ihn. David ekelte sich, er wollte sie so nicht sehen. In diesem Nichts von Kleidung. Er sah ihre Brüste, ihre Scham, ihren Hintern. Vollständig ausgezogen zog sie ihn an der Hand ins Bad. Er wollte das nicht, wusste, wie sie ihn manipulieren würde, und gleichzeitig hatte er eine Erektion. Völlig verwirrt schob er sie von sich weg und rannte in sein Zimmer. Er hörte ihren Schrei, ihr Fallen und wieder Aufrappeln. Er versteckte sich unter der Bettdecke, tat, als ob er schliefe. Es nützte nichts. Sie legte sich zu ihm, rieb sich an ihm und entdeckte seine Erektion. »Guter Junge, ganz der Vater«, hörte er sie lallen. In einer Mischung aus Scham, Wut und Ekel schob er sie aus dem Bett, zog sich an und verschwand aus der Wohnung. Schon damals wusste er danach nicht weiter. Schon damals hatte ihn sein Körper im Stich gelassen. Verraten.

Plötzlich war David sauwütend. Er stand mit einem Ruck auf, stellte die Klimaanlage so ein, dass es kühler im Raum wurde und sagte knapp: »Bin gleich zurück.«

Im oberen Schlafzimmer wühlte er so lange in seinem Kleiderschrank herum, bis er fand, was er suchte. Triumphierend kam er in den Praxisraum zurück.

»Hier!« Er reichte ihr einen ausgeleierten Herrenpullover in undefinierbaren Farben. »Ziehen Sie das über.«

Sie lehnte sich angewidert zurück. »Auf keinen Fall. So etwas trage ich nicht. Was soll das?«

»Ich spreche mit Ihnen erst weiter, wenn Sie den Pullover übergezogen haben. Sie sind für meinen Geschmack zu aufreizend angezogen.«

»Ihr Problem.«

»Ich lasse mir nicht weiter von Ihnen auf der Nase herumtanzen. Anziehen!«

»Na, na, Mister Tenner, so grantig heute?« Sie lehnte sich entspannt zurück und verschränkte die Arme vor der Brust. »Nochmals nein!« Sie blieb in ihrer relaxten Haltung, nahm die Arme über den Kopf, sodass er nicht umhinkam, ihren herausgestreckten Busen zu sehen. Sie räkelte sich vor ihm, provozierte ihn, schlug die Beine übereinander.

Seine Wut verhinderte das Abgleiten in die Vergangenheit. Er hatte ein übergeordnetes Ziel und war wild entschlossen, dass sie den Pullover anzog.

»Dann müssen Sie ihn mir schon selbst anziehen.«

Wie von der Tarantel gestochen, sprang er auf, war mit zwei Schritten bei ihr und zerrte ihr den Pullover über den Kopf, als ginge es um Leben oder Tod. Sie lachte. Hielt seine Hände fest. Er machte sich frei, bog ihre Finger auseinander und hielt sie mit einer Hand fest umschlungen. Mit der anderen versuchte er weiter, den Pullover über ihren Kopf zu ziehen. Er gab nicht auf! Sie musste dieses Teil anziehen! Sie musste! Wie besessen widmete er sich dieser übergeordneten Aufgabe. Pullover! Anziehen!

Langsam schien sie den Ernst der Lage zu begreifen und versuchte, sich zu befreien. Senkte den Kopf, trat ihn, schob ihn immer wieder weg. »Aufhören! Sie sind ja völlig besoffen!«

Fast hätte er es geschafft, dass ihr Kopf durch die richtige Öffnung gerutscht wäre. Er musste sie mehr festhalten. Inzwischen war sie aufgestanden. Sie kämpften und schnauften, der kleine Tisch fiel um.

Sie wurde lauter. Hysterischer. »Sie sind verrückt! Besoffen! Ich zeig Sie an!«

David sagte kein Wort. Die Klimaanlage brummte, Batman bellte und Mrs. Lawrence wollte in den Flur ausweichen. Davids Brille war verrutscht und völlig verbogen. Seine Hemdknöpfe abgerissen. Er sah aus wie ein Irrer oder wie jemand nach wildem, animalischem Sex.

Sie schaffte es in den Flur, riss die Haustür auf und rief: »Hilfe! Hilfe! Der bringt mich um!«

David wurde immer besessener von seiner Aufgabe und war im Adrenalinrausch. Sie sollte doch einfach nur denn bescheuerten Pullover anziehen und sich nicht so anstellen. Gleich hatte er es. Gleich. Dieses Mal stand er seinen Mann. Dieses Mal würde er reagieren, nicht nur aushalten. Dieses Mal sagte er, wo es langging. Dieses Mal ...

Er spürte, wie ihn jemand am Arm zog. Weg von ihr. Weg von dem Pullover. Weg von seinem Ziel.

Er wehrte sich, so gut er konnte. Nicht nachgeben!
»David, hör auf. Lass sie los. Beruhige dich.«
Er war in einer Armklemme. Bei jemandem, der sehr viel größer war als er. David drehte den Kopf und sah in Sams sorgenvolle Augen. Sein Nachbar zog ihn weg von Mrs. Lawrence. Aber ich hatte es doch fast geschafft, dachte er völlig verzweifelt.

Andere Nachbarn kümmerten sich um Mrs. Lawrence und zogen sie ebenfalls von ihm weg. Jemand hatte die Polizei gerufen. Alles wurde aufgenommen. Er musste in ein Röhrchen blasen und machte seine Aussage. David verstand die ganze Aufregung nicht. Sie sollte sich doch nur etwas überziehen.
Er hörte sie immer noch kreischen. »Das war`s mit der Praxis. Sie hören von mir! Sie haben mich angefasst. Sie haben gesoffen. Ich! Zeig! Sie! An!«
Sam zog ihn ins Haus. Sah das ausgezogene Sofa, die Essensreste, die Bier- und Weinflaschen und lüftete den stickigen Raum. »David, was war denn los?«
»Sie hat mich wahnsinnig gemacht mit ihren durchsichtigen Klamotten. Sie sollte sich nur was anziehen.«
Sam schaute ihn ungläubig an. »Das war alles?«
»Ja.« David rieb sich am Kinn. »Scheint aus dem Ruder gelaufen zu sein.«
»Allerdings. Ich fürchte, das hat noch ein Nachspiel.« Sam blieb, bis David sich beruhigt hatte, Mrs. Lawrence außer Sicht war und alle Nachbarn wieder in ihren Häusern und ihren eigenen Dramen verschwunden waren. Er zeigte auf die leeren Weinflaschen und die eine Sektflasche. »Hast du getrunken? Also, ich meine ... heute?«
»Nur ein bisschen. Nur den Sekt.«

Sam sah jetzt noch besorgter aus als vor zehn Minuten.

»Was ist nur los mit dir, David?«

David saß in sich zusammengesunken auf dem Küchenstuhl und begann unvermittelt zu erzählen.

»Mein Leben lang habe ich mich geweigert, mich mit meiner Mutter zu versöhnen. Das Geschenk einer Aussöhnung wollte ich ihr partout nicht machen. Alle meine Lehrer und Gurus in der Therapieausbildung hatte ich ausgetrickst und ihnen glaubhaft vorgespielt, dass ich meiner Mutter nichts mehr vorwerfe. Alles Geschehene in meine Lebensgeschichte integriert hatte. Frieden. Namaste. Weißt du? Aber ich hielt die Flamme der Schuld am Köcheln. Sie hatte sich schuldig gemacht und das sollte sie spüren. Ein Leben lang. Die alten Bilder hielt ich gut unter Verschluss, all die Jahre. Ich wusste genau, wie das ging. Aber heute hatte sich eins nach draußen gewagt, ausgelöst durch diese halbnackte Frau in meiner Praxis, die mich wie einen dummen Schuljungen behandelte und mit ihren Reizen spielte. Oh, ich hasse sie.«

Sam verstand zwar nur Bahnhof, merkte aber, dass das Reden David beruhigte. Er ließ den Blick kurz auf seine Uhr schweifen.

»Geh ruhig, Sam. Ich bin okay.«

»Wirklich? Ich muss nämlich die Kinder abholen. Soll ich jemanden anrufen?«

David überlegte. »Nein. Geh ruhig.«

Im Stillen dachte er, dass es da auch niemanden mehr zum Anrufen gab. Nur noch Kathy, und die sollte auf keinen Fall diesen Auftritt von jemand anderem hören. David wusste durchaus, dass die alle Nachbarn über ihn reden würden, Sam ausgenommen.

»Dann schau ich später noch mal nach dir.« Sam verabschiedete sich und wirkte zögerlich. Sollte er seine Kinder warten lassen oder David, der so furchtbar durcheinander wirkte. Er entschied sich, die Kinder abzuholen und dann sofort wieder nach David zu schauen.

23

Kathy schloss während des Landeanfluges die Augen. Knapp drei Wochen war sie nicht zu Hause gewesen und seit zwei Tagen hatte David nicht mehr auf ihre Nachrichten reagiert. Schon wieder machte sie sich Sorgen um ihn. Das, was sie nicht mehr wollte.

Sie nahm sich ein Taxi und wurde auf der Fahrt in die Brooklyn Street immer unruhiger. Ihr Magen rumorte, ein Druckgefühl breitete sich im Brustbereich aus und die Gedanken fuhren Karussell. War er krank? Suizid? Wollte er sich trennen? Wieso redete er nicht mehr mit ihr?

Sie bezahlte den Taxifahrer, ging die kleine Holzveranda zur vorderen Tür hinauf und öffnete die Eingangstür. Da sie nicht abgeschlossen war und Batman ihr nicht entgegensprang, nahm sie an, dass David mit ihm spazieren war. Die tägliche Abendrunde.

Als sie das Chaos im Flur und in seinem Praxisraum sah, erschrak sie. Umgeworfene Möbel, Geschirr lag auf dem Boden. Die Bilder im Flur hingen schief an der Wand. Die bunte Holzschale, die für die Schlüssel vorgesehen war, lag umgekippt vor der Ablage. Ihre Hand wanderte unwillkürlich zum Brustkorb, der Druck war nicht weniger geworden. Sie spürte ihre schnelle Atmung und ließ die warme Hand dort liegen.

Im Wohnzimmer setzte sie sich auf das ausgezogene Sofa und erfasste das Chaos mit einem Scanner-Rundum-Blick. David schien nur noch in einem Zimmer zu leben. Ungläubig schaute sie sich erneut einmal um. Das war nicht ihr David. Diesen

Mann, der hier hauste, kannte sie nicht. Angeekelt hob sie einen Pizzakarton und diverse zusammengeknüllte Pappteller hoch und ließ alles wieder fallen, als zäh eine braune Soße herauströpfelte. Sie entschied sich, auf ihn zu warten. Genau hier. Im Zentrum der Eingeborenenhöhle.

Eine Stunde war vergangen und David war bisher nicht aufgetaucht. Sein Handy fand sie ausgeschaltet in der Küche. Kein Wunder, dass er auf keine Nachrichten reagierte. Auch den herausgezogenen Stecker vom Praxistelefon hatte sie entdeckt und wieder eingestöpselt. Sie überlegte fieberhaft, wo er sein und wen sie anrufen könnte. Das alte Strandhaus! Vielleicht war er über das Wochenende doch dahin gefahren, dort waren sie seit Jahren nicht mehr gewesen, und er hatte irgendwann so etwas erwähnt. Wo sonst? Freunde hatte er keine mehr, nur ehemalige Arbeitskollegen, mit denen er allerdings über die Jahre immer weniger zu tun hatte. Seine Mutter? Das konnte sie sich nicht vorstellen. Die alte Dame war inzwischen über achtzig und David mied den Kontakt zu ihr. Er bestrafte sie, indem er sie nicht an seinem Leben teilhaben ließ. Er besuchte sie einmal im Jahr und wollte stets am selben Tag wieder nach Hause. Insgesamt sechs Stunden Autofahrt für ein kühles Hallo seinerseits und ein Jammern über die Welt und ihren einzigen Sohn ihrerseits. Im Pflegeheim war sie rundum versorgt, und Kathy hatte aufgegeben, David zu drängen, öfter hinzufahren. Seine Antwort war immer die gleiche.

»Nein, nein und nein. Sie hat mich über die Jahre mit ihrer Lebensangst vollgepumpt, sodass ich nicht mehr weiß, was gehört zu ihr und was zu mir. Sie hat sich noch in mein Bett gelegt, als ich bereits ein Jugendlicher war. Heute heißt so etwas emotionaler und sexueller Missbrauch. Sie hat sich ein Leben lang an mich geklammert, hat mich benutzt ... widerlich.

Ich kann ihr nicht mehr geben, als einmal im Jahr zu ihr zu fahren.«

Kathy überlegte hin und her und versuchte, ihren Mann zu verstehen. Sie entschied sich, bei der jungen Familie nebenan zu fragen. Sie hatten einen direkten Einblick in ihren Garten und vielleicht eher etwas mitbekommen als die Nachbarn auf der anderen Seite.

Inzwischen war es nach zwanzig Uhr. Ihr mulmiges Gefühl blieb bestehen. Nur ein kurzer Kontakt mit John, der in San Francisco geblieben war, lenkte sie minimal ab. Seine vielen Fragen wollte sie nicht beantworten. David ging ihn nichts an.

Sie klopfte bei den Nachbarn. Erst zaghaft, damit die Kinder nicht wach wurden, dann etwas lauter. Die leise Musik ließ sie hoffen, dass sie zu Hause waren.

Sam öffnete und sah sie erstaunt an. »Kathy? Du bist zurück?«

»Ja, ich erreiche David schon seit zwei Tagen nicht mehr. Alle Telefone waren aus und jetzt sehe ich, dass er auch nicht zu Hause ist. Ich mache mir Sorgen.« Wie sie diesen Satz inzwischen verabscheute. Tapfer schaute sie ihn an. »Habt ihr ihn gesehen?«

»Komm rein.« Er schob sie in das Wohnzimmer.

Klara kam gerade die Treppe nach unten, legte den Finger auf den Mund und machte eine Gewinnergeste. »Juhu. Sie schlafen.«

Er hielt den Daumen hoch und suchte nach Gläsern. Zu dritt setzten sie sich in die Sofaecke und Sam berichtete, was am Nachmittag los war. »Erst dachte ich, Einbrecher wären in eurem Haus. So laut polterte es. Aber dann war mir klar, nein, das kann nicht sein. In dieser Gegend, wo die Leute nicht mal ihre Türen abschließen, wenn sie kurz weg sind. Am Nachmittag?

Nein. Ich schaute nach und sah, dass es sich um eine Frau handelte, die aus eurem Haus wollte. Hinaus wollte. Sie rief die ganze Zeit um Hilfe, David zog an ihr und wollte nicht, dass sie ging. Andere Leute, die vorbeigingen, blieben stehen und jemand muss die Polizei gerufen haben. Ich habe David von ihr weggezogen. Er hat die ganze Zeit versucht, ihr einen Pullover überzuziehen.«

»Einen Pullover?«

»Er hat mir später erklärt, dass es ihn wahnsinnig machte, wenn sie so aufreizend zu ihm in die Stunde kam. Er wollte das nicht mehr und hat sie gebeten, sich den Pullover anzuziehen. Sie weigerte sich, hat ihn weiter provoziert und dann ...«

»... ist er ausgetickt«, ergänzte Klara.

»Ich habe eine Ahnung, wer das war. Er hatte schon öfter von ihr erzählt. Sie würde ihn an seine Mutter erinnern.«

»Seine Mutter? Die war dann aber ein heißer Feger.«

»Nicht das Aussehen, aber die Art, wie sie mit ihm umging. Süffisant, provokant, mit ihm spielend. Sie hatte ihn in der Hand. Manchmal hat sie ihn angefleht, bei ihm zu bleiben. Dann wieder weggestoßen.« Als sie die irritierten Blicke der beiden sah, ergänzte Kathy: »Also ... seine Mutter.«

»Es war jedenfalls ein ziemlich irreales Bild.« Sam beendete seinen Bericht.

Klara betonte, dass sie David sehr mochten und sich in den letzten Wochen angefreundet hatten. Selbst die Kinder fragten nach ihm, wenn er nicht da war.

»Hat er euch gesagt, was er vorhat?«, fragte Kathy. Inzwischen war sie auf dem Sofa zusammengesackt. Der Druck auf der Brust wich einem immer größer werdenden Unruhegefühl. Es tat gut, mit den beiden zu reden.

Sam fuhr fort: »Ich war nach dieser Geschichte, als alle weg waren, noch eine Weile bei ihm. Er sagte verworrene Dinge, dass er nun endlich die Praxis schließen könne. Sein Ruf sei ihm scheißegal. Er wolle mit dem ganzen Psychozeugs nichts mehr zu tun haben. Nur die zwei jungen Leute interessieren ihn noch. Allein das sei wichtig.«

»Welche jungen Leute?«, fragte Kathy nach.

Sam zögerte mit der Antwort, aber Klara nickte ihm aufmunternd zu. »Das weiß ich nicht. Ich glaube, er hat in den letzten Tagen ein junges Paar beraten, was auch nicht so gut lief. Er sagte nur, er müsse sich bei ihnen entschuldigen.«

»Oh mein Gott. Ich war so egoistisch. Ich hätte nicht wegfahren dürfen. Niemals.« Kathy rutschte nervös auf dem Sofa vor und zurück. Mal lehnte sie sich an, mal beugte sie sich nach vorn und stützte die Arme auf den Knien ab.

»Doch!« Klara widersprach. »David meinte, du seist die Mutigere von euch beiden und hast es geschafft, dich zu bewegen. Dafür zeigte er größten Respekt.«

Kathys Augen füllten sich mit Tränen. »Das hat er gesagt?«

Klara und Sam nickten gleichzeitig.

»Wisst ihr, wo er sein könnte?«

»Er wollte ans Meer. Er sagte uns, dass ihr am Rockaway Beach eine kleine Holzhütte habt. Da wollte er hin, um nachzudenken, wie alles weitergehen soll.«

»Ja, daran hatte ich schon gedacht! Dann werde ich ihn wohl morgen besuchen.« Erleichtert bedankte sie sich bei ihren Nachbarn. An der Tür drehte sie sich noch einmal um. »Ich glaube, ihr wart in den letzten Wochen wichtig für ihn. Danke für alles.«

»Gerne. Wir mögen David. Viel Glück beim Finden.«

»Hat er euch unsere Geschichte erzählt?«

»Ich denke, noch nicht alles. Er hat angefangen.«

»Was für eine gute Nachricht. Er redet!« Verstört, doch mit einem winzigen Lächeln im Gesicht, verschwand Kathy in ihr Haus. Sie räumte auf, klappte das Sofa zusammen und stopfte Davids Bettwäsche in die Waschmaschine. Im Wäschekorb daneben lagen ihre Bettdecke und das Kopfkissen. Komplett bezogen. Sie roch daran, fand, dass es frisch gewaschen duftete, und nahm es mit in ihr Bett. Erschöpft negierte sie Johns Nachrichten und legte sich auf Davids Seite im großen Bett. Nahm sich ein T-Shirt, das nach ihm roch und schlief ein.

24

Ein paar Straßen weiter, lang nach Mitternacht, wälzte sich Cooper im Bett hin und her. Der August in Portland war heiß und auch nachts kühlte die Luft nur gemächlich ab. Er hörte aus Rangers Zimmer die Geräusche der Klimaanlage und überlegte, ob er die in seinem Zimmer auch anstellen sollte. Er war kein Fan von Klimaanlagen, aber Ausnahmesituationen im Leben erforderten ungewöhnliche Maßnahmen. Er schaltete sie vom Bett aus mit der Fernbedienung an und stellte die Temperatur auf angenehme zweiundzwanzig Grad ein. Das sanfte Geräusch beruhigte ihn sofort und lullte ihn sukzessive ein. Als würde jemand vor sich hin brummen: alles gut, alles gut, alles gut.

Am Abend hatte er eine versöhnliche Nachricht von Emily bekommen. Sie hatte sich für ihren Ausbruch entschuldigt und ihn gebeten, ihr bis nächste Woche Mittwoch Zeit zu geben.

Coop, mein Liebster. Ich weiß, es ist auch eine harte Zeit für dich und glaub mir, ich werde deinen Standpunkt im Hinterkopf behalten. Ich muss in Ruhe und allein, wirklich allein, noch einmal alles abwägen. Bitte Coop, wenn du mich liebst, such mich nicht. Ich bin nicht am Surferstrand, da sind mir zu viele Leute. Geh ruhig surfen, wenn du raus aus der Stadt willst. Schenk mir die Zeit. Deine Emmi.

Eine halbe Stunde später hatte sie noch ein: *Ich liebe dich* hinterhergeschickt.

Was sollte er tun? Sobald sie versöhnlich mit ihm war, knickte er ein. Wurde weich und verzieh ihr alles. Eins musste er dennoch klarstellen und antwortete ihr.

Emmi, ich geb dir die Zeit, die du brauchst. Was bleibt mir anderes übrig? Und glaub mir, ich war von Tenners Idee ebenso überrascht wie du. Wir wollten eine professionelle Beratung und haben einen Großvater bekommen. Ganz schön crazy, oder?

Er behielt das Handy nach dem Senden der Nachricht in der Hand und schlief ein. Alles gut, alles gut, alles gut, brummte die Klimaanlage die ganze Nacht.

Am nächsten Morgen hörte er Rangers Aktivitäten im Bad. Natürlich stand die Tür sperrangelweit offen und selbst die Klimaanlage kam nicht gegen die durchdringenden Geräusche an. Das Gurgeln beim Mund ausspülen, die Wasserstrahlen der Dusche, sein lautes Pfeifen, seine Klogeräusche und sein obligatorischer Morgenfurz. Sie sollten üben, die Tür zu schließen wie Kleinkinder den Topfgang.

Cooper schälte sich aus dem Bett und sein erster Gedanke ging zu Emily und dem Ungeborenen. Außer mit ihr und diesem David Tenner hatte er bisher mit niemandem darüber gesprochen. Er überlegte, Ranger einzuweihen. Verwarf es nach kurzem Abwägen wieder, da er seine Reaktion kannte.

»Krass, Alter«, wäre sein erster Kommentar und »Und nun?«, sein zweiter.

Pflichtbewusst rief er David an, um ihm die Nachricht von Emily weiterzuleiten. Sein Handy war ausgestellt und am Praxistelefon erreichte er nur den Anrufbeantworter.

»Hi, David. Hier ist Cooper. Emily will bis Mittwoch Zeit haben, um in Ruhe und allein über alles nachzudenken. Hoffe, du bist okay. Cooper.« Nach kurzem Zögern rief er erneut an und sagte: »Ich bin okay. So weit.«

In der Küche traf er auf Ranger, der neben einem Becher mit dampfenden Kaffee über seinem Laptop hing. »Moin, Cooper. Hier. Kaffee für dich.«

»Danke, hab übrigens deine Morgentoilette komplett gehört. Komplett!« Cooper setzte sich Ranger gegenüber an den ausladenden Küchentisch, der voller Gerümpel lag. Alte Zeitschriften, Notizblöcke, Stifte, Feuerzeuge, Kleingeld. Mit einer ausholenden Handbewegung schob er alles in einer Ecke zusammen, nahm einen Müllbeutel und entsorgte den ganzen Kram.

»He he. Das Geld war doch noch gut!« Ranger grinste. »Das hol ich mir später wieder raus.«

»Ranger! Du bist ein Nerd!«

»Yepp! Du weißt hoffentlich noch, dass wir Mittwochmorgen ein wichtiges Meeting mit unseren Auftraggebern haben?«

»Ja. Weiß ich. Hast du `ne Ahnung, was sie wollen?«

»Ich glaube, unseren letzten Vorschlag besprechen oder sie haben einen neuen Auftrag. Ich denke, bisher haben wir gut abgeliefert.«

»Aber wieso wollen sie unseren letzten Vorschlag besprechen? Bisher haben sie alles durchgewunken.«

»Keine Ahnung. Wir werden es erfahren. Wäre auch gut, wenn du mit deinen Gedanken mal wieder anwesend wärst. Was ist eigentlich los?«

Cooper stützte den Kopf in die Hände und nippte an seinem Kaffee. »Emily ist schwanger.« Nun war es doch raus.

»Krass!« Cooper hatte Zeit, auf Rangers gewohnten Nachsatz zu warten, aber zunächst schaute sein Freund ihn entsetzt an. »Und nun?«

Cooper konnte sein Grinsen nicht unterdrücken. »Ach, Ranger. Ich kenn dich so gut. Ich war mir so sicher, dass du genau das sagst. Du enttäuschst mich einfach nie!«

»Sag. Ziehst du aus? Zieht sie hier ein? Behaltet ihr es? Was bedeutet das für uns beide?«

»Emily will es nicht behalten. Ich schon. Ich hab keine Ahnung, wie sie am Ende entscheidet. Der Erzeuger hat an diesem Punkt kein Mitspracherecht. Mitsprache schon, aber kein Entscheidungsrecht.«

»Wieso willst du denn jetzt ein Kind? Das Leben ist doch gut, wie es ist?«

»Darüber habe ich auch lange nachgedacht. Ich war sofort dafür, musste keine Sekunde überlegen. Ich glaube, ich will in diesem Leben sowieso ein Vater werden. Ein guter Vater. Klar, später wäre besser. Aber wer weiß? Vielleicht ist jetzt genau richtig. Ich sehe es wie ein Geschenk.«

»Ein verfrühtes Geschenk.«

»Ach komm. Ich werde im Dezember neunundzwanzig. Was ist daran zu früh?«

»Mit neununddreißig Vater zu werden, wäre früh genug.«

»Was weiß ich, was in zehn Jahren ist. Vielleicht bin ich dann gerade allein und denke die ganze Zeit: Hätten wir damals nur ja gesagt ... Und übrigens«, Cooper suchte Rangers Blick, »für uns beide ändert sich erst mal nichts. Wenn sie es behält, müssen wir weiter überlegen, wie wir wohnen wollen. Ihr ist ja immer alles zu eng, zu nah, zu verbindlich.«

Ranger nickte. »Wann ist die Sache entschieden?«

»Sie ist in der zehnten Woche, spätestens in zwei Wochen. Aber ich denke, am Mittwoch weiß ich mehr. Bis dahin will sie allein sein und nachdenken.«

»Fährst du am Wochenende surfen?«, lenkte Ranger vom Thema ab.

»Nein, ich bleib hier. Vielleicht können wir uns in die Arbeit stürzen. Das würde mich ablenken.«

»Gute Idee, Kumpel. Es gibt viel zu tun. Ich warte schon ewig auf deinen Text.«

»Ich setz mich heute ran.« Cooper stand auf und schaute in den Garten. Die leeren Stellen störten ihn täglich mehr. »Ranger, ich brauch vorher noch deine Hilfe. Komm, lass uns in ein Gartencenter fahren. Ich brauche was Blühendes.«

»Was Blühendes. Jetzt spinnst du wirklich. Sowas hast du noch nie gesagt.« Sprach's und schaute sofort nach, wo das nächste Gartencenter war. Bimark, Woodstock, zehn Minuten Fahrtzeit. Er programmierte sein Handy mit der Adresse, klappte den Laptop zu und war bereit. »Los, los. Lass uns was Blühendes kaufen.« Ranger verdrehte die Augen, legte seinen rechten Arm amüsiert auf seine breite Hüfte und sagte mit hoher Stimme: »Komm, Schatz. Lass uns Blumen shoppen gehen.«

Cooper schlüpfte in seine Flipflops, nahm den Schlüssel vom Bus und fuhr kurz mit den Fingern durch die Haare. Fertig. »Ich komme, Schatz«, flötete er. Bereit fürs Gartencenter.

25

Emily war inzwischen am Rockaway Beach angekommen. Die erste Nacht stellte sie ihren Bus in der Nähe anderer Wohnmobile ab, so fühlte sie sich wohler. Nah am Meer, aber etwas versetzt, hinter einer Düne. Völlig erschöpft war sie früh eingeschlafen. Träumte vom Surfen, ihrer Mutter, ihrer Großmutter und wachte noch ausgelaugter auf, als sie eingeschlafen war. Nicht eine einzige Welle hatte sie im Traum geschafft. Der Sog des Meeres zog sie abwärts. Schleuderte sie hin und her. Sie kämpfte, tauchte unter, tauchte auf, versuchte, an den Strand zu kommen, aber das Meer machte mit ihr, was es wollte. Sie war machtlos und ließ irgendwann los. Ließ sich treiben. Bevor sie völlig auf dem Meeresgrund verschwand, wachte sie auf.

Gerädert öffnete sie die Autotür, ließ die sanfte Sommerbrise durch die Haare und ihr Gesicht wehen und sah das meerblau angestrichene Holzhaus auf der anderen Seite der Straße. Es lockte mit Kaffee, Muffins und belegten Sandwiches. Sie schnappte sich ein Handtuch und lief vor dem ersten Kaffee wild schreiend in die vor ihr liegenden Fluten. Das Meer lag wie eine ausgebreitete Folie vor ihr, hier gab es kaum Wellen. Die Kälte, als sie das Wasser mit ihren Füßen berührte, ließ sie noch lauter brüllen. »Heilige Scheiße, ist das kalt! Ist das kalt, ist das kalt ...«

Sie wiederholte den Satz immer wieder. In aller Stille hätte sie das kalte Meer nicht ausgehalten. Das Wasser umspielte ihren Körper, lullte sie ein und sie schwamm ein paar kräftige Bahnen, um nicht zu erfrieren. »Heilige Scheiße«, wiederholte sie auch beim Abrubbeln.

Als sie ihre Gänsehaut sah, flogen ihre Gedanken zu Cooper. Goose bumps, dachte sie zärtlich. Mein Gänsehaut-Mann.

Auf der Toilette des Cafés putzte sie sich die Zähne, bestellte einen Kaffee und einen Schokomuffin. Emily setzte sich so, dass sie das Meer sehen konnte. Die hohe Düne ließ nur zu, dass sie bloß einen Zipfel davon sah. Kaum saß sie, holte sie ihren Stift und einen Block aus ihrer bunten Tasche und machte eine pro und kontra Liste bezüglich ihrer Entscheidung.

Das brachte ihr keine neuen Erkenntnisse. Gefühlte hundert Mal hatte sie die Liste neu geschrieben. Wenn sie wüsste, dass Cooper trotz eines Schwangerschaftsabbruches bei ihr bliebe, würde sie sofort abtreiben. Das war die einzige Unbekannte in ihrer Gleichung. Alle anderen Punkte kannte sie in- und auswendig. Lange Stunden des Nachdenkens lagen vor ihr. Sie nutzte das Internet des Cafés, um herauszufinden, ob andere Paare es geschafft hatten, nach einem Abbruch weiterhin glücklich zusammen zu sein. Sie las Erfahrungsberichte, Studien, Aussagen von Betroffenen und wurde nicht wirklich fündig. Alle beschrieben ihre Schwierigkeiten, vor allem, dem anderen danach wieder nahe zu sein. Als hätte man sich auch ein Stück vom Partner verabschiedet, beschrieb es eine Frau. Selbst die Paare, die sich einig waren, das Kind nicht zu behalten, konnten nicht einfach zur Tagesordnung übergehen. Manche redeten viel darüber, manche nie wieder. Eine Statistik war mit negativen Zahlen dermaßen niederschmetternd, dass sie den Laptop genervt zuklappte. Sie bezahlte und wusste nicht, wie sie den Tag verbringen sollte.

Normalerweise ging sie an freien Tagen surfen.

Normalerweise war Cooper an freien Tagen bei ihr. Normalerweise ...

Sie fühlte sich seltsam allein, wie lange nicht. Ihre Hand wanderte zu ihrem flachen Bauch. Das da drin sollte lieber gar nicht auf die Welt kommen. Das Leben war nicht einfach. »Glaub mir, ich erspar dir diesen ganzen Scheiß«, sprach sie leise vor sich hin.

Sie steuerte auf einen Verkaufsshop zu, der nur durch eine Düne vom Meer getrennt war. Sie sah kunterbunt bemalte Vogelhäuschen in allen Größen und Variationen. Wie ein Magnet zog sie der Regenbogen von Farben an. Ehrfürchtig nahm sie ein Häuschen in die Hand, stellte es vorsichtig wieder ab und bestaunte ein anderes. Was für ein toller Laden. Alles hier war mit Liebe hergestellt. Neben den Vogelhäuschen, manche waren größer als sie selbst, sah sie auch handgefertigten Schmuck. Sie konnte nicht anders, sie musste alles berühren. Sie erschrak. Ganz still in einer Ecke auf einem alten Schemel mit drei Beinen saß ein sehr alter Mann und strich gerade ein neues kleines Haus an.

»Guten Morgen. Ich hab gar nicht bemerkt, dass hier jemand sitzt. Kompliment! Was für ein toller Laden!«

»Danke«, antwortete er und schlürfte seinen heißen Kaffee, den er anscheinend gerade zubereitet hatte, so wie er dampfte. »Schau dich um.« Der Laden hatte noch zwei kleinere Räume, die ineinander übergingen. Alles hier war selbstgemacht, bunt und detailverliebt. Es zuckte erneut in Emilys Händen. Sie konnte nicht anders, sie musste berühren, was sie sah. Der alte Mann machte unbeirrt weiter. Die Geschäftsfrau in ihr fragte sich, ob er genug verkaufte, um davon leben zu können.

»Mädchen, möchtest du einen Kaffee?«

»Ja, gerne.« Er zog einen zweiten Schemel unter dem Verkaufstisch hervor. Sie setzte sich zu ihm. Nach einem aufmerksamen Blick in ihr Gesicht pinselte er konzentriert weiter. Gerade betupfte er die Holzläden am gelben Vogelhäuschen mit grüner Farbe. Schon dafür mochte sie ihn. Fensterläden, die man auf und zuklappen konnte. An einem Vogelhäuschen! Emily war völlig verzückt.

»Mein Name ist George.«

»Ich bin Emily. Danke für den Kaffee. Darf ich dich bisschen ausfragen?«

Er lachte und die Runzeln zogen sich um seine hellen Augen zusammen. Sein Gesicht und die Hände waren dunkelbraun, von der Sonne gegerbt. »Aber, ja! Mach nur.«

»Lebst du hier, am Meer? Und kannst du von dem leben, was du herstellst? Hier ist in der Sommersaison was los, oder?«

Er ließ sich Zeit, trank noch einen Schluck Kaffee, zog an einer Pfeife und sagte schlicht: »Die Antwort zu allem ist: Ja.« Er schmunzelte wissend vor sich hin. »Früher war ich nur in der Saison hier und lebte die anderen Monate in der Stadt, in Portland. Als meine Frau gestorben war, zog ich ganz hierher. Hinten im Laden gibt es einen ganz kleinen Raum, wo mein Bett und ein Fernseher stehen.«

»Ist es hier nicht sehr einsam? Ich vermute, dass hier im Winter nichts los ist.«

»Ja, es gibt viele Monate nur das Meer, den Wind und Regen. Viel Regen. In den Wintermonaten baue ich die Vogelhäuschen für den Sommer.«

»Wie hältst du das aus?«

»Was?«

»Das Alleinsein. So viele Monate?«

»Ich hab meinen Frieden mit mir. Ich mag, wie ich bin, und ich bin mir genug.« Er lachte. »Bin mit mir in bester Gesellschaft.«

»Das klingt gut. Irgendwie auch so unerreichbar. Wenn ich allein bin, werde ich unruhig. Mein Herz klopft, mein Puls rast und ich schaue sofort, wie ich mich ablenken kann, um diese Rastlosigkeit zu dämpfen. Ich halte keine Stunde ganz allein aus.«

»Klingt anstrengend.«

»Ist es.« Emily holte Luft und wunderte sich, was sie erzählte. »Hast du einen Rat für mich? Wie komme ich zu dieser inneren Ruhe?«

»Nimm das Leben, so wie es kommt. Mein hilfreichster Satz in den letzten Jahren war: Ist jetzt so.«

»Ist jetzt so?«

»Ja. Sobald du das, was dein Leben dir zukommen lässt, annimmst, fügt sich alles Drumherum.«

»Ich bin ungewollt schwanger.« Eine Hand auf ihrem Bauch, eine vor dem Mund, schaute sie ihn erwartungsvoll an und wunderte sich wieder, was sie ihm erzählte.

»Dann kannst du gleich mal üben. Sag den Satz nochmal und füge meinen Satz dazu.«

Emily zögerte. Dann wiederholte sie leise. »Ich bin ungewollt schwanger.« Fast scheu schaute sie zu ihm. »Ist jetzt so.« Ein Grinsen zog über ihr Gesicht. »Aber ...«

Unwirsch unterbrach er sie. »Jedes ›aber‹ entkräftet den Satz davor. Lass es erst mal wirken. Du bist schwanger, ist jetzt so.«

Eine junge Frau kam auf George zu, küsste ihn und lächelte auch Emily freundlich an. »Darf ich vorstellen: Meine Enkelin, Michelle. Sie fertigt mit ihren wunderbaren Händen den Schmuck an, den du hier siehst und hat die Idee, meine Sachen online zu verkaufen.«

Michelle küsste George nochmal auf die Wange. »Grandpa, der Onlineshop steht. Ab September geht es los. Ich kümmere mich darum, du musst nichts ändern. Nur genug Vogelhäuschen vorrätig haben. Heute mache ich Fotos.«

»Dann werde ich auf meine alten Tage noch reich.« Er lächelte Emily an. »So viel zu deiner anderen Frage. Das Geld hat immer gereicht. Manchmal war es knapp und reichte gerade so. Manchmal musste ich das Begleichen von Rechnungen aufschieben und mit Leuten reden, die darauf warteten. Aber insgesamt war es genug für unser Leben. Seit ich mich entschieden habe, nur noch das zu tun, was ich liebe, habe ich sogar zu viel von dem Zeugs.« Er schob sich seinen ausgefransten Sonnenhut in den Nacken und lächelte sie an.

Die Stunden vergingen wie im Fluge. Emily unterhielt sich mit Michelle und George den ganzen Vormittag. Sie sah Familien mit ihren Kindern, die den Shop in Beschlag nahmen. Alle bestaunten, was sie sahen und kauften am Ende etwas. Für jedes Kind hatte George noch eine Überraschung parat. Glücklich zogen sie weiter und Emily war sich sicher, dass jeder, der hier war, diesen Shop und den freundlichen alten Herren in guter Erinnerung behielt. Michelle radelte mit einem klapprigen Herrenfahrrad davon und ließ ihre neue Kollektion Ohrringe da.

George fummelte ein Paar heraus und schenkte sie Emily. Es waren kleine silberfarbene Ohrringe mit einem Peace-Zeichen.

»Für deinen Frieden, Mädchen.«

»Danke, George. Sie sind sehr schön. Kann ich morgen wieder kommen?«

»Aber ja, komm nur, wenn du willst, wo übernachtest du?«

»Ich schlafe in meinem Bus, da hinten.« Sie zeigte mit dem Finger in die entsprechende Richtung.

»Wenn du magst, kannst du deinen Bus auch auf meinem Grundstück abstellen. Hinter dem Laden ist genug Platz.«

Emily nahm das Angebot gern an. Parkte den Bus um und sah eine Frau zum Strand gehen, die ihr bekannt vorkam.

Sie wusste nur nicht, woher sie sie kannte.

»Ich bin schwanger«, flüsterte sie vor sich hin. »Ist jetzt so.« Bei ihr klang es eher trotzig. Als würde sie wie eine Dreijährige mit den Füßen aufstampfen. Bei George klang der Satz milder. Sie übte weiter.

»Ich bin schwanger, ist jetzt so. Ich bin schwanger, ist jetzt so.«

26

Kathy wachte am Samstagmorgen mit Davids T-Shirt im Arm auf. Sie kochte sich einen Espresso, packte in Windeseile ihre Sachen, warf sie ins Auto und startete in aller Herrgottsfrühe Richtung Rockaway Beach. An Ausschlafen war nicht zu denken, ihre Gedanken rotierten und hielten sie schon eine Weile auf Trab.

Seit Ewigkeiten war sie nicht im Strandhaus gewesen. Zum jährlichen Frühjahrscheck war David in den letzten Jahren allein gefahren und seit zwei Jahren hatte George, der Nachbar mit den bunten Vogelhäuschen, den Schlüssel. Manchmal übernachtete Michelle im Strandhaus.

Kathy freute sich auf das Rauschen und die Farben des Ozeans. Dieser Ort hatte mit den beiden großen Felsen im Meer etwas Magisches, die Weite des Sandstrandes und das Übergangslose von Himmel und Meer trugen dazu bei, dass sich auch die Enge in ihr wieder weitete. Obendrein verliefen sich die Menschen, die hier den Sommer verbrachten, und Kathy nahm sie nur wie kleine schwarze Punkte wahr. Hier dirigierte noch die Natur, nicht der Mensch.

Sie ließ sich Zeit. Kam erstaunlich gut durch die sonst so vollen Ausfahrtsstraßen Portlands und gönnte sich unterwegs einen ausgiebigen Tank- und Kaffeestopp.

Schon seit einer Weile fuhr sie die breite Küstenstraße entlang, hatte ihre Fenster geöffnet und genoss den Wind, der ihr fast zärtlich, wie ein Geliebter, durch das Gesicht fuhr. Links überragten die Dünen das dahinter liegende Meer, rechts gaben bunte Häuser und Shops den Ton an. Es roch nach Sommer, der Himmel zeigte sich wolkenlos und schon von Weitem sah sie Georges farbenfrohen Laden aufblitzen. Als wäre vor einiger Zeit ein Farbenlager explodiert. Man musste einfach hinschauen, ob man wollte oder nicht. Der gute alte George. Über die Jahre war er ein loyaler Freund der Tenners geworden, und Kathy freute sich, ihn wiederzusehen. Sie bog rechts ab, fuhr im Schneckentempo weiter und stand nach zweihundert Metern vor ihrem hellblau und weiß angestrichenen Holzhaus.

Ihr Herz pochte bis zum Hals und der Anblick des gemütlichen Hauses ließ sie erschauern. Ihr Magen zog sich unwillkürlich zusammen und sie spürte nur noch die bekannte Faust im Bauch. Die Erinnerungen an ihre kurze Zeit als Familie schossen ungebremst nach oben. Damals, als Rose noch lebte. Damals waren sie so oft hier gewesen, alle drei.

Sie träumten davon, eine ganz normale Familie zu sein, auch wenn es nur ein paar Jahre sein durften, wie sie von Anfang an wussten. Eine Familie mit einem Kind. Endlich! Ein Kind, das im Sand buddelte. Ein Kind, das unbedingt ein Vogelhäuschen aus Georges Shop kaufen wollte. Eine Mutter, ein Vater. Eine stinknormale Familie. Obwohl sie längst gewusst hatten, dass ihre Tochter sehr krank war und niemals ein Schulkind werden würde. Trotzdem. Wenige Jahre zu dritt.

Kathy richtete sich auf, legte eine Hand auf ihren harten Bauch und sagte sich ihr altes Mantra: Atmen! Einatmen. Ausatmen. Vor allem Ausatmen!

Es gelang ihr, die Erinnerung beiseitezuschieben, und sie ließ die Autotür krachend ins Schloss fallen. Schritt für Schritt ging sie langsam den kurzen Weg bis zum Eingang. Alles sah ein bisschen zugewachsen aus, was dem Haus noch mehr Charme verlieh. Der Jasmin, den sie vor Jahren gepflanzt hatte, rankte an der Südwestseite des Hauses empor, streckte sich nach allen

Seiten wohlig aus. Üppig und weiß blühend. Später, wenn die Sonne untergegangen war, würde er einen unglaublichen Duft verbreiten. Sie roch es schon.

Gerade wollte sie ihren Schlüssel aus der Tasche fummeln, als die Tür aufsprang. Michelle blieb erschrocken stehen.

»Kathy, mein Gott, hast du mich erschreckt.«

Beide Frauen legten überrascht und gleichzeitig eine Hand auf ihr Herz und umarmten sich schließlich.

»Michelle! Du mich auch. Ich hatte eigentlich mit David gerechnet. Ist er da? Ich sehe sein Auto gar nicht?«

»Er war nur eine Nacht hier im Haus und ist heute sehr früh wieder losgefahren. Batman war bei ihm. Euer Hund hat den Strand sofort geliebt und sich ausgetobt. Er ist so süß! Abends saßen David und George noch lange zusammen, Batman lag komatös zwischen den beiden. Fast wie in alten Zeiten. Aber ehrlich, Kathy. David war ein einziges Nervenbündel. Er konnte kaum stillsitzen. So kenne ich ihn gar nicht.«

»Wo wollte er hin? Zurück nach Portland?«

»Ich glaube, er wollte zu dir.«

»Nach San Francisco?«

»Ich fürchte, ja.«

»Dieser Verrückte. Er war seit unserer Jugend nicht mehr in San Francisco ... Und ich wollte zu ihm.« Kathy dachte nach. Wenn er wenigstens telefonisch erreichbar wäre. »Michelle, warte kurz. Hatte er ein Handy dabei?«

Michelle, die schon fast auf der Straße war, blieb stehen. »Nein. Er sagte, sein Handy sei tot. Er hat die PIN vergessen.«

Kathys Schultern sackten nach unten. »Danke, keine PIN-Nummer. Das passt zu ihm, da hätte ich auch draufkommen können. So eine simple Erklärung und ich zermartere mir das Hirn.«

Wütend ließ sie ihre Tasche fallen und stemmte eine Hand in die Hüfte.

Michelle blieb erneut stehen. »Ach, noch was. Ich fahre morgen zurück in die Stadt. Ich kann aber heute bei Grandpa schlafen, da hast du das Haus für dich, falls du bleibst. Kein Problem für mich.«

»Bleib ruhig hier. Ich freu mich doch, wenn das Haus bewohnt wird, sind ja genug Zimmer da.«

»Danke. Du warst so lange nicht da, Kath. Schön, dich zu sehen.« Michelle in ihrer natürlichen Art brachte Kathy dazu, dass sie sich noch einmal in den Armen lagen. »Rede mit George, vielleicht weiß er genauer, was David vorhat.«

Kathy hob die Tasche auf, stellte alles im kleinen Schlafzimmer ab und sah, dass Davids Seite aufgedeckt war. Sie beugte sich hinab und roch an der Bettwäsche. Sein Geruch trieb ihr Tränen in die Augen und brachte sie völlig aus dem Konzept. Sie mussten sich um zwei Stunden verpasst haben. Müde legte sie sich unter seine Decke und wusste nicht weiter. Wo war er?

Als sie die Augen wieder öffnete und auf die Uhr sah, waren mehr als zwei Stunden vergangen. Sie war in seinem Bett eingeschlafen. Ungläubig schüttelte sie den Kopf. Normalerweise schlief sie nicht mitten am Tag. Wenn das passierte, fühlte sie sich danach wie gerädert, war durcheinander und hatte kein Zeitgefühl mehr. Wie jetzt.

Müde suchte sie nach ihren Badesachen und einem Handtuch. In der morgendlichen Hektik hatte sie zu Hause Davids XXL-Badehandtuch eingepackt. Kein Wunder, dass ihr Gepäck so schwer war. Sie erinnerte sich an den Tag, an dem er mittags geduscht und sie ihn überrascht hatte. Wie er seinen Bauch vor ihr verstecken wollte und ein bisschen verlegen gewirkt hatte. Eine Woge aus Liebe und Verbundenheit durchfuhr sie.

Sie schnappte sich den schwarzen Badeanzug, Davids Handtuch und fing den Tag noch einmal an. Kaffee, schwimmen, im warmen Sand liegen, nachdenken. In dieser Reihenfolge.

Sie lief an Georges Shop vorbei, ohne ihn zu sehen. Sie würde ihn später begrüßen. Holte sich einen Kaffee auf der anderen Straßenseite und spazierte zu ihrer vertrauten Lieblingsstelle am Sandstrand.

Oberhalb der Düne breitete sie ihre Arme aus wie ein Vogel seine Schwingen, und konnte es nicht fassen, so lange nicht hier gewesen zu sein. Sie schützte ihre Augen mit der Hand und blickte sich um. Unendliche Weite, kleine schwarze Punkte, wohin ihre Augen auch schauten. Die Sommerbrise umhüllte ihren Körper wie ein federleichtes Tuch. Gleichmäßig atmete sie ein und aus und konnte nicht genug von der Luft bekommen, die einen Salzgeschmack auf der Zunge hinterließ. Gute Luft, dachte sie.

Schnurstracks lief sie weit nach vorn zum Wasser, legte Davids Handtuch in den Sand und lächelte; da drauf könnten durchaus drei schlanke Personen nebeneinander liegen. Vor sich hin schmunzelnd lief sie ins Wasser und stockte kurz. Sie hatte völlig vergessen, wie kalt es an der Küste Oregons sein konnte. Sie rannte weiter, ließ sich fallen und schwamm mit kräftigen Zügen hinaus, tauchte den Kopf unter und ließ alle Sorgen am Strand zurück. Sie schwamm, bis ihre Kräfte sie verließen, und schleppte sich, völlig außer Puste, zurück zum Handtuch.

Als sie sich wieder aufsetzte, sie musste erneut eingeschlafen sein, sah sie das Mädchen vom Foodtruck. Sie rieb sich die Augen und winkte ihr schließlich zu. Ja, das war sie. Ihre dunklen Locken, um die sie wohl jeder beneidete, die Frische im Gesicht, um die sie wohl auch jeder beneidete. Das war sie. Kathy konnte sich gut erinnern, wie David sie einander vorgestellt hatte. Sie nahm ihr Badehandtuch, ging zu ihr und fragte, ob sie sich zu ihr setzen dürfte.

»Ja, gerne. Ich überlege die ganze Zeit, woher ich dich kenne. Wahrscheinlich vom Food Market in der Division Street. Daher kenne ich die meisten Menschen. Beziehungsweise sie mich.« Mit ihren klaren Augen schaute Emily Kathy an. Dann schlug sie sich die Hand an die Stirn. »Ich weiß es! Davids Frau. Stimmt's?«

»Ja, ich bin Kathy. Seine Frau.«

»Oh Gott, ist er auch hier?« Emily schaute sich suchend um.

»Nein, er ist nicht hier. Leider. Ich suche ihn nämlich.«

»Oh je, und ich haue vor ihm ab.«

Kathy wurde nervös. »Aber wieso, was ist passiert? Er mag dich so gern. Ist er ... hat er ...«

Entsetzt schaute Emily zu Kathy. »Nein. Nein. Er hat mich nicht angetatscht, falls du das meinst. Nein. Ist eine lange Geschichte.«

»Ich hab Zeit. Erzähl sie mir.«

Emily überlegte. »Lass uns aus der Sonne gehen und einen schattigen Platz suchen. Ich bin schon zu lange hier am Strand. Dann erzähl ich dir in Ruhe, warum ich hier bin.«

»Gute Idee, ich brauche dringend neue Sonnencreme und eine Dusche. Oder umgekehrt.«

Sie verabredeten sich in Kathys Haus. »Emily, wo schläfst du eigentlich?«

»In meinem mobilen Zuhause, hab ich immer dabei.«

»Okay, falls du eine komfortable Dusche brauchst ... die im Haus ist gut.«

»Danke, vielleicht komm ich drauf zurück. Bis später.«

Kathy suchte ihr Handy und rief zuerst das Praxistelefon an. Vielleicht war David ja inzwischen doch zu Hause. Sie ließ es mehrmals klingeln, aber niemand nahm ab. Auf dem Anrufbeantworter hinterließ sie die Nachricht, dass sie im Strandhaus sei, und sprach ihre Handynummer aufs Band. Sie war sich sicher, dass David sie nicht auswendig kannte. Dann rief sie John an. Nach dem ersten Klingeln ging er ran.

»Kathy, Liebes. Endlich. Wo steckst du denn?«

»Hör zu, John. Ich bin auf der Suche nach David. Irgendwas ist gestern in seiner Praxis passiert und ich muss ihn finden. Kann sein, dass er auf dem Weg nach San Francisco ist, um mich zu suchen. Bitte, sei nett zu ihm und gib mir sofort Bescheid, falls er auftaucht.«

»Kath ...«, er seufzte tief. »Mach ich.«

»Danke, John. Ich muss mein Leben hier in Ordnung bringen. Ich muss ... ich ...«

»Ich weiß«, nahm er ihr den Rest des Satzes ab. »Bring es in Ordnung. Ich warte auf dich.«

»Kannst du nicht einmal wütend sein? Dein grenzenloses Verständnis für mich macht mich wahnsinnig. Ich bin nicht die Frau, die du in mir siehst. Ich bin nicht so gut, wie du glaubst. Ich hab das nicht verdient! Bitte, sei einmal sauer!« Wütend legte sie auf. Drehte ihr Handy in der Hand und rief ihn noch mal an. »Tut mir leid, John.«

»Ist okay, Kath. Wirklich. Und wenn du willst, erzähl mir, was los ist.«

»Später vielleicht. Ich muss mich erst mal selbst sortieren.«

»Okay, in der Zwischenzeit bin ich sauer. Einmal! Richtig sauer!«

Kathy lachte. Das wiederum liebte sie an ihm.

27

Sein Körper war die fleischgewordene Unruhe. Unruhe war gar kein Ausdruck. Es war, als würde David in einem Ameisenhaufen sitzen. Überall juckte und brannte es. Innen wie außen. Er wusste nicht, wo er sich zuerst kratzen sollte und ebenso nicht, wohin mit sich. Zusätzlich zum lästigen Ganzkörper-Jucken fühlte er ein grausiges Getriebensein. Das Strandhaus war nicht die Erfüllung, es erinnerte ihn zu sehr an Rose und Kathy. Es brachte ihm nicht die ersehnte Ruhe. Nach Hause, in sein Haus in der Brooklyn Street, wollte er noch nicht zurück. Das erinnerte ihn zu sehr an seinen Abstieg, sein Ausrasten, sein Scheitern. Vielleicht hatte George recht und er sollte zu Kathy fahren. Mit George zu reden, tat ihm immer gut.

Er hatte ihm gestern Abend von seiner halb nackten Klientin erzählt.

George hatte herzhaft gelacht und zwischendurch gesagt: »Ist nicht wahr. David, das hast du nicht gemacht. Ist nicht wahr.« Viel später wurden sie ernster und George sprach aus, was er längst wusste. »Die Praxis hängt dir schon lange zum Hals raus. Jetzt kannst du sie getrost schließen. Du musst sie sogar schließen, denn um eine Anzeige wirst du wohl nicht herumkommen.«

David hielt den Kopf in den Händen, die Ellbogen auf die Knie gestützt. »Was für ein Abgang. Es wird sich wie ein Lauffeuer verbreiten. Doktor David Tenner hat sich mit seiner Klientin geprügelt ... ist ausgeflippt. Hat sie betatscht. Ich sehe schon die reißerischen Schlagzeilen in diversen Klatschblättern.« Betrübt schüttelte er den Kopf und seufzte tief. »Alles wurde im Laufe meiner letzten Jahre weniger. Erst starb Rose, unser Kind. Dann wurde Kathy immer dünner, war kaum noch da. Aß nichts mehr und ihr Atem stolperte. Momentan ist sie wirklich weg.

Die Lehrtätigkeit hatte ich aufgegeben, weil ich meine Praxis aufbauen wollte. Ich sah meinen Lebenssinn in der Praxis und klammerte mich wie ein Ertrinkender an die Idee. Doch dann langweilten mich die Menschen, die zu mir kamen. Ich erlebte sie wie Kraken, mit vielen und langen Tentakelarmen, die begannen, mich auszusaugen, mir meine Energie nahmen, für meine Lethargie sorgten. Lange erklärte ich es mir so, machte mir etwas vor und gab meinem inneren Zyniker Futter. Die anderen waren Schuld, nicht ich. Mein guter Ruf, das Letzte, was ich noch hatte, ist nun auch ruiniert. Wer bin ich ohne meine Aufgaben? Ohne das alles?« Selbstvergessen tätschelte David Batmans Kopf, der seinem Herrchen aufmerksam zuhörte. »Ich weiß gar nicht, ob ich jemals wieder in die Brooklyn Street will. Was soll ich dort?«

»Weißt du, David, ich glaube, mit der kleinen Rose ist auch eure Ehe gestorben. Wenn du deine Kathy zurückwillst, kämpfe um sie. Lass dich nicht so hängen! Du siehst gerade aus wie ein trauriger Schwimmring, bei dem die Luft abgelassen wurde.«

»Danke auch, George!« Entrüstet setzte David sich auf. »Schwimmring ... ohne Luft.« Er umfasste seinen Bauch. »Aber, hast ja recht, genauso fühle ich mich. In mir haust die Leere. Hat sich gut eingerichtet und breitgemacht.« Er fuhr sich mit beiden Händen durch die Haare und seufzte ein zweites Mal an diesem Abend.

»Heiße sie willkommen.« Seelenruhig zog George an seiner

Pfeife und schaute David an. Der Duft nach Vanille breitete sich über den Köpfen der beiden Männer aus, lullte sie ein. In der anhaltenden Stille zwischen den zuletzt gesagten Worten, wirkte Davids nächster Satz entwaffnend aufrichtig.

»Ich hab solche Angst vor meiner Leere.« Schutzlos suchte er Georges Blick.

»Wovor genau?«

»Davor ... auch zu verschwinden ... nicht mehr wichtig zu sein. Übrig zu sein.« David suchte nach den passenden Worten. Aber nichts vermochte seinen Zustand ausreichend zu beschreiben.

»Zu sterben?«, hakte George nach.

»Schlimmer. Eher wie der Zustand, nachdem jemand Geliebtes gestorben ist ... ach, ich weiß doch auch nicht. Meine Angst pocht in mir bis zum Hals. Ich finde keinen Frieden.«

Wieder breitete sich das Schweigen zwischen den Männern aus. Der Vanilleduft umnebelte ihre Gedanken, denen sie nachhingen.

»Ich fand, Kathy braucht unbedingt ihren Freiraum.« David wechselte abrupt das Thema und dachte über sich und seine Frau nach.

Sanft erinnerte ihn George an Gespräche aus alten Zeiten, sagte dann: »David, ihre Freiräume hat sie schon lange. Du hast ihr immer alle Freiheiten gelassen. Sie braucht den alten David wieder. Der, der für eine Sache brennt. Der, der lebendig ist.«

»Tja, den gibt's nicht mehr. Das Feuer ist auf dem Weg bis hierher ausgegangen.«

George schmunzelte. »Ich glaube, da glimmt es noch, wenn man die Asche und den Dreck, der drüber liegt, beiseiteschiebt.«

»Vielleicht, George. Ich schlaf mal 'ne Nacht drüber. Aber

eigentlich weiß ich schon, wo ich hin will.«

»San Francisco?«

»San Francisco!« Sie umarmten sich zum Abschied. »Geh los, mein Junge. Es gibt was zu tun.«

David blinzelte eine Träne weg. Mein Junge. Was für ein bezaubernder kleiner Satz aus Georges Mund.

Batman lief freudig neben ihm her. David schaute auf seine Flatterohren und wusste, dass sein Hund todmüde war. Das viele Laufen, die frische Luft. Alles war so aufregend. Kaum im Haus angekommen, legte er sich auf Davids Bettseite und schlief ein. Auch David gähnte herzhaft und war in einen flatterigen Schlaf gefallen. Hatte sich hin und her gewälzt, sodass Batman auf die andere Seite des Bettes gewechselt war.

In der Morgendämmerung packte David alles zusammen. Er mochte es nicht, im Halbdunkel Auto zu fahren. Auf dem Tisch lagen Zettel und Stift. Um nichts zu vergessen, notierte er, was er erledigen musste. Hundefutter kaufen, Wasservorräte auffüllen, eine Straßenkarte nach San Francisco besorgen. Er hoffte, der nächste Tankwart würde ihm weiterhelfen.

Weiter unten stand da noch *Ersatzhandy kaufen*, um Kathy anzurufen, das er inzwischen wieder gestrichen hatte. Erstens wollte er sie überraschen und zweitens erinnerte er sich daran, dass er ihre Nummer nicht im Kopf hatte. Mit Schrecken stellte er fest, dass er von niemandem eine Nummer im Kopf hatte. Weder von Emily noch Cooper, weder von Kathy noch John und schon gar nicht von seiner Mutter. Alles war in seinem Handy eingespeichert. Er wusste, wie Kathys Unternehmen hieß und wo sie das Grundstück gekauft hatten. Das musste reichen.

Er drehte eine Runde mit Batman, legte den Hausschlüssel

unter einen kaputten Tontopf, wie mit George verabredet, und startete seinen Volvo.

Nachdem er das kurze Stück bis zur Hauptstraße vorgefahren war, setzte er den linken Blinker, bog dann aber wie ferngesteuert nach rechts ab. David staunte nicht schlecht. Eine fremde Kraft hatte übernommen und bediente den Wagen. Wie in Trance fuhr er den Highway 101 in die falsche Richtung weiter nach Manzanita, und noch weiter zum Oswald State Park. Dort parkte er am Short Sands Beach. An der Bucht, in der Emily und Cooper regelmäßig surften. Als Emily ihm vor einigen Wochen von der Bucht erzählte, hatte er sich gewundert, sie nicht zu kennen.

Durch seine Internetrecherche und Emilys Schwärmereien fühlte es sich hier für David sofort vertraut an. Im Gegensatz zum endlos langen Rockaway Beach war diese Bucht nur circa vierhundert Meter lang und eingebettet in Felsen und Wald. Lediglich die Meerseite war frei.

Er schnappte sich Batman und eine Decke, folgte einem schmalen Fußweg und ließ den Hund das Treibholz beschnuppern, das am Rand aufgetürmt lag. Batty sprang ohne Leine hin und her, drehte sich im Kreis und rannte wieder los. Einfach, weil Rennen Spaß machte. David ließ sich nahe am Wasser nieder. Da es noch früh am Morgen war, hielten sich erst wenige Menschen am Strand auf. Ein einzelner Surfer übte unermüdlich den Bewegungsablauf, vom Liegen auf dem Brett in die Hocke zu kommen. Von zwanzig Versuchen gelang es ihm höchstens zwei Mal und dabei stieß er so einen Freudenbrüller aus, dass David zusammenzuckte und Batman die Ohren anlegte. Unermüdlich probierte es der Surfer weiter. David sah, dass sein Surfbrett mit einer kleinen Leine an seinem Fußgelenk festgebunden war.

Wie mein Leben, dachte er. Manchmal sind wir zusammen, manchmal will es woanders hin und ich hechte hinterher, manchmal trifft es mich hinterrücks mit einem Schlag, weil ich nicht aufgepasst habe. David gefiel das Bild, dass er mit seinem Leben wie mit einem Surfbrett an einer Leine verbunden war. Unvermeidlich mit ihm verbunden, momentan nicht sichtbar. Vielleicht hatte er es sogar gerade losgelassen.

Er schaute dem Surfer weiter zu und bewunderte dessen Geduld. Während er aufs Meer hinaus starrte, wurde er ruhiger. Wiegte sich vor und zurück. Im Takt der Wellen. Verlor das Zeitgefühl und glaubte kurz, selbst das Meer zu sein. Als der Surfer aus dem Wasser kam, trug er stolz sein Board unter dem Arm, lachte David an und meinte: »Guten Morgen, heute hat es schon viel besser geklappt. Surfst du auch?«

Die Frage ließ ihn stolz den Rücken durchstrecken. Er könnte jetzt einfach ja sagen. Natürlich. Natürlich surfe ich! »Ich? Nein, nein! Aber ich möchte mein Leben genauso wieder unter meinem Arm tragen wie du dein Board.« Er zeigte auf das Brett des Surfers.

Den irritierten Blick sah er nicht. David beschloss, sich eine Unterkunft zu suchen und einen weiteren Tag in dieser Gegend zu bleiben. Nicht im vertrauten Sommerhaus, nicht am vertrauten Rockaway Beach, sondern hier. Bei den Surfern. Insgeheim hoffte er, auf Emily oder Cooper zu treffen.

28

Emily kam wie verabredet in Kathys Strandhaus. David hatte so viel von dem Sommerhaus erzählt, dass sie sich wunderte, es nicht schon im Vorübergehen erkannt zu haben. Unauffällig blickte sie sich um. Ein wilder Garten, eine verrostete Kinderschaukel im hinteren Bereich. Ein kleiner Sandkasten. Emilys Hand wanderte instinktiv zu ihrem Bauch. Blühende Blumen und Sträucher, wohin sie schaute. Zwei schattenspendende Bäume, darunter warteten ein kleiner runder Tisch und zwei verwitterte Korbsessel darauf, in Besitz genommen zu werden. Emily fiel auf, dass sich zwei saubere blau-weiße Kissen auf den Sesseln befanden. Gläser, Teller und Besteck lagen bereit.

Kathy trat aus dem Haus, mit einem vollen Tablett in den Händen. »Emily, schön, dass du da bist. Schau dich ruhig um. Ich hab uns einen Salat gemacht, Brot gekauft und zwei Flaschen Weißwein besorgt. Du trinkst doch Weißwein?«

»Aber ja. Sehr gerne sogar!« Ganz kurz dachte Emily an das Kind, wischte den Gedanken allerdings schnell wieder weg. Es ist noch kein Kind, es ist ein Zellhaufen! Natürlich werde ich Wein zum Essen trinken. Entschlossen setzte sie sich.

Kathy hielt sich nicht lange mit Höflichkeiten auf. »Emily, sei nicht böse, wenn ich direkt frage, ob du erzählen möchtest. Ich habe keine Ahnung, was mit David los ist und wo er ist. Vielleicht ist deine Geschichte ein fehlendes Puzzleteil, um meinen Mann zu verstehen.« Fast flehend schaute sie zu Emily, schenkte großzügig Wasser und Wein ein und füllte Emilys Teller.

»Du weißt ja, ich kenne David vom Food Market in der Division Street. Er hat sich jeden Tag den gleichen Crêpe bestellt, den Bangkok-Crêpe, hatte Batman dabei und schaute mich immer so warm und freundlich an. So interessiert. Manchmal dachte ich, er wäre stolz auf mich, völlig absurd, da wir ja sonst gar nichts miteinander zu tun hatten.« Emily nahm einen Schluck Weißwein.

»Wie Vater und Tochter?«, fragte Kathy.

»Ja, vielleicht ein bisschen wie Vater und Tochter. Die letzten Tage musste er gar nichts mehr aussprechen, ich wusste, wie er seinen Crêpe mochte, und hab ihn genauso gemacht. Er fragte mich nach Gewinn und Verlusten, meinen Plänen und wir redeten über dies und das, das Surfen, euer Sommerhaus hier oben und so ...« Sie nippte am Wasser, aß einen Happen Salat und erzählte weiter. »Er wollte alles genau wissen. Was genau ich am Surfen liebe, zum Beispiel, und ich schätzte sein Interesse. Beantwortete gern seine Fragen. Er war neugierig wie ein Kind. Wie es sich anfühlte, ganz oben auf der Welle zu gleiten, wollte er wissen. Wie es sich im Neoprenanzug anfühlte. Wie warm, wie kalt es war.« Emily stoppte. »Ich wusste, dass er eine Privatpraxis für Psychotherapie betreibt und viele Artikel und Bücher über Ängste geschrieben hatte.«

Kathy nickte. »Oh ja, ich erinnere mich an die Zeiten, als er von Kongress zu Kongress gefahren ist. Nie zu Hause war und später Bücher geschrieben hat und auch dann nie ansprechbar war. Das war der Höhepunkt seiner Karriere. Sein Zenit. Er war berühmt, jeder in der Szene kannte seinen Namen. Dann wurde er müde, immer über das gleiche Thema zu referieren, so viel zu reisen, und unsere Ehe kriselte an allen Ecken. Die Praxis betreibt er erst seit fünf Jahren. Er wollte mehr zu Hause sein und unsere Ehe retten. In dieser Zeit hat er sich Batman angeschafft. Ohne mit mir zu reden.« Kathy verschränkte die Arme vor der Brust und war gleich wieder sauer, wenn sie daran dachte. »Als er mehr zu Hause war, zog es mich fort. Es war so still in unserem Haus. Aber erzähl erst mal weiter.«

»Ich bin seit zwei Jahren mit Cooper zusammen. Wir lieben uns sehr, unsere Freiheit, das Surfen und konzentrieren uns gerade auf unsere Jobs. Jetzt bin ich schwanger. Es muss passiert sein, als ich die Spirale wechseln lassen musste. Ich will jetzt auf keinen Fall ein Kind haben. Cooper dagegen will es. Er hat keine Sekunde gezögert. Er meint, wir schaffen das schon. Er will schon die ganze Zeit mit mir zusammen wohnen, einen nächsten Schritt gehen, und ich habe ihn hingehalten, weil für mich alles gut so ist, wie es gerade ist. Verstehst du?«

Kathy nickte. »Und dann?«

»Dann habe ich alles vorbereitet, was man für eine Abtreibung machen muss. Plötzlich bestand Cooper auf einer gemeinsamen Beratung. Er wollte zu keiner staatlichen Stelle, er wollte zu jemandem, der richtig gut ist und viel Erfahrung hat. Da habe ich David vorgeschlagen. Ehrlich gesagt, auch ein bisschen in der Hoffnung, dass er meinen Standpunkt unterstützen würde. Er mochte mich doch.«

Kathy nickte. »Und dann?«

»Ist alles blöd gelaufen. David hat mich wie ein Verrückter angeschaut und gesagt, dass ich das Kind nicht abtreiben kann. Ich muss es bekommen! Da ich immer Angst habe, am Ende alleine dazustehen wie die Frauen in meiner Familie, hat er vorgeschlagen, dass er der Großvater für das Kind sein wird. Egal, was passiert. Dann bin ich ausgeflippt und abgehauen.«

Kathy nahm Emilys Hand. Als sie sich anschauten, sah Emily, dass Kathys Augen feucht waren. »Oh Emily, ich fürchte, er ist in der Zeit verrutscht.«

»Was heißt das, in der Zeit verrutscht?«

»Ich vermute, dass er unsere Situation vor Augen hatte. Er

und ich. Wir waren jung, erst seit kurzer Zeit ein Paar, und ich war auch ungewollt schwanger. Ich wollte kein Kind, und ich glaube, er auch nicht, obwohl er es nie direkt aussprach. Wir wollten Karriere machen, Geld verdienen und erst dann eine Familie gründen. Vielleicht zehn Jahre später. Im Gegensatz zu deinem Cooper, der klar sagt, er will mit dir ein Kind, eierte David rum. Er sagte, entscheide du, ich steh hinter dir bei allem, was du entscheidest. Ich fühlte mich so allein. Ich entschied mich dagegen.«

»Und eure Beziehung hat das ausgehalten? Ich hab Angst, dass Cooper weg ist, wenn ich abtreibe.« Hoffnungsvoll wartete sie auf Kathys Antwort.

»David war auch weg. Er war da, aber weg. Wir haben uns in unsere Ausbildungen gestürzt, da wir glaubten, das dem ungeborenen Kind schuldig zu sein. Wenigstens das. Wir konnten uns lange nicht berühren, redeten nicht darüber, und als David eine erste Affäre hatte, brach es mir fast das Herz. Es hat bestimmt zwei bis drei Jahre gedauert, ehe wir uns wieder annäherten, das Leben neuen Schwung nahm. Auch körperlich. Von da an versuchten wir erneut, ein Kind zu bekommen. Wir wussten intuitiv, dass wir etwas Drittes brauchten, um wieder zueinanderzufinden.« Kathy wischte sich die Tränen aus dem Gesicht und Emily hörte zu, ohne Luft zu holen. Sie hielten sich weiter an den Händen, die auf dem Tisch lagen.

»Und dann?«, fragte nun Emily.

»Dann war ich schwanger und habe es verloren.« Kathy schluchzte leise auf, als sie sich daran erinnerte. »Ich erspare dir die Details. Ich war in den Jahren danach immer wieder schwanger und habe es immer wieder verloren. Fünfmal. Mein Körper war erschöpft, die Seele auch. Ich war inzwischen Mitte dreißig und hasste meinen Körper dafür, dass er mir kein Kind schenken konnte. In der Zeit fingen die Essstörungen an. Ich mochte diesem Körper einfach nichts mehr zu essen geben. David drängte mich zu einer Therapie.« Kathy trank einen Schluck Wein und biss ein Stück vom Brot ab. »Du siehst, ich gebe ihm wieder zu essen. Aber es ist selten, dass wir eine Einheit sind. Ich nehme meinen Körper fast immer getrennt von mir wahr.«

Emily nutzte die Pause ebenfalls, um etwas zu essen. »Und David? Wie ging es weiter?«

»David blieb die ganze Zeit an meiner Seite. Ich wusste, er war auch traurig, dass wir kein Kind bekamen, aber er hatte es nie ausgesprochen. Wir hörten wieder auf, miteinander zu schlafen. Ich machte Therapie und er wurde der berühmte Therapeut, der sich auf Angst spezialisiert hatte. Er wusste alles über Angst. Nur über unsere Ängste redeten wir nie. Ich erholte mich, nahm wieder zu und spürte die Lebensenergie zurückkommen. Und dann wurde ich noch einmal schwanger. Mit Rose.« Kathys suchte Taschentücher, fand keine und ging ins Haus.

Emily lehnte sich zurück und ließ das, was sie bisher gehört hatte, auf sich wirken. Ihr Weinglas war unberührt, bis auf den ersten Schluck, und die rechte Hand lag auf dem Bauch. Sie nahm einen großen Schluck vom stillen Wasser, das in einem bunten Glas vor ihr stand. Die Eiswürfel waren längst geschmolzen. Ein bisschen fürchtete sie sich davor, die Geschichte von Rose zu hören.

Wider Erwarten lächelte Kathy jedoch, als sie zurückkam und weiter erzählte. »Rose war ein Geschenk und rückblickend war das die beste Zeit, die wir in unseren gemeinsamen Jahren hatten. Ausgenommen die Verliebtheitsphase. Alle Ärzte hatten uns gewarnt, wir würden ein krankes Kind bekommen, ein sehr krankes Kind. Niemand verstand, dass wir es behalten wollten und uns so freuten. Ich will gar nicht auf die Feinheiten eingehen, da es eine Zeit voller Achterbahngefühle war. Aller Gefühle, die es auf dieser Welt gibt. Glaub mir.«

In Emilys Kopf ratterte es. Wie viele Gefühle gab es überhaupt? »Auch Hass?«, fragte sie.

»Auch Hass, aber nur wieder auf meinen Körper. Ich verabscheute seine Unfähigkeit, ein gesundes Kind auszutragen. Das, was Millionen von Frauen locker hinbekamen, konnte ich nicht. Ich setzte es mit Versagen gleich.« Kathy schüttelte den Kopf, als könne sie den Hass auf ihren Körper nicht mehr glauben. »Inzwischen bin ich milder mit mir.« Sie schlang die Arme um sich und schaute an sich herunter. »Wir haben uns ausgesprochen und versöhnt.«

Emily sah die Veränderung in der älteren Frau. Ihre Weichheit in der Kühle, die sie sonst ausstrahlte.

»David war mir nahe, wie lange nicht. Wir wussten, wir würden Rose wieder verlieren und machten es ihr gleich. Denn sie lebte nur den Tag, die Stunde, die Minute, in der sie sich gerade befand. Sie wusste nicht, was sterben ist. Sie wusste nicht, was Zukunft ist. Wir gaben alles, die Zeit mit ihr zu genießen. Waren oft hier im Sommerhaus und liebten unser Leben. Sobald David oder ich zu sehr in die Zukunft abdrifteten und in den bevorstehenden Verlust, holte einer den anderen zurück. Oft reichte es, einander an den Händen zu berühren oder zu sagen: Jetzt lebt sie, schau sie dir an.« Kathys Blicke wanderten im Garten umher. Verstummte, in den Erinnerungen versunken.

Emily wartete.

»Dann wurde ihr Zustand schlechter und wir mussten entscheiden, ob wir sie in ein Kinderhospiz zum Sterben geben, haben es aber nicht über das Herz gebracht. Sie war bis zu

ihrem Tod bei uns zu Hause. Sie wurde nur zwei Jahre alt.«
Kathy machte eine Pause. »Ihr Ende, ihren Tod habe ich stoisch begleitet. Ich weiß nicht, wo ich meine Trauer, Hilflosigkeit und Wut hingepackt hatte. Nur die Liebe zu ihr hatte ich behalten. Bis vor Kurzem konnte ich nicht weinen. Habe alles in mir festgehalten, alle Deckel zugedrückt. Nichts sollte aufploppen. Ich bin regelrecht versteinert.«

»Und David?«

»Er stürzte sich in die Arbeit. Half anderen Leuten, ihre Ängste zu bewältigen, und wurde Jahr für Jahr eine Spur trauriger. Wir verloren uns wieder, fanden uns erneut und verloren uns wieder. Heute leben wir wie auf zwei Inseln, von Wasser umgeben, die durch einen unterirdischen kleinen Tunnel verbunden sind. Sobald wir uns in diesem Tunnel begegnen, fallen wir uns in die Arme, trauern, weinen, lieben uns und lassen uns völlig erschöpft wieder los.«

»Als ich euch zusammen auf dem Food Market gesehen habe, habt ihr so vertraut ausgesehen. So verbunden.«

»Das war ein Tunnelmoment. Danach bin ich nach San Francisco gegangen. Zu neuen Ufern, wenn ich im Bild bleibe.«

»Zu John?«, wagte Emily die Frage, die in ihr auftauchte.

»Davon hat er dir erzählt? Er mag dich.« Kathy streichelte Emilys Arm. »John und David waren gute Freunde. Ich war ganz kurz mit John zusammen, bevor ich mich für David entschied. Gott, waren wir jung. Die Zeit der Hippies, der freien Liebe. Wir hatten es sogar zu dritt versucht, mussten aber dauernd lachen. Das ging nicht.« Kathy nahm sich eine Zigarette und lächelte vor sich hin. »David konnte ich mir damals besser als den Vater meiner zukünftigen Kinder vorstellen. Was für ein Hohn. John brachte mehr Leichtigkeit und Verrücktheit mit.«

»Glaub mir, David ist seit letzter Woche auch verrückt.« Die beiden Frauen prusteten los.

»Ich weiß nicht, ob ich diese Verrücktheit meine. Und das mit der Lebensfreude und Leichtigkeit hat er total verlernt.«

Emily dachte nach. »Ich kann mir Cooper total gut als Vater meines Kindes vorstellen. Und ...« Sie nahm wieder Blickkontakt zu Kathy auf. »Ich verstehe inzwischen den Vorschlag, den David uns gemacht hat. Er hätte gern eine neue Aufgabe, wäre nützlich, ein Kind würde dabei eine Rolle spielen und er wäre weniger allein. Ich fand ihn immer so einsam, eingesperrt, wie in einer Austernschale.«

»Ist er auch. Seit Roses Tod gibt es kaum noch Menschen um ihn herum. Nur mich, ab und zu den alten George und ein paar wenige Kollegen. Ich war froh, als ich gehört habe, dass er mit unseren Nachbarn Zeit verbringt und von dir und dem Food Market erzählte. Ich bin so müde, mich um ihn zu sorgen. Und auch wütend. Immer muss ich mich um ihn kümmern, sonst gehen wir beide unter.«

»Verstehe. Ihr braucht eine dritte Insel, die eure beiden Inseln verbindet. Oberhalb, nicht unterirdisch. Ein neues Projekt, was auch immer. Was Gemeinsames.« Verlegen nahm Emily die Hand vor den Mund. »Sorry, das geht mich nichts an.«

»Schon gut. Ich habe meine Insel verlassen und bin sozusagen auf das Festland gezogen. Ich weiß nicht, was David mit seinem Leben vorhat. Ich würde ihn gern mal finden und ich freu mich, wenn du ihm seinen Vorschlag nicht übel nimmst. Im Kontext unseres Lebens gesehen war das seine Chance.«

»Aber es war kein psychologisch gut durchdachter Vorschlag von ihm. Keiner, der Cooper und mich weitergebracht hat.«

»Nein. Das war ein Einsamer-David-Vorschlag, ohne therapeutische Zusätze.« Kathy bat Emily mit ihrem Blick um Verständnis für ihren Mann. Emily nickte nur. Sie war ihm längst nicht mehr böse. Im Gegenteil, am liebsten hätte sie ihn sofort umarmt, ohne Worte.

»Emily, hör zu. Ein letzter Satz von mir. Ich will dich auf keinen Fall belehren oder umstimmen. Auch wenn du alle guten oder traurigen Geschichten dieser Welt kennst, wirst du demnächst eine einsame Entscheidung treffen müssen, die für dich, nur in diesem Moment deines Lebens, stimmig sein wird.«

»Ja, das befürchte ich. Das wird am Mittwoch sein.«

»Oh, in vier Tagen. Du wirst bis dahin alles durchdacht haben, vielleicht auch durchfühlt. Das Fühlen ist manchmal wichtiger als das Denken. Und dann steh zu dem, was du entscheidest. Und viel später darfst du dich nicht dafür verurteilen. Egal, was in deinem Leben noch passieren wird.«

Emily nickte. Verstand das Gesagte eher intuitiv als rational und wollte später darüber nachdenken.

»Wirst du in San Francisco bleiben? Mit John?«

»Das war mein Plan. Ich muss es nur noch David beibringen.«

»Der arme David. Das wird hart für ihn.«

»Siehst du, so geht es mir seit Ewigkeiten. Nur weil er auf seiner einsamen Insel hocken bleibt, bedauern ihn alle. Er könnte sich auch bewegen.«

»Ja, aber ich glaube, er liebt dich wirklich sehr.«

»Ich liebe ihn auch. Doch zusammen haben wir keine Chance. Wir sind erstarrt.«

»Das ist so traurig.«

»Ja, das ist es.« Kathy hatte zurück in ihre sichere Aura der Kühle gefunden. Alles, was mit David zusammenhing, wühlte sie zu sehr auf und lief Gefahr, ihren Plan zu destabilisieren. Sie wollte ein neues Leben.

29

Emily spazierte noch spät in der Nacht zu ihrem Bus. Es war niemand mehr unterwegs und sie genoss die menschenlose Stille. Der Wind hatte sich gelegt, was sie in den letzten Tagen selten erlebt hatte, dadurch hörte sie umso deutlicher das Meeresrauschen. Kathy hatte ihr zwar angeboten, im Strandhaus zu übernachten, aber sie hatte dankend abgelehnt. Alles in ihrem gelben Bus war ihr so vertraut, er war ihre Heimat, ihre kleine Insel. Wenn sie das Fenster einen Spalt offenließ, würde sie das rhythmische Rauschen des Meeres bis in den Schlaf hören. Darauf wollte sie auf keinen Fall verzichten. Langsam schlenderte sie an Georges Shop vorbei, sah noch Licht und dachte an das Gespräch mit ihm.

Sie versuchte, den geschenkten Satz anzuwenden. Ich bin schwanger, ist jetzt so. Immer, wenn sie das vor sich hin brabbelte, musste sie innerlich grinsen. Sie kam nicht über den trotzigen Ausdruck hinweg. Was ist jetzt so? Nichts ist jetzt so! Ich entscheide, was so ist! Selbst beim Laufen verschränkte sie bockig die Arme vor der Brust. Scheißübung. Bei George klang der Satz sanft. Einverstanden mit dem, was ist.

Kurz vor dem Schlafengehen versuchte sie es weiter, ohne ihren vertrauten Trotz. Ließ sich langsam auf das Ja-Gefühl ein. Ja. Ja. Ich bin schwanger. Ja. Das ist jetzt so. Ja. Ich bekomme ein Baby.

Und nach einigem Zögern: Ich bin einverstanden.

Der letzte Satz war zu viel. Kurz vorm Fühlen, kurz vor den Tränen, drehte sie ab und flüchtete sich in Aktivitäten. Umziehen, Bett vorbereiten, Zähne putzen.

Sie war nicht einverstanden!

Müde legte sie sich hin und dachte an Kathy und David. So wie die beiden wollte sie auf keinen Fall mit Cooper enden. Coop, dachte sie zärtlich. Sie hatte Sehnsucht nach ihm und hätte sich jetzt gern in seine langen Arme gekuschelt. Er hätte in einer fließenden Bewegung ein Bein und einen Arm über sie gelegt. So selbstverständlich, weil ihre Körper das mochten. Umschlossen von Cooper. Wie eine Perle in einer Muschel.

Am nächsten Morgen weckten Emily die Sonnenstrahlen. Das Meeresrauschen war stetig da und auch die frische Brise war zuverlässig zurück. Sie überlegte, welcher Wochentag war und schaltete ihr Handy an, um es zu überprüfen. Sonntag! Mist! Grandma! Sie wählte die Nummer ihrer Großmutter. Gleich beim ersten Klingeln nahm sie ab.

»Guten Morgen, mein Mädchen. Da bist du ja. So früh heute?«

»Ja, Grandma, ich bin am Meer und hab die Zeit vergessen. Hörst du es?« Sie hielt das Handy in die Luft, in Richtung der Brandung.

»Ich höre es, wie schön. In Texas gibt es kein Meer.« Albern gackerte ihre Großmutter über ihren Witz. »Und Cooper? Ist er auch da?«

Emily kam ins Straucheln. Sie wollte die alte Frau nicht beunruhigen, und sie wäre das, wenn sie die Wahrheit sagen würde. Emily rang mit sich.

»Er ist surfen. Ich soll dich schön grüßen.«

Sie redeten eine Weile über dies und das und Emily wollte gerade auflegen, als ihre Grandma glasklar fragte: »Emmi, was ist eigentlich los?«

»Ähm ... nichts.«

»Emmi, ich kenne dich, seit du den ersten Schrei in diese Welt produziert hast. Sag die Wahrheit!«

Emily überlegte fieberhaft, was sie ihr sagen sollte. Bei der Aufforderung: Sag die Wahrheit!, fühlte sie sich wie ein kleines Mädchen. Keine Chance zu lügen.

»Habt ihr euch getrennt?«

Dankbar für die falsche Fährte antwortete sie sofort. »Nein, nein. Alles bestens mit Cooper. Wir haben vor ...«

»Bist du schwanger?«

»Ähm ... Grandma ... wie kommst du denn darauf?«

»Weil viele Mädchen in deinem Alter schwanger werden können. Das ist der Lauf der Dinge. Volltreffer, oder?«

In das kurze Schweigen sagte sie kleinlaut: »Volltreffer, Granny.«

Ängstlich wartete sie, was die alte Frau sagen würde. Sie klang plötzlich energiegeladen wie lange nicht. Emily hörte ein langes Zischen. Pfiff sie etwa durch die Zähne? Sie hatte eine große Lücke zwischen den Vorderzähnen und Emily versuchte, sich vorzustellen, wie sie da durch pfiff. Das hatte sie noch nie gemacht.

»Grandma, wann hast du pfeifen gelernt?«

»Lenk nicht ab und werd nicht frech. Was hast du vor? Ich weiß, dass es heute leicht geht, ein Kind zu töten, bevor es auf der Welt ist.«

»Grandma, deine Wortwahl ist brutal.« Sie rang um jedes Wort. »Ich möchte es eigentlich nicht behalten. Es passt gerade nicht. Ich arbeite endlich gewinnbringend. Bin viel zu jung und fühle nichts für das, was da in meinem Körper vor sich geht.«

»Das macht nichts. Am Anfang fühlen viele nichts. Was ist mit Cooper? Es ist von ihm, oder?«

»Grandma! Natürlich ist es von ihm. Er will es unbedingt.«

»Was zögerst du? Schon seid ihr zwei.«
»Was ist, wenn er abhaut? Dann steh ich ganz alleine da. So wie du und Mom.«
»Wenn es so ist, dann kommst du nach Hause.«
»Nach Hause. So einfach ist das nicht.«
»So einfach ist das.«
Emily ärgerte sich bereits, sich auf diese Diskussion eingelassen zu haben.
»Ich denk drüber nach, okay? Grandma, es ist ganz allein meine Entscheidung. Mein Leben. Ich muss alles abwägen. Ich will nicht, dass du es Mom oder gar meinem verschollenen Dad erzählst. Bitte.«
»Es bleibt unter uns. Versprochen! Aber ruf mich wieder an, ja. Versprich mir das auch! Und triff keine falsche Entscheidung.«
Toller Rat, dachte Emily, ersparte sich aber weitere Antworten. Sie wollte nicht mehr mit ihrer Grandma darüber reden. Zu gut kannte sie ihren Standpunkt als Katholikin. Wenn einem Leben geschenkt wird, hat man kein Recht, das abzulehnen. Man würde sich über das Leben erheben. Über Gott. Dabei schimpfte sie ohne Unterlass auf ihren Gott, der ihr den Mann genommen hatte.
Emily schälte sich aus dem Bus, stellte einen Campingstuhl davor und kochte auf ihrem kleinen Kocher Kaffee. Schwangerschaft hin oder her, den wollte sie sich nicht nehmen lassen. Wenn sie ehrlich zu sich wäre, würde sie zugeben, dass sie nur wenige kleine Schlucke trank. Das schlechte Gewissen meldete sich spätestens nach dem ersten Drittel des Kaffees.
Ohne lange nachzudenken, rief sie Cooper an.
»Emmi.«
Sie liebte es, wie er ihren Namen hauchte. Emmi. Mit einem

warmen, summenden Mittelteil. Verschlafen, die Stimmlage eine Nuance satter als gewöhnlich. Sie sah ihn vor sich. Lang ausgestreckt und quer im Bett liegend, mit bloßem Oberkörper, wahrscheinlich nackt. Seine verstrubbelten Haare würden ihm vor den Augen hängen, die noch halb geschlossen waren.

»Ich vermisse dich, Coop.« Schnell sprach sie aus, was sie ihm selten sagte. Meistens war sie diejenige, die in ihrer Beziehung für Distanz sorgte. Er war für die Nähe zuständig. Cooper antwortete nicht sofort. Sie wusste, dass er in allem viel langsamer war, als sie. Aber so langsam? »Cooper?«

»Sag es nochmals. Ich bin mir nicht sicher, ob ich wach bin oder träume.«

Emilys Mund verzog sich zu einem Lächeln und leise wiederholte sie die Worte. »Coop, ich vermisse dich.«

»Oh Emmi, das war der schönste Satz in meinem jungen Leben, das schönste, was meine Ohren je gehört haben.«

»Du übertreibst schamlos!«

»Nein, wirklich. Ich vermiss mein Sahnebonbon auch. Erzähl schon, wie geht's dir?«

»Erst du, was machst du so?«

»Hab mich mit Ranger in unser neues Projekt vertieft. Hab Blumen für den Garten gekauft, alles eingepflanzt und bin gespannt, was du sagen wirst. Ich brauchte plötzlich was Blühendes, Farbenfrohes. Die Arbeit lenkt mich gut ab und Mittwoch früh haben wir einen wichtigen Termin mit den Auftraggebern. Außerdem habe ich unsere Küche geschrubbt. Du wirst Augen machen ... Und noch was, Emmi. Ich werde an deiner Seite sein, egal, welche Entscheidung du triffst ... ich ...«

»Nein!«, funkte Emily erschrocken dazwischen. »Nein, Cooper!«

»Was meinst du? Wieso nein?«

»Bitte, nicht sowas sagen wie ›egal, welche Entscheidung ich treffe‹. Nein! Bleib bei deinem Standpunkt! Bleib dabei, dass du dieses Baby möchtest ... Wenigstens du.« Aus dem Nichts war Aufruhr in ihr entstanden, ein kleiner Putsch, und die Tränen schossen hoch, an allen Widerständen vorbei und fanden zielsicher den Weg in ihre Augen. Sie versuchte noch, sie zurückzuschicken. Zu spät, ihre Sicherheitsarmee hatte versagt. Vor Schreck konnte sie nicht weiter sprechen.

»Emmi, weinst du?«

»Nein ...« Sie schniefte, wischte mit der freien Hand über ihr Gesicht und fühlte die nassen Wangen. Ein lauter Schluchzer ließ die letzten Dämme brechen und Emily weinte bitterlich.

»Emmi-sweety. Weine ruhig ... endlich.« Sie blieben am Telefon miteinander vereint. Emily weinte und Cooper hörte zu. Jedes weitere Wort war überflüssig. Voller Mitgefühl und Geduld wartete Cooper, bis Emily wieder sprechen konnte.

»Ich weiß einfach nicht, was ich machen soll.«

Beide hörten die Verzweiflung aus ihren Worten. Cooper, gewöhnt, Lösungen vorzuschlagen, hielt es kaum aus, nichts tun zu können.

»Emmi? Soll ich zu dir kommen? Oder willst du nach Hause kommen?«

»Nach Hause. Das habe ich heute schon mal gehört. Ich dachte immer, mein Bus ist mein zu Hause.« Wieder schluchzte sie.

»Hey, Sahnebonbon. Ich bin auch dein zu Hause. Dein wichtigstes Zuhause.« Coopers Worte trafen punktgenau in ihre aufgeweichte Mitte, waren Zutaten für eine neue Heulattacke. Zu Hause. Wo ist zu Hause? Emily beruhigte sich und war dankbar, dass Cooper nicht viel fragte. So offen und schutzlos hatte sie sich ihm noch nie gezeigt.

»Ach, Coop. Gut, dass du da bist. Einfach da bist. Es tut so unendlich wohl, mit dir zu reden oder auch nicht zu reden. Deine vertraute Stimme zu hören. Du hilfst mir momentan am meisten, wenn du bei deiner Meinung bleibst.« Sie fühlte mit einem Mal, wie wichtig Coopers klarer Standpunkt für sie war. Wenn sie schon so unsicher war, tat ihr seine Sicherheit gut.

»Ich habe hier übrigens Davids Frau, Kathy, getroffen. Ich hatte sie in Portland einmal am Food Market gesehen. Aber sie war mir in Erinnerung geblieben. Sie sah damals so traurig aus und so dünn, bisschen verhungert. Jetzt sah sie viel gesünder aus, ich habe sie nicht sofort erkannt. Sie sucht David seit gestern Abend und hat mir ihre ganze Geschichte erzählt. Jetzt verstehe ich den Vorschlag, den er uns gemacht hat. Ich glaube, er ist sehr einsam.«

Sie erzählte Cooper, was sie die letzten Tage erlebt hatte. Von George, Kathy, David, der kleinen Rose. Als sie geendet hatte, blieb Cooper still.

»Bist du noch da?«, fragte Emily.

»Ja, bin ich. Wenn ich das alles höre, fällt es mir noch leichter, bei meinem Standpunkt zu bleiben. Emily, ich möchte unser Kind! Wir schaffen das, wir beide zusammen.«

Sie lächelte, auch wenn Cooper das nicht sehen konnte.

»Wie jetzt?«, fragte er nach. »Kein *aber* ... keine flammende Rede für deine Unabhängigkeit? Kein Aufzählen von Gegenargumenten, was es für ein schlechter Zeitpunkt ist?«

»Ich bin zu müde. Und außerdem, du kennst doch meinen Text! Stell dir vor, dass ich ihn sage.«

Jetzt lachte Cooper. »Oh ja, den kenn ich und zwar auswendig!«

»Weißt du, was Grandma gesagt hat? Sie hat mir sofort angemerkt, dass etwas nicht stimmt. Weil ich schwieg, hat sie angefangen zu raten. Sie tippte zuerst auf eine Trennung und direkt danach auf die Schwangerschaft.«

»Deine Grandma ist cool!«

»Sie sagt, ich soll bloß keine falschen Entscheidungen treffen. Sehr hilfreich, oder?«

»Ich bin da ganz bei deiner Großmutter. Keine falschen Entscheidungen! Im Ernst, Emily. Ich bin da. So oder so.« Er schickte ihr einen Kuss durch das Telefon.

»Ich weiß ... und danke dafür.« Zufrieden legte Emily auf. Sie fühlte sich mit Cooper wieder in einem Boot und hatte gerade keine Energie, ins Beiboot zu springen und allein zu rudern.

Heute nicht. Sie saß immer noch vor ihrem Bus, hielt ihr Gesicht in die Sonne und schloss für einen Moment die Augen. Sie entschied, heute so zu tun, als ob sie das Kind behalten würde. Nur einen Tag. So tun, als ob.

30

David ärgerte sich immer noch über die alte Dame, bei der er ein Urlaubszimmer zur Miete gefunden hatte. Alles, was ansprechend war, war ausgebucht. Sie nötigte ihn, mindestens drei Nächte zu bleiben und im Voraus zu entrichten. Wegen Batman musste er noch einen Hundezuschlag bezahlen. So was gab es doch gar nicht, einen Hundezuschlag. Sein Puls schoss sofort in die Höhe, wenn er an ihre geldgierigen Adleraugen dachte.

Als er das Zimmer sah, wäre er am liebsten gleich wieder umgekehrt. Das war eine ausgebaute Garage, ohne jemals ausgebaut worden zu sein. Sie erzählte ihm, dass manchmal junge Surfer bei ihr übernachteten. Das ›jung‹ betonte sie übertrieben und musterte David dabei von oben bis unten. In der Ecke stand ein einzelnes Surfbrett, was seinen Blick magisch anzog. Er ging hin, um es zu berühren.

»Hat das etwa einer der jungen Surfer vergessen? Kann ja mal passieren, wenn man zum Surfen hier war. Vergessen, das Equipment wieder mitzunehmen.« David steigerte sich in seinen Scherz hinein und sah den jungen Surfer zu Hause ausrufen: Mist, wo ist mein Board? Hektisch schaute er sich in seinen vier Wänden um. Mist! In der Garage vergessen! David lachte vor sich hin, zum Schenkelklopfen amüsiert.

Die Vermieterin beäugte ihn befremdet und sah aus, als hätte sie ihren Humor vor Jahrzehnten in der Garage einbetoniert. »Das ist von meinem Enkel. Es darf ausgeliehen werden.«

»Ich nehme mal an, das kostet!« David rieb grinsend Daumen, Mittel-und Zeigefinger aneinander.

Sie wirkte, als würde sie darüber grübeln, ob er mit ihr scherzte oder was sonst in seinem wirren Kopf vor sich ging. Vielleicht dachte sie, er wolle sie flach legen. Er biss sich auf die Lippe, um nicht laut loszuprusten. Sie mied jeden Blickkontakt. Wahrscheinlich hatte sie mal gelesen: Nie dem Vergewaltiger in die Augen schauen.

»Natürlich kostet es was.« Ah, sie hatte ihre Stimme wiedergefunden. David fand sie recht skurril. »Es kann stundenweise ausgeliehen werden. Pro Stunde drei Dollar.«

David pfiff durch die Zähne. »Ist es aus Gold?« Jetzt haute er sich jauchzend auf die Oberschenkel und beäugte das Board.

Wieder musterte sie ihn abfällig und verschränkte die Arme vor der Brust. »Ich wusste nicht, dass es auch alte, dicke Surfer gibt. Hier war bisher noch keiner. Wenn es kaputt geht ...«

»... muss ich es ersetzen. So schnell gehen die Dinger nicht kaputt.« Er richtete sich zu voller Größe auf. Ganz schön frech, dachte er. Alt und dick nannte sie ihn, ohne mit der Wimper zu zucken. Auch er verschränkte die Arme vor der Brust und erwiderte: »Ab heute sollte klar sein. Es gibt alles: auch alte, dicke Surfer, die in seltsamen Garagen schlafen und einen Hundezuschlag zahlen.«

Erschrocken trat sie einen Schritt zurück, behielt die Tür im Blick und beobachtete ihn verstohlen aus halb geschlossenen Lidern.

»Das zahle ich später.« David hatte das Surfboard noch in der Hand. Drehte und wendete es, als hätte er Ahnung. Es sah viel länger aus, als das, was er gestern gesehen hatte.

Die Vermieterin traute sich offensichtlich nicht, zu widersprechen. »Dann schreib ich mir die Stunden auf«, murmelte sie beim Hinausgehen und verschwand wie Morgennebel, der sich plötzlich auflöste.

»Schreib ruhig alles auf, alter Raffzahn.« Das hatte er sich nur getraut auszusprechen, als sie längst die Tür hinter sich geschlossen hatte.

Sonntagmorgen ging er ohne Board an den Strand. Er wollte sich ja nicht lächerlich machen. Da es noch sehr früh war, waren nur wenige Leute in der Bucht. Die Jugend schlief noch. Doch sein alter Bekannter, der unermüdlich das Aufstellen übte, war wieder da. David winkte ihm zu. Beim Zurückwinken landete der Mann sofort im Wasser und David erschrak, nahm schnell seine Hand runter und ging mit Batman spazieren.

Als er zurückkam, lag der Surfer schwer atmend am Strand. Sie begrüßten sich noch einmal.

»Sorry, ich wollte nicht, dass du fällst«, entschuldigte sich David.

»Kein Problem, ich falle ständig. Es gelingt mir einfach nicht, im richtigen Moment aufzustehen. Ich wollte noch ein paar Trockenübungen am Strand machen, bevor es später voller wird.«

»Darf ich zuschauen?«

»Aber ja, kannst es auch gern probieren.«

David winkte ab. Die alte Frau hatte ja recht. Er war alt, ungelenk und in der Mitte zu dick. Wenn er, so wie jetzt, auf dem Boden saß, sah er Brüstchen, die er nie zuvor an sich gesehen hatte. Außerdem hatte er keine Badehose dabei. Nein, besser nicht.

Er sah dem Mann, der Gordon hieß, wie er inzwischen wusste, fasziniert zu. Er probierte den Take-off immer und immer wieder. An Land war er deutlich erfolgreicher. Von zehn Versuchen gelangen ihm neun. Gordon erklärte ihm, dass er drei Varianten gab, um aufzustehen. Die Schnellste war die, mit einem Sprung hochzukommen. So machten es die meisten Profis. Dann gab es den Take-off, bei dem man über das hintere Knie aufstand und den two-stepp-take-off über den hinteren Fuß, der die ganze Zeit Kontakt zum Brett hielt. Gordon übte den Sprung wie ein Besessener und seine Bewegungen waren schnell und flüssig.

David bewunderte seinen durchtrainierten Körper, die Jugend und war plötzlich neugierig, wer er noch war.

»Ich übe im Weißwasser weiter«, rief er David zu und verschwand wieder.

»Okay, ich winke dir dieses Mal lieber nicht.«

Langsam kamen immer mehr Menschen an den Strand. David und noch zwei junge Frauen waren die Einzigen ohne Surfbrett. Sicher die Freundinnen irgendwelcher Surfer. Verwegen und froh über die offensichtliche Gemeinsamkeit winkte er ihnen zu. Sie reagierten nicht. Drehten sich pikiert um, um sicherzustellen, dass sie nicht gemeint waren, und liefen einfach weiter.

Blöde Schnepfen, dachte David. Sie kamen sicher nicht aus seiner Stadt. In Portland nickten sich alle freundlich zu, hoben die Hand zu einem Winkegruß, egal, ob man sich noch nie gesehen hatte oder schon mehrmals am Tag. Portland war die freundlichste Stadt in Amerika, die er kannte, und er war viel herumgekommen. Damals, als er noch Vorträge hielt und Artikel veröffentlichte. Kurz tauchten Bilder seines alten Lebens auf. Er überlegte, wann er zurück in die Stadt fahren sollte. Er konnte ja nicht ewig am Strand bleiben. Aber wieso eigentlich nicht? Ich bin einfach mal nicht erreichbar. Ein paar Tage. Was soll schon passieren? Ich habe meine Kreditkarte, Batman und das Auto dabei. Probleme habe ich so oder so. Ob ich am Strand rumhänge oder in Portland. Er genoss den momentanen

Zustand und beschloss, die Garage der alten Dame bis Mittwoch abzuwohnen. Bezahlt war bezahlt.

In den nächsten Tagen ärgerte er die Vermieterin damit, dass er mehrmals am Tag das Board in die Hand nahm. So tat, als überlege er, wie viele Stunden er es heute ausleihen würde. Sah ihren Kopfrechner anspringen, strapazierte ihre Nerven und stellte es dann wieder zurück. Nahm es erneut, stellte es wieder hin.

»Nein. Heute nicht.« Kopfschüttelnd, als würde er den Preis überschlagen und noch zögern, verabschiedete er sich von ihr. »Vielleicht morgen.«

»Morgen ist der letzte Tag.«

Er registrierte, dass sie ihn selten direkt ansprach und nie in die Augen schaute.

»Morgen ist der letzte Tag. So, so. Grusel, grusel. Wer weiß, wessen letzter Tag morgen ist? Irgendjemandes letzter Tag. Ganz bestimmt.« Wenn er es drauf hätte, hätte er am liebsten diabolisch gegrinst. Teuflisch und niederträchtig, aber er wusste nicht, wie er sein Gesicht verziehen müsste, damit es einen Hauch satanisch wirkte. Also schaute er nur bierernst, verzog keine Miene und wiederholte. »Morgen ist der letzte Tag. Verstehe.«

»Das Zimmer ist ab Donnerstag reserviert.« Auch sie verzog keine Miene. Nichts regte sich in ihrem Gesicht und sie schaute ihn wieder nicht an. Er war sich nicht sicher, wer von ihnen beiden bekloppter war. Aber er war sich sicher, dass er sie nervös machte und ihr sehnlichster Wunsch, dass er verschwinden sollte, drang aus jeder ihrer Poren. Es nervte ihn, dass sie so verquer daherredete. Morgen ist der letzte Tag. Weltuntergang, oder was?

Er bewegte sich als Erster, drückte die Türklinke und sagte beim Hinausgehen: »Macht nichts. Schöner Tag noch.« Wenn er sich selbst zuhörte, glaubte er, nicht alle Tassen im Schrank zu haben.

Auf der Straße setzte er seine alberne Sonnenbrille auf, die er in einem billigen Shop gekauft hatte und zog mit Batman zum Strand. Noch in der Garage hatte er die sehr weit geschnittene Badehose, die er im selben Laden wie die Sonnenbrille gekauft hatte, unter seinen normalen Shorts angezogen. Er fühlte sich damit noch umfangreicher, da die Kombination gnadenlos auftrug und das Laufen nur breitbeinig angenehm war. Am Strand zog er die obere Hose sofort aus, spazierte eine Runde mit Batman und setzte sich an dieselbe Stelle wie die letzten Tage.

Gordon jauchzte, da er es endlich geschafft hatte, das Gleichgewicht zu halten. David winkte ihm wieder zu, ohne dass er fiel.

Und dann sah er sie. Das musste sie sein! Jeden Tag hatte er gehofft, Cooper oder Emily hier zu treffen, und hatte es schon aufgegeben. Er beobachtete, wie sie sich im Wasser bewegte und staunte mit offenem Mund, wie elegant und fließend ihre Bewegungen waren. So entspannt hatte er sie auf festem Boden nie gesehen. Weder auf dem Food Market, noch in seiner Praxis. Da schon mal gar nicht. Was ihr im Leben nicht so gelang, funktionierte im Wasser fantastisch. Sie verband sich mühelos mit den Naturgewalten, den Wellen, dem Wind, den Bewegungen des Wassers. Sie spielte, tanzte und glitt dahin.

31

Emily hatte am Abend davor spontan beschlossen, zum Short Sands Beach zu fahren, um eine letzte Runde zu surfen, bevor sie zurück in die Stadt musste. Das Leben würde weitergehen, so oder so. Ob sie am Rockaway Beach rumhing oder in der Bucht surfte. Ob sie das Kind behielt oder nicht. Ob sie mit Cooper zusammenblieb oder nicht. Sie hoffte, dass sie an einem Dienstag, einem normalen Arbeitstag, keine Bekannten in der Bucht treffen würde, denn sie hatte wenig Lust auf Small Talk oder Fragen nach Cooper. Ihr war nach Alleinsein. Die Gespräche mit Kathy und George hatten ihr gutgetan und sie gleichzeitig aufgewühlt.

Genauso aufgewühlt zeigte sich heute das Meer. Das Unterste wurde nach oben gewirbelt und was von links kam nach rechts gezogen. Nichts war starr, alles in Bewegung. Ihre Gedankenspiele hatten sie zu keiner neuen Entscheidung gebracht. Es blieb dabei, jetzt ein Kind zu bekommen, war bescheuert.

Sie legte sich auf ihr Board. Es kostete sie viel Kraft, hinaus zu paddeln und aufzustehen. Einmal tauchte sie unter, wurde kräftig herumgewirbelt und dachte ganz kurz daran, ob das Kind in ihrem Bauch wohl gerade auch so herumgewirbelt wurde. Emily fand die Parallele zwar erschreckend emotional, aber nicht an den Haaren herbeigezogen. Von Meereswasser umgeben zu sein war doch ähnlich, wie von Fruchtwasser umgeben zu sein. Sie tauchte mit Absicht unter, um es zu fühlen. Sie liebte diese spezielle Mischung aus Schwerelosigkeit, Leichtigkeit und gleichzeitigem Umhüllt- und Verbundensein. Sie tauchte wieder auf und begann erneut zu paddeln. Hinter der

Brechungslinie angekommen, sah sie schon ein Set von Wellen anrollen und machte sich bereit. Mit spielerischer Leichtigkeit sprang sie auf ihr Board und nutzte die Kraft der Natur, um durch das Wasser zu gleiten. Manchmal stellte sie sich vor, dass die Welle, die sie trug, viele tausend Kilometer hinter sich hatte. Vielleicht aus Japan kam und nichts davon ahnte, wie viel Freude sie einer jungen Frau an einem anderen Strand dieser Welt machte, bevor sie brach.

Niemand, nicht mal Cooper, wusste von ihrem kleinen Ritual der Dankbarkeit. Ein gemurmeltes »Danke, Welle« gehörte zu ihrem Surferleben wie die Milch in ihren Kaffee.

Als sie, ihr Brett unter dem Arm, aus dem Wasser kam, winkte ihr ein komischer Kauz zu. In viel zu großen Badeshorts, einem Sonnenhut, der tief ins Gesicht hing und einer grünen Sonnenbrille saß er im Sand. Sie kannte den älteren Herrn nicht, was wollte er?. Kein Surfer, das war klar, aber was machte er an einem Surfstrand? Erst als Batman, der sich in der Nähe des Treibholzes aufgehalten hatte, freudig auf Emily zulief, begriff sie das Unglaubliche.

»Mister David? Ich fass es nicht! Bist du das?«

Er stand auf, sodass sie ihn in voller Größe sehen konnte, und dann musste Emily über das ganze Gesicht grinsen. Er sah aus, als hätte er nicht alle Latten am Zaun. Hatte er sich selbst diese albernen Sachen ausgesucht? War das der bekannte Psychologe aus Portland? Der, der in seinen normalen Klamotten rechtschaffen und einflussreich aussah? Sogar intelligent!

»Nein? Oder? Mister David! Wie siehst du denn aus? Deine Frau sucht dich überall. Was machst du überhaupt hier?« Emily schälte sich aus ihrem Anzug. David schaute ihr zu. Da sein Gesicht von Sonnenhut und Brille verdeckt war, sah sie nur seinen Mund. Den allerdings auch nicht richtig, denn er hatte sich einen Bart wachsen lassen. Er sah völlig verändert aus und passte nicht in diese Bucht. Es fehlte nur noch ein Bauchladen und er könnte lächelnd Eis verkaufen.

»Du bist also nicht mehr sauer auf mich?«, fragte er vorsichtig. Sie hüpfte auf einem Bein, Batman, der die ganze Zeit an ihr hoch und runter sprang, war nicht hilfreich beim Ausziehen des Neoprenanzuges.

»Nein. Ich bin nicht mehr sauer. Kathy hat mir eure ganze Geschichte erzählt.« Sie unterbrach ihr Hüpfen und schaute ihm ins Gesicht. »Eine traurige Geschichte.«

Er nahm die Sonnenbrille ab und erst jetzt sah sie, wie rot sein Gesicht war. »Oh, nein. Mister David, du bist total verbrannt. Du musst aus der Sonne gehen. Hast du bei deiner Wahnsinnsshoppingtour nicht an Sonnencreme gedacht?« Sie schüttelte den Kopf, als hätte sie einen Schuljungen vor sich, dem man alles sagen musste.

»Halb so schlimm. Ich brauche keine Sonnencreme. Hab ich noch nie gebraucht. Und lass endlich den Quatsch mit dem ›Mister‹, bitte!«

Sie zog ihn in an den Rand des Strandes. Dahin, wo es etwas Schatten gab. »Okay, David. Das mit der Sonnencreme, das war in den Siebzigern, als alle dachten, man braucht keine.« Sie hielt inne. »Besonders Männer ... Wir müssen sofort Kathy anrufen. Du bist seit Tagen nicht erreichbar und sie macht sich sicher schon Sorgen.«

»Aber, wieso ... sie macht sich doch immer Sorgen. Mein Leben hier ist gerade schön.«

Emily ließ sich nicht beirren, suchte ihr Handy, wählte Kathys Nummer und wartete. Nach einer gefühlten Ewigkeit nahm sie ab. »Kathy, Kathy, hier ist Emily. Ich hab David gefunden, warte ...«

Rasch drückte sie David das Telefon in die Hand. Er nahm es und blickte es überrascht an, als hätte er eine heiße Kartoffel in die Hand gelegt bekommen. Emily befürchtete, dass er ihr Handy gleich ins Meer schmeißen würde. So, wie er drauf war, war ihm alles zuzutrauen.

Während er es weiterhin anglotzte, sagte er: »Äh ... Ja? Hier David.« Emily ließ die beiden telefonieren, spielte etwas weiter weg mit Batman und wärmte sich dabei in der Sonne auf. Wenn sie zu David schielte, sah sie ihn stumm auf und ab laufen, das Handy am Ohr. Er nickte, schüttelte den Kopf oder hob die Hände. Selbst ihre Grandma wusste, dass man beim Telefonieren etwas sagen musste. Sie vermutete, dass Kathy ihm gehörig den Kopf wusch.

»Komm, Batty! Los!« Sie schmiss ein Stück Holz und Batman tobte dem Stock hinterher, brachte ihn brav zurück und wollte das Ganze noch mal. Noch mal. Noch mal. Erschöpft legte sie sich nach dem zehnten ›Noch mal‹ auf ihr Handtuch. »Pause, Batty. Pause. Komm, du hechelst auch schon.« Sie lockte ihn zum Wassernapf, den David fürsorglich eingepackt hatte.

Stumm setzte sich David zu ihr auf das Handtuch. Emily wartete, bis er sich ausgeschwiegen hatte.

»Und?«, fragte sie, als sie es nicht mehr aushielt.

»Sie ist in unserem Haus in Portland.« Gespräch beendet. Er ließ in der ewig gleichen Bewegung den Sand durch seine Finger rieseln.

»David! Und ... was nun?«

»Sie will, dass ich nach Hause komme. Will reden.«

»Reden ist gut.«

»Pff ... reden ist nicht immer gut.«

»Hallo! Mit ›Darüber-reden-Sessions‹ hast du bisher dein Geld verdient.«

»Eben. Und jetzt nicht mehr. Ich hab genug geredet.«
»Du klingst wie ein bockiges Kind.«
Er schob seine Brille hoch und sah sie mit Pandabäraugen an.
»Da kenn ich noch jemanden.«
Emily schaute sich amüsiert um. »Meinst du mich?« Einvernehmlich amüsierten sie sich über eine ihrer gemeinsamen Eigenschaften.
»Ich weiß, was sie mir sagen will. Sie wird in San Francisco bleiben, dieses Hospiz-Projekt zu Ende bringen und sich immer weiter von mir entfernen. Sicher lebt sie schon mit John zusammen. Und weißt du was?«
Emily wartete.
»Soll sie ruhig. Wenigstens einer von uns sollte wieder glücklich sein.«
»Ein bisschen geht's mir auch so. Ich kann nicht alle glücklich machen. Nicht das Ungeborene in mir, nicht Cooper ... nur mich. Alles zusammen bekomme ich irgendwie nicht hin.«
»Das heißt, du hast dich entschieden?«
Sie nickte. »Ja. Ein Zellhaufen wird abgesaugt. Mehr ist es doch nicht, oder?«
David schwieg.
»Zumindest auf der körperlichen Ebene.« Er wollte ihr keine Angst machen. Nichts davon sagen, dass man ein ungeborenes Kind ewig im Kopf behalten konnte. Dass es in nächtlichen Albträumen auftauchte, dass eine unendliche Traurigkeit folgen könnte. Nicht nur für Wochen, auch über Monate und Jahre. Dass man glaubte, drüber hinweg zu sein, und es doch nicht war. Er seufzte und nahm den Sonnenhut ab. Seine Haare hingen ihm mittlerweile tief in die Stirn und waren überall zu lang. Da er schwitzte, klebten sie am Kopf und er lockerte sie mit den Fingern, die er wie einen Kamm nutzte, auf. Kurze Zeit

später landete der alberne Hut wieder auf seinem Kopf.

»Emily, wenn eine junge Frau, so wie du, alles durchdacht hat, hin und her überlegt hat. Den Preis, den ihre Entscheidung möglicherweise nach sich zieht, miteingerechnet hat ...« Er machte eine Pause. »Und es immer noch dabei bleibt ... Dann kann ich dir nur einen einzigen Rat geben. Steh zu deiner Entscheidung!«

Sie saßen sich mittlerweile auf dem Handtuch gegenüber, einander zugewandt. Für Emilys Verhältnisse eng. Zu nah. Und doch blieb sie sitzen. Nach seinen Worten schaute sie ihn an.

»Danke, David. Das bedeutet mir sehr viel.« Ihr Mund zitterte. Sie versuchte, ihn unter Kontrolle zu bekommen.

»Lass los, Emily.«

Davids leise Worte drangen zu ihr durch, doch sie gab nicht auf. Dieses Mal sollte ihre Sicherheitsarmee ganze Arbeit leisten. Es strengte sie an, das sah er. Ihr Mund zitterte weiter. Sie schluckte mehrmals laut und dann ließ sie los. Sie rollte sich zusammen, schämte sich für den Kontrollverlust, hielt ihre Knie umschlungen und legte den Kopf darauf ab. David setzte seine Brille ab und hatte unendliches Mitgefühl für Emily. Er spürte ihren Schmerz und wagte nicht, sie zu berühren.

Vielleicht hatte sich Kathy damals auch so gequält, das wusste er nicht so genau. Er speicherte für sich ab, dass er sie fragen wollte. Beide waren still, den Blick auf das Meer gerichtet und warteten ab. Emily hatte ihre Fassung wiedererlangt, setzte sich auf, drückte den Rücken durch und schaute David an.

Er legte seine rechte Hand auf ihre Wange. Sie hielt ganz still. Er nahm die andere Hand dazu und umschloss ihr Gesicht, rahmte es, als wäre es ein kostbares Gemälde. Sie schloss die Augen, die Tränen und der Rotz liefen nun ungebremst. Sie sagte keinen Piep, wischte sich nicht das Gesicht sauber und sah aus wie ein kleines Mädchen mit dem größten Weltschmerz, den es gab. Sie hielt Davids Berührung und die Nähe zwischen ihnen gerade so aus, spürte aber schon, dass es nicht mehr lange gut gehen würde. Gerade als sie etwas von ihm abrücken wollte, schaute sie auf. Ihre Augen begegneten sich. Seine Hände lagen noch um ihr Gesicht.

»Emmi, Mädchen.« Langsam löste er seine Hände von ihren Wangen, erst die eine, dann die andere. Liebevoll.

Mit einer Wucht, die sie überraschte, traf seine Liebenswürdigkeit eine ungeschützte Stelle in ihr. An ihrer Achillesferse. Ohne ihre Kontrolle, die Fassung und die verfluchte Sicherheitsarmee fühlte sie sich nackt. Ganz pur. Und sie ließ sich in seine Arme fallen.

Obwohl David in der bunten Freizeitmode nicht wie ein Experte für Angst und sonstige zwischenmenschliche Themen aussah, war er es und spürte ihre Ohnmacht. Aber so, wie er Emily kannte, würde sie sich gleich zurückziehen oder ins Wasser stürzen, um zu surfen. Er wollte es trotzdem versuchen. Noch hielt er sie im Arm und strich gleichmäßig über ihren Kopf. Immer und immer wieder. Auch seine kleine Tochter hatte er oft so gehalten, ihren Kopf gestreichelt und sie getröstet. Er hatte vermieden, die Worte »alles wird gut« zu verwenden. Er wollte Rose nicht anlügen. Zu Rose sagte er: »Jetzt ist alles gut, Rose. Daddy ist hier.«

Daddy. Wie lange ist es her, dass er ein Daddy sein durfte. Er genoss den Moment mit Emily, sie berührte etwas in ihm. Ließ eine Saite anklingen, die sonst stumm war. Er sah ihren inneren Kampf, den Schutzwall, die darunter verborgenen Sehnsüchte und den Wettlauf mit der Zeit.

»Emily ...«

»Nicht reden!«, unterbrach sie ihn.

Postwendend richtete sie sich auf, machte sich frei und verschwand im Neoprenanzug.

Er sah zu, wie sie sich schniefend fertigmachte und ins Meer rannte, als wäre der Leibhaftige hinter ihr her.

32

Später am Tag rief Emily ihre Freundin Carrie an und fragte, wie es am Stand ging. »Mach dir keine Sorgen. Ich habe eine nette Aushilfe.«

»Oh, deine Miss Paris?«

»Ja. Sie hilft mir vor allem in den Abendstunden. Unsere Crêpes sind saugut nachgefragt. Wir kommen kaum hinterher. Alles gut hier, Emily, und du? Was hast du entschieden? Wann kommst du zurück?«

»Es bleibt dabei. Morgen zehn Uhr habe ich meinen Termin für den Eingriff. Ich denke, übermorgen bin ich zurück am Truck.«

»Soll ich mitkommen? Oder ist Cooper bei dir?«

»Ich möchte das allein machen. Aber danke, Carrie. Du hilfst mir schon genug. Ich steh knietief in deiner Schuld.«

»Ja. Für immer und ewig. Entspann dich. Ich werde in den nächsten Monaten ein paar Dates haben, du kannst es ausgleichen. Langsam, Sweety. Langsam, ich hab keine Eile. Ach, bevor ich es vergesse. Linn verkauft ihren Kaffeestand. Bist du interessiert? Sie will dich zuerst fragen.«

»Oh, auf jeden Fall. Hat es Zeit bis Ende der Woche?«

»Ich denke schon. Ich sag ihr Bescheid.«

»Dann bis Donnerstag, in alter Frische.« Emily versuchte, besonders viel Schwung in ihre Stimme zu legen. Schwung, den sie kein bisschen fühlte.

»Bis Donnerstag. Ich denke morgen an dich. Fühl dich umarmt.« Sie schickten sich ein paar Luftküsse durch das Telefon und legten auf.

Emily dachte über Linns Wagen nach. Er stand direkt neben ihrem und lief inzwischen ebenso gut wie ihr Crêpe-Stand. Sie musste hören, was Linn dafür haben wollte und alles durchrechnen. In zwei Tagen würde sie mit ihr reden und dann würde sie weiter sehen. In zwei Tagen habe ich mein Leben zurück, dachte Emily.

David saß im Schatten vor ihrem Bus, schaute aufs Meer und hielt die Hände über den Bauch gefaltet. Sein Kopf war zur Seite geneigt, als würde er schlafen. Batman lag zu seinen Füssen und harrte der Dinge, die kommen würden.
»David, schläfst du?«
Ruckartig hob er den Kopf. »Nein, ich träume.«
»Wovon denn?«
»Davon, mir ein kleines Wohnmobil anzuschaffen und bisschen durch die Welt zu fahren.«
»Mach das. Am Geld dürfte es dir ja nicht mangeln.«
»Ich möchte es aber nicht allein machen. Ich war zu oft in meinem Leben allein.« Er streichelte Batmans Kopf. »Du bist natürlich immer bei mir. Du treue Seele.«
»Hmm. Mit Kathy?«
»Ja, am liebsten mit ihr.«
»Dann kämpf um sie.«
»Nicht so einfach. Ich müsste erst mal um mich kämpfen und mich wieder mehr um meine Leidenschaften kümmern. George hat recht. Den Dreck von der Glut nehmen, falls da noch etwas glimmt.«
»Der George mit den bunten Vogelhäuschen?«
»Ja, der. Einer meiner wenigen Freunde.«
Emily erzählte ihm von ihrem Treffen und den Gesprächen mit George.

»Ein weiser Mann«, antwortete David. »Er braucht keine Gesellschaft mehr.«

»Aber ist das Sinn und Zweck unseres Daseins, niemanden zu brauchen?«

»Kluge Frage. Ich glaube, mit sich im Reinen zu sein, sich selbst genug zu sein, ist eine gute Voraussetzung, um mit anderen sein zu können. Und nein, ich denke, wir Menschen sind dafür gemacht, in Gemeinschaften zu leben. Füreinander da zu sein, ohne in Abhängigkeiten zu verfallen. Nur bei Kindern sieht es anders aus.«

»Ja, die sind abhängig von ihren Eltern oder irgendwelchen Erwachsenen.«

»Das ist ihr Job, die dürfen das. Abhängig sein und ein Urvertrauen entwickeln, dass die Erwachsenen gut sind. Dass das Leben an sich gut ist.«

»Hmm ... das würde ja bedeuten, du musst erst mal alleine losziehen. Du bist ja erwachsen, du hast keinen Gutschein mehr fürs ›abhängig von deiner Frau sein dürfen‹.«

David lachte. »Das stimmt. Ich habe lange genug darauf gewartet, dass sie mich glücklich macht.«

»Bei anderen Leuten weißt du, dass das nicht funktioniert. Wieso nicht bei dir?«

»Das Wissen ist das eine. Das Umsetzen das andere. Viele Menschen verstehen, woher ihr Leid, ihr Schmerz oder ihr Verhalten kommt, aber sie tun sich schwer, etwas Neues auszuprobieren. Ich auch. Ich verharre schon ewig in diesem Stillstand. Wusste nicht, wohin ich meinen nächsten Schritt setzen sollte. Nach links, nach rechts oder einmal umdrehen?«

»Da musste erst alles zusammenbrechen, ehe du einen Schritt gewagt hast. Zumindest hierher, zum Meer. Heißt das, du kaufst dir wirklich einen Bus oder ein Wohnmobil?«

David schmunzelte. »Das klingt nach einem Plan.«
»Schlag ein!« Emily hielt ihm die Hand zum Abklatschen hin.
»Ich bin stolz auf dich.«
»Du bist stolz auf mich?«
»Irgendwie schon. Und glaub mir, wenn uns die kleine Rose sehen oder hören könnte, sie wäre es auch.«
David ruckelte verlegen Sonnenbrille und Hut zurecht, strich sich durch den neuen Bart und atmete tief aus. »Jetzt muss ich erst nach Hause. Mit Kathy reden, meine Reise vorbereiten und abwarten, ob ich angezeigt werde und was es zu regeln gibt.«
»Ich auch. Ich wollte heute Abend noch mal zum Rockawy Beach und bei George übernachten. Ich fahre ganz früh am Morgen los.«
»Mach das, Emily. Kann sein, dass ich ein paar Tipps von dir brauche. Für mein zukünftiges Leben unterwegs.«
»Gerne. Ich bin Donnerstag wieder am Food Market. Komm vorbei.«
Sie verabschiedeten sich und Emily packte alles zusammen, um zurück zum Rockaway Beach zu fahren. George hatte frischen Fisch besorgt und wollte ihn für sie beide grillen.
David blieb am Meer und ging erst zurück in seine Garage, als kaum noch Menschen in der Bucht waren. Kaum angekommen, lauerte seine Vermieterin auf ihn. »Das ist die letzte Nacht.« Wieder schaute sie ihn nicht an.
»Die letzte Nacht, der letzte Morgen, der letzte Tag.« David schnalzte laut mit der Zunge und sie verzog sich geschwind mit gesenktem Kopf. Er schuldete ihr nichts mehr und würde auf keinen Fall überstürzt losfahren.

33

Emily hatte eine unruhige Nacht hinter sich. Es war sechs Uhr morgens und sie kotzte sich seit einer Stunde die Seele aus dem Leib.

George, der davon wach geworden war, stand ihr bei. »Na, Mädchen. Dein Inneres meldet sich wohl zu Wort.«

Sie hatte keine Kraft zu antworten, kein einziges Wort schlich sich aus ihrem Mund.

Sie wartete, bis sich ihr Körper beruhigt hatte, trank nur ein paar Schluck Wasser und fuhr gegen sieben Uhr los, Richtung Portland. Die Verabschiedung von George fiel so herzlich aus, als würden sie sich seit Ewigkeiten kennen. Sie umarmten sich und George flüsterte in ihre wuscheligen Haare: »Komm wieder, Mädchen. So oder so.«

»Das mach ich, George. Danke für alles.«

Auf dem langen Weg nach Portland überfiel sie drei Mal die Übelkeit. Sie hielt an, aber es blieb bei einem Würgereiz. In der Stadt kam sie in den Morgenstau und fuhr das letzte Stück fast im Schritttempo. Um neun Uhr dreißig erreichte sie das Planned Parenthood Gebäude und starrte auf den blauen Eingang. Auf den Treppenstufen saß eine junge Frau und rauchte. Sie hatte raspelkurze schwarze Haare, trug eine schwarze Sonnenbrille und ein luftiges Sommerkleid.

Noch eine halbe Stunde bis zu ihrem Termin. Sie wartete im Auto, die Hände auf dem Bauch und fühlte sich hundsmiserabel. Allein wie in ihren Kindheitsjahren. Sie überlegte, Cooper anzurufen, um sich weniger einsam zu fühlen. Sehnte sich danach, seine großen Hände auf ihren zu spüren, seine Ruhe und seine Zuversicht zu fühlen. Langsam wählte sie seine Nummer und legte schnell wieder auf. Bis zum letzten Moment würde er sie überreden, das Kind zu behalten. Sofort stellte sie das Handy aus. Drehte es in der Hand hin und her. Schaute auf ihre Uhr im Bus. Fünf Minuten waren vergangen. Erst fünf Minuten. Carrie? Sollte sie kommen? Emily war unschlüssig. Am liebsten hätte sie David angerufen. Er wäre der Richtige, um ihr beizustehen. Doch David war nicht erreichbar, sein Handy lag irgendwo ausgeschaltet. Kathy? Kathy! In ihrer Verzweiflung rief sie bei ihr an, Kathy würde sie zu nichts drängen.

»Kathy? Hier ist Emily.«

»Emily, ja? Was ist los ... du klingst so ... so ängstlich?«

»In zwanzig Minuten habe ich den Termin für den Eingriff. Mir geht's so beschissen ... und ich fühl mich so ... allein.« Das letzte Wort sprach sie wieder mit bebendem Unterkiefer. Sie vermied es meist, in diesen Gefühlszustand zu rutschen. Ihre Knöchel der Hand, die das Telefon hielten, wurden weiß.

»Ich komme. Planned Parenthood, richtig?«

»Ja«, brachte sie gerade noch heraus. »Das im Südosten.«

»In fünfzehn Minuten bin ich da. Vielleicht zwölf. Ich geb Gas.«

Erleichtert legte sie auf. Emily saß wie gelähmt in ihrem mobilen Zuhause und starrte die Zeiger der Uhr an. Sie bewegten sich im Schneckentempo auf zehn Uhr zu. Völlig getrennt von den Lebenden da draußen, abgeschnitten. Isoliert. So fühlte Emily gerade und blickte erschreckt auf, als es an ihre Scheibe klopfte. Kathy?

Nein, die junge Frau von der Treppenstufe. »Hi, willst du auch hier rein?« Sie zeigte auf das Gebäude.

»Ja. Ich hab noch Zeit und warte auf jemanden.«

»Den Vater?« Die Unbekannte zeigte auf Emilys Bauch.

Sie schüttelte den Kopf. »Nicht der Vater.«

»Komm, setz dich paar Minuten zu mir. Es ist rammelvoll da drin. Sie halten sowieso keine Termine ein. Keine Chance. Ich bin übrigens Kim.«

Emily stieg aus und schlenderte mit Kim zu den Eingangsstufen. »Ich bin Emily. Warst du schon mal hier?« Sie schüttelten sich die Hände. Emily benutzte das Wort abtreiben bewusst nicht, um Kim, die gerade wieder einen tiefen Zug ihrer Zigarette inhalierte, nicht zu nahezutreten.

»Nein, nicht zum Abtreiben. Mein erstes Kind habe ich zur Welt gebracht, vor vier Jahren. Ein Junge namens Harper.«

»Oh, was für ein schöner Name. Und jetzt willst du kein zweites Kind?«

Kim nahm erneut einen tiefen Zug, bevor sie antwortete. »Ja, ein schöner Name, aber ein Teufelskind. Er ist ein kleines Arschloch und glaub mir, hätte ich gewusst, dass er so wird ...« Kim schaute Emily ernst an. »Ihn hätte ich abtreiben sollen. Der hat keine gute Seele. Der wird mal ein manipulativer, fieser Mann und ich fühle mich jetzt schon machtlos. Aber was soll ich tun? Eigentlich verhüte ich und pass auf wie ein Irre, dass nichts schiefgeht. Dieses Mal ist was danebengegangen. Ich wollte eigentlich zwei Kinder, aber ich habe Angst, noch so was Böses zu produzieren. Lieber treibe ich ab. Und du?«

Emily erstarrte. Wie konnte ein Kind von Anfang an böse sein? Kims Worte waren hart und schonungslos.

»Ich ... ich«, zum Glück sah sie Kathy auf sich zukommen. Sie winkte ihr zu. Sie war da! Emily war erleichtert. »Danke, dass du kommen konntest.«

»Aber ja!« Sie schaute auf die Uhr. »Jetzt ist kurz nach zehn Uhr. Was willst du tun?«

»Lass uns reingehen.«

Entschlossen nahm Emily Kathys Hand und zog sie zur Tür. Dieses Blau würde sie wahrscheinlich nie vergessen und Kim auch nicht.

Die Schwester war freundlich, auch wenn es inzwischen schon deutlich nach zehn Uhr war. Das Wartezimmer war so voll, dass sie nie im Leben vor zwölf Uhr drankommen würde. Die Schwester klärte sie über die bevorstehenden Schritte auf und bevor sie zu Ende erklärt hatte, wurde Emily wieder übel. Sie versuchte, den Brechreiz eine Weile zu unterdrücken. Dachte ans Surfen, an die frische Luft, ans Untertauchen und fiel in Ohnmacht.

34

Cooper wusste, dass heute der Tag war, an dem Emily wieder nach Portland kommen würde. Er hatte keinen blassen Schimmer, wie ihre Meinung zum Kinderkriegen inzwischen war. Da er nichts weiter von ihr gehört hatte, ging er davon aus, dass sie das Kind, wie geplant, nicht behalten würde. Er klammerte sich an den letzten Funken Hoffnung, den es bis zu ihrem Termin noch gab. Es geht kein Weg am Optimismus vorbei, das war sein Motto. Ihr Handy war nach wie vor ausgeschaltet. Er wusste nichts Neues und fürchtete sich vor dem Moment, wenn sie sich begegneten. Könnte etwas anders sein, er ihr verzeihen, sollte sie die Abtreibung seines Kindes durchgezogen haben? Würde ihre Entscheidung zwischen ihnen stehen?

Cooper blickte fertig angezogen aus dem Küchenfenster und bewunderte seine neuen Pflanzen. Die vorher toten Flächen lebten wieder und hatten sich zu einem blühenden Farbenteppich entwickelt. Anfangs hatte er alle Namen der Pflanzen auf kleine Holzstäbchen geschrieben und daneben gesteckt. Hatte nachgeschaut, welche Pflanzen volle Sonne vertrugen und welche nicht. Leider hatte er den falschen Stift benutzt. Bereits nach dem ersten Gießen war alles Geschriebene abgewaschen und er wusste keinen einzigen Pflanzennamen mehr. Er würde abwarten müssen, was nächstes Jahr wieder nachwachsen würde oder eben nicht. Die Verkäuferin hatte ihn gewarnt, dass im Sommer keine Pflanzzeit wäre. Im Frühjahr oder Herbst wäre es viel besser, neue Pflanzen zu setzen. Sie sagte noch etwas vom Mond, was er kein bisschen verstand. Er hörte nur mit halbem Ohr hin, weil er, egal, was sie prophezeite, genau an diesem Tag pflanzen wollte.

Cooper trug heute eine lange Hose und eines seiner besseren T-Shirts. Ohne Löcher, kaum verwaschen, wenig ausgeleiert. Er wartete auf Ranger, der sich ebenfalls in Schale geschmissen hatte. Seine Hose war grün mit vielen Taschen und sein Poloshirt sah an ihm aus wie ein Anzughemd. Fast schick! Sie tranken ihren Kaffee im Stehen und besprachen letzte Details für das bevorstehende Meeting. Cooper würde, wie schon so oft, die Präsentation beginnen und Ranger die Details ergänzen.

Punkt zehn Uhr saßen sie an einem runden Tisch im großen Konferenzraum mit ihren Auftraggebern.

»Handy aus?«, fragte Ranger leise.

»Oh, Shit.« Cooper angelte es aus der Hosentasche und sah, dass Emily angerufen hatte. Mist. Er hatte vergessen, dass er es nach dem Aufstehen auf lautlos gestellt hatte, um die wichtige Besprechung nicht zu stören. Vor zwanzig Minuten. In seinem Kopf ratterte es. Mittwoch. Heute hatte sie ihren Termin. Planned Parenthood, Southeast. Sie hatte ihn hinsichtlich der Uhrzeit immer im Ungewissen gelassen.

»Emmi, wann?«, hatte er mehrmals nachgefragt.

»Irgendwann vormittags oder mittags. Man muss da ziemlich lange herumsitzen und warten, wie ich hörte.«

»Du willst es mir nicht sagen. Stimmt's?«

»Ich muss das allein durchziehen.«

»Wieso?«

»Weil es ausschließlich meine Entscheidung ist. Versteh doch, Coop. Ich werde da nicht mit dir im Wartezimmer sitzen und Händchen halten können. Das passt nicht zusammen.«

Irgendwann hatte er nicht mehr nachgefragt.

Aber den Tag hatte er im Kopf. Heute.

Der letzte Anzugträger schloss gerade die Tür und es wurde ruhiger im Raum.

Cooper stand auf. Die Röte schoss ihm ins Gesicht und er fuhr sich nervös mit den Fingern durch die am Morgen gebändigten Haare. Das war nun Geschichte. Sie sahen völlig zerwühlt aus. »Entschuldigung. Ein Notfall. Ich muss leider weg.«

Entsetzt schaute Ranger ihn an.

Cooper legte beruhigend eine Hand auf seine Schulter. Bitte!, flehten seine Augen. Mach das hier für uns. Er sah, dass Ranger nicht glauben konnte, was soeben passierte. Sie hatten die letzten Tage alles akribisch vorbereitet. Texte geschliffen, Grafiken geändert, die komplette Seitenaufteilung erneuert, Werbetexte und Banner erstellt.

Cooper war der Redner von ihnen beiden. Der Richtige, um Kunden zu überzeugen, oder bei Laune zu halten. Seinem Charme und der Eloquenz konnte sich kaum jemand entziehen.

Ranger hielt sich bei Präsentationen lieber im Hintergrund. Wenn er mehrere Sätze hintereinander sagen musste, verhedderte er sich, verlor den roten Faden und begann zu stottern.

Cooper sah die Panik in Rangers Augen, aber er musste sich entscheiden. Schon rannte er aus der Tür.

35

Als Emily wieder zu sich kam, saßen Kathy und Cooper an ihrer Liege und unterhielten sich leise. Erschrocken legte sie die Hände auf ihren Bauch.

»Ist es weg?«

Beide schüttelten den Kopf, leicht versetzt, erst Kathy, dann Cooper. Kathy zog sich diskret zurück und ließ Cooper und Emily allein.

»Es ist noch da.« Cooper unterdrückte seine aufkommenden Gefühle und sprach seltsam gepresst. »Emmi, es ist noch da. Das ist ein Zeichen.«

»Seit wann glaubst du denn an Zeichen?«

»Seit heute.«

Emily war erschöpft und legte ihre Hand in Coopers. Er wagte es, die andere Hand auf ihren noch flachen Bauch zu legen. Sie ließ es zu. »Ich bin ohnmächtig geworden ... und mir war schon den ganzen Morgen schlecht. Ich könnte gleich wieder kotzen.«

Schnell sprang Cooper auf und suchte hektisch einen Eimer. Keiner zu finden, in letzter Sekunde bekam der Papierkorb eine neue Aufgabe. »Hier.«

Geräuschvoll übergab sie sich in das braune Korbgeflecht. Cooper wollte das Erbrochene nicht sehen, wusste nicht, wohin damit, und stellte ihn entschlossen vor die Tür. Problem erst mal gelöst. Zurück bei Emily erschrak er, wie blass und durchscheinend sie aussah.

»Coop. Ich kann nicht.«

»Was?«, fragte er vorsichtig nach. »Was kannst du nicht?«

»Ich kann es nicht wegmachen ... und ich kann es nicht behalten.« Sie drehte den Kopf weg von ihm. Cooper legte sich zu ihr ins Bett, hielt sie in den Armen und schaukelte sie hin und her. »Nicht so doll, sonst ...«

Wie angestochen rannte er vor die Tür und holte den bekotzten Papierkorb zurück ins Zimmer. Beruhigter legte er sich wieder zu ihr. »Emmi. Dann entscheide dich dafür. Wir zusammen, hey. Wir schaffen das.«

»Ich wollte mein Leben eigentlich nicht nur schaffen. Ich wollte mein Leben lieben ... und ein Kind wollte ich, weil ich mich darauf freue. Später. Irgendwann mal.«

»Vielleicht kommt die Freude noch?«

Emily seufzte. »Ich bin müde Cooper. Lass uns gehen.«

»Echt jetzt?«

»Ja, lass uns gehen. Zu dir. Ich will in dein Bett und in deine Arme. Ich muss das erst mal verdauen.«

Bei den Worten Verdauen, dem Anblick des verfremdeten Papierkorbes und dem aufsteigenden Geruch würgte es Cooper schließlich auch.

Bevor sie es sich anders überlegte, schnappte er Emilys Hand, erledigte mit ihr die Formalitäten, und ihm stockte der Atem, als sie zum Schluss noch einmal gefragt wurde: »Das heißt, Sie möchten das Kind austragen oder möchten Sie einen neuen Termin?«

Ein nicht enden wollendes Schweigen folgte.

»Ich behalte es.« Emilys Antwort kam widerstrebend und kleinlaut, aber sie kam. Cooper legt den Arm um ihre Schultern und schickte ein stilles Danke an Gott oder wen auch immer da oben.

Kathy, die im Flur wartete, fragte unaufdringlich, ob sie noch gebraucht wurde.

»Nein, Kathy. Danke, dass du so schnell gekommen bist.« Die beiden Frauen umarmten sich.

»Dann gehe ich nach Hause. Heute müsste David zurückkommen.«

»Er kommt! Wir haben uns beim Surfen getroffen und hatten eine gute Zeit miteinander. Wir haben uns ausgesprochen.«

»Surft er jetzt auch noch? Er ist doch viel zu ... schwer.« Kathy schaute entgeistert Emily und Cooper an.

Emily lachte. »Nein, aber du wirst dich wundern, wie er ansonsten aussieht.«

»Bei meinem Mann wundert mich gerade gar nichts mehr.« Kathy sagte es mit so viel Liebe, dass Emily Hoffnung schöpfte, dass die beiden doch noch einen Weg finden könnten, um zusammen zu bleiben.

In Coopers Zuhause angekommen, legte sich Emily sofort ins Bett. Cooper, der für sie etwas zu essen machen wollte, traf in der Küche auf einen mauligen Ranger.

»Hör mal, tut mir leid. Es war wirklich ein Notfall. Emily ... sie war zusammengeklappt. Sie brauchte mich.«

Ranger starrte auf seine Konsole und spielte ein nerviges Spiel mit vielen Toten.

»Ranger! Jetzt sag schon! Wie lief es?«

»Nicht gut. Ich hätte dich auch gebraucht.« Ohne aufzuschauen, sprach er weiter. »Ich hab es versucht, aber ich habe kein einziges Wort rausgebracht. Es war so demütigend, das werde ich dir nicht verzeihen. Ich kann nicht vor so vielen Leuten sprechen. Das hast du gewusst. Fuck! Du hast mich im Stich gelassen. Auflaufen lassen.«

»Ich konnte mich nicht zerreißen. Emily hat mich gebraucht.«

»Emily, Emily. Der Job war wichtig!«

»War?«

»Ich bin kurz nach dir gegangen. Sie haben uns eben eine hochoffizielle Mail geschrieben. Sie wollen uns das Meeting und die verlorene Arbeitszeit von fünf Personen in Rechnung stellen. Fünf Personen!« Nur ganz kurz schaute Ranger zu Cooper. Schnell spielte er weiter und schob hinterher: »Ich glaube, das war`s. Mich bringen da keine zehn Pferde mehr hin. Es ist zu peinlich.«

Cooper setzte sich zu ihm. »Ranger. Es tut mir wirklich leid. Ich dachte, du kriegst es hin. Du hast mir so oft zugehört und mich immer bestens ergänzt. Ich dachte, du kennst meinen Text in- und auswendig und kannst ihn bereits im Schlaf aufsagen.«

Ranger schwieg und zockte weiter, im Sekundentakt waren Abschussgeräusche zu hören. Es knallte, zischte und explodierte. Cooper suchte Rangers Blick, doch der blickte wie hypnotisiert auf den Bildschirm.

»Ich regle das gleich. Ich sage ihnen die Wahrheit. Und wenn wir raus sind, sind wir eben raus. Ich schau gleich morgen nach neuen Aufträgen. Auch wenn es kleinere sein werden. Ich weiß, wen ich anrufen kann.«

Rangers Zocken wurde immer aggressiver, bis es mit einem lauten Knall endete. Wahrscheinlich waren nun alle tot. Er schob die Konsole genervt zur Seite. »Glaub mir. Ich hasse mich dafür, dass ich wie ein Vollidiot keine drei Sätze vor mehr als drei Menschen sprechen kann.«

»Vielleicht solltest du es trainieren.«

»Vielleicht. Vielleicht.«, äffte er Cooper nach.

»Komm schon, Ranger. Verzeih mir.«

»Was ist mit Emily?«

»Sie liegt in meinem Bett und schläft. Ich werde Vater!«

»Scheiße. Noch mehr Veränderung.«

»Jetzt komm mal wieder runter. Leben ist Veränderung. Oder dachtest du, wir beide würden hier bis zu unserem Tod so weitermachen wie bisher?«

»Ich hätte nichts dagegen gehabt.« Ranger verzog sich in sein Zimmer. Er schloss die Tür.

36

Erst am Abend desselben Tages tauchte David in seinem Haus in Portland auf. Er hatte sich Zeit gelassen. Lustvoll noch ein Weilchen seine Garagen-Vermieterin geärgert und so getan, als würde er noch bleiben wollen.

»Das Zimmer ist reserviert.« Sie trötete es ihm aller paar Minuten entgegen, da es sie sichtlich nervte, wie langsam er zusammenpackte.

»Ach, wirklich?« Er zog die Augenbrauen hoch und suchte ihren Blick. Keine Chance. Sie schaute nach unten oder knapp an seinen Ohren vorbei. Seltsame Frau, dachte er. Als er seine Tasche im Auto hatte, ging er ein letztes Mal zum Surferstrand, ließ Batman herum streunern und sah seinen alten Bekannten, Gordon. Er schaute ihm zu und freute sich, dass ihm der Take off inzwischen perfekt gelang. David setzte sich in den Sand und wartete auf ihn.

Nach einer halben Stunde schwamm Gordon an den Strand und begrüßte David. »Hast du es gesehen? Hast du es gesehen?«

»Aber ja. Der Sprung sitzt wie ein Wonderbra!«

»Gib mir high five!«

David wusste nicht, was er tun sollte. Erst als er Gordons ausgestreckte Hand sah, begriff er und klatschte ihn ab.

»Gordon, ich wollte die ganze Zeit wissen, was du, außer Surfen, noch so im Leben machst?«

»Ich jobbe mal hier, mal da, um meinen Lebensunterhalt zu verdienen. Momentan habe ich einen Security Job, aber meistens nur an den Wochenenden. Deshalb kann ich viele Tage in der Woche hier sein ... oder willst du wissen, was ich mal studiert habe?«

»Ja ...«

»Medizin, aber abgebrochen.«

»Warum?«

»Es dauert mir zu lange und mir ist klar geworden, dass ich nach Ende des Studiums keine andere Wahl hätte, als die Praxis meines Vaters in Montana zu übernehmen. Ich hätte aber gerne eine Wahl. Tja ... mein Vater ließ nicht mit sich reden. Er ist stur wie ein Ochse. Also, habe ich aufgehört. Und außerdem ...«

»Montana hat kein Meer.«

»Richtig. Mein Vater tobt, redet nicht mit mir und wird mich sicher enterben. Aber da muss er durch ... und ich auch. Ich werde kein Arzt. Ich bin ein Allrounder. Ich kann überall arbeiten. Mit meinem Kopf, mit meinen Händen, mit meinem Körper.«

»Hast du, wie soll ich sagen ... keinen Ehrgeiz, was Richtiges zu lernen? Etwas zu Ende zu bringen?«

»Momentan nicht. Nein.« Gordon sagte das so unbeschwert, als hätte David gefragt, ob er seinen Kaffee mit Zucker trinkt. Nein, danke. Keinen Zucker. In David bäumte sich sein altes Wertesystem auf. Aber, man muss doch ... Sofort ließ er es wieder los. Er sah Gordons blitzende Augen, sah, wie glücklich und zufrieden dieser junge Mann war. Nichts musste man. Er verabschiedete sich herzlich von ihm und fuhr danach in aller Seelenruhe zu George. Überlegte, noch eine Nacht im Strandhaus zu bleiben, entschied sich dann dagegen. Er wusste, dass seine Frau zu Hause auf ihn wartete, und er wollte ihre Nerven nicht weiter überstrapazieren. Aber wenn er ehrlich war, zog es ihn nicht heim. Sobald er zu Hause war, gab es den nächsten Schritt der Veränderung. Er war noch nicht bereit.

David und George saßen sich auf den wackeligen Hockern gegenüber. Jeder eine Tasse kalten Kaffee in der Hand, da es laut George zu heiß für ein Heißgetränk war. Sie schwiegen sich im schönsten Einvernehmen an. Alles war gesagt. Jedes weitere Wort war überflüssig und würde eine langweilige Runde von Wiederholungen einläuten. Darüber waren sie längst hinaus. George zog an seiner Pfeife und fragte, ob Kathy noch rauchte. David überlegte.
»Ehrlich gesagt, weiß ich es nicht. Ich glaube, ja.«
»Sie sollte auf Pfeife wechseln. Ist gesünder.«
»Sagt wer?«
»Ich. George.« Er richtete sich auf und schaute David ernst an. »Ich bin fünfundachtzig und topfit.«
»Hast recht. Ich richte es ihr aus.« David zog auch bei ihm den Abschied hinaus, aber George hatte Kunden und er wollte ihn nicht weiter ablenken.
Er wartete noch, bis er den Kindern, die sich seit einer Weile in Georges Laden umschauten, die Vogelhäuschen gezeigt hatte. Die Eltern entschieden sich, eins der schönsten und größten zu kaufen. Es hatte mehrere Holzleitern, drei Etagen, unzählige Fenster und Eingänge und Fensterläden, falls die Vögel es mal dunkler haben wollten und eine Terrasse, falls sie mal den Ausblick an der frischen Luft genießen wollten. Die einzelnen Etagen waren in unterschiedlichen Farbtönen gehalten. Die untere Etage in gelb-weiß-orange. Die mittlere in orange-rot-lila und ganz oben leuchtete es in Purpur und Gold. Als die Eltern bezahlt hatten, fing das jüngere Mädchen an zu brüllen, als hätten die Eltern sie heimlich mit einer Nadel gestochen. Sie warf sich auf den Boden und schrie ohrenbetäubend. Sehr viel später kam unter tiefen Schluchzern heraus, dass sie ein eigenes, ganz persönliches Vogelhäuschen wollte. Sie zeigte ent-

schlossen auf das zweitgrößte von allen und die Eltern gaben ihr Bestes, sie von der kleinsten Variante zu überzeugen. Chancenlos! Durchgeschwitzt, mit zwei sperrigen Vogelhäuschen, aber zufriedenen Kindern zogen sie von dannen.

George schmunzelte. »Ich habe noch nie erlebt, dass die Eltern von zwei Kindern nur ein Vogelhaus gekauft haben. Diese kleinen brüllenden Monster setzen sich immer durch. Immer!«

David hatte das Schauspiel amüsiert beobachtet. Er hatte selten mit Kindern zu tun und fragte sich, ob seine Rose auch so gewesen wäre, wenn sie drei oder vier oder fünf Jahre alt geworden wäre. Er atmete schwer bei der Erinnerung. Dieser Ort spülte alles sorgfältig Verdrängte erbarmungslos nach oben, setzte es ihm vor die Nase und verlangte glasklares Hinschauen. Es gab kein Entkommen.

Er umarmte den alten George und versprach wiederzukommen. »Danke. Für alles.«

Sie klopften sich gegenseitig auf die Schultern und George murmelte: »Schon gut. Rette deine Ehe ... und dich.«

David lief ein letztes Mal zum Meer und hatte keine einzige Idee, wie er seine Ehe retten könnte ... oder sich.

37

Nun stand er vor seinem eigenen Haus und selbst hier zottelte er herum, um Zeit zu schinden. Wollte dem Unvermeidlichen ausweichen, so lange es ging. Lief umständlich ums Auto, um Batman herauszulassen. Ging noch einmal zur anderen Tür, holte die Leine. Dann suchte er ewig nach einer kleinen Tüte, um den Müll auf Sitzen und im Fußraum zu entsorgen. Weiter kam er nicht, denn Kathy hatte die vordere Tür des Hauses aufgerissen und kam zu ihm auf die Straße. Erst langsam, zögerlich, dann schneller und schließlich rannte sie ihm entgegen. Flog in seine Arme und war heilfroh, ihn zu sehen. Er hob sie kurz hoch.

»Hehe, du hast zugenommen!«

Sie puffte ihm in die Seite, drückte ihn an sich und lachte. Beide staunten, wie selbstverständlich und herzlich sich das Wiedersehen anfühlte. Es gab kein Zögern, weder bei ihr noch bei ihm. So standen sie eine Weile auf dem Fußweg vor ihrem Haus. Hielten sich aneinander fest und David strich ihr zärtlich über den Kopf. »Kath, lass uns reingehen. Die Nachbarn.«

»Es ist doch etwas Schönes, was sie sehen ... die Nachbarn.«

»Okay.«

»Besser als das, was sie letzte Woche sehen mussten.«

Beschämt senkte er den Kopf. »Erinnere mich nicht daran.«

Dann fanden sich ihre Hände, Batman hüpfte um Kathys Beine und wollte ebenfalls gestreichelt werden. Endlich beugte sie sich auch zu ihm. Brav setzte er sich hin, was sonst nie funktionierte, und schaute sie treu ergeben an.

»Verräter«, zischte David und streichelte ihn ebenfalls.

David nahm seine Sporttasche, die aus fernen Zeiten stammte, als er noch regelmäßig Football gespielt hatte, aus dem Auto. Sie war klein, handlich und enthielt seine neuen Utensilien. Bunte Flip-Flops, eine zu große Badehose, einen Sonnenhut und ein Strandshirt. Die neue Sonnenbrille hatte er sich fesch in die Haare gesteckt.
»Der Bart steht dir, die langen Haare auch. Siehst wild aus.«
»Irre wild?«
Kathy wiederholte. »Nein, nur wild ... wie nach einem Sturm.«
David lachte. »Ja, so fühle ich mich. Wie nach einem Sturm oder besser noch, wie nach einem Vulkanausbruch. Es pochte schon seit Jahren in mir, dann loderte es und jetzt ist es explodiert.«
»Was genau ist *es*? «
»Alles, was ich je verdrängt habe. Meine Strategien, mit Ängsten umzugehen, wurden über die Jahre immer ausgefeilter. Ha, ha ... Stehenbleiben und sich der Angst stellen, ist nur ein Weg. Man kann ihr ausweichen, man kann sie zudecken, man kann sie wegquatschen ... man kann sie ignorieren, ihr die Angriffsfläche nehmen, man ...«
»David! Was willst du mir sagen?«
»Machen wir`s kurz, bevor du mir vielleicht etwas sagen möchtest. Meine größte Angst war immer, dich und meinen Ruf zu verlieren. In dieser Reihenfolge. Völlig allein zu sein.«
Inzwischen saßen sie auf ihrem Sofa im Wohnzimmer.
David schaute sich um. »Du hast aufgeräumt?«
»Lenk nicht ab. Ich hab Beweisfotos, dass es hier aussah wie in einer Eingeborenenhöhle, falls du es leugnen willst. Red weiter. Willst du einen Wein?«
»Ja, warum nicht.«

Kathy holte zwei Weingläser und entschied sich für einen Rotwein, den sie beide liebten. Sie nickte ihm zu und wartete, dass er weiterredete.

»Wo war ich? Meine Angst. Mein Ruf. Die Praxis. Komischerweise erschüttert es mich viel weniger, als ich dachte, dass es die Praxis nicht mehr geben wird. Sie war mein Schutz, meine Ausrede, meine Zudecke über alles Mögliche, was ich mir nicht anschauen wollte. Damit die Praxis am Laufen blieb, musste ich immer hier sein. Erlaubte mir keine Ferien, kein Luftholen. Sie half mir, nicht zu glücklich zu sein.«

Kathy berührte ihn am Arm. »Warte. Das verstehe ich nicht.«

»Seit unsere Tochter gestorben ist, habe ich mir nicht mehr erlaubt, glücklich zu sein. Es fühlte sich so falsch an. Alles. Jeder gute Moment mit dir, jedes gemeinsame Lachen, jedes Mal, wenn wir miteinander geschlafen hatten. Sobald das Leben in mir pulsierte, fühlte ich mich schlecht.«

»Oh, David, das hast du mir nie erzählt.« Er sah, dass sie um Fassung rang. Sie rückte näher zu ihm. Inzwischen war es dunkel im Zimmer.

»Wir hatten aufgehört, miteinander zu reden. Rauchst du eigentlich noch?«

»Wie kommst du denn jetzt darauf? Lenkst du wieder ab?«

»Ich soll dir von George sagen, dass Pfeife rauchen besser ist ... und ich konnte ihm nicht sagen, ob du noch rauchst. Ich wusste es nicht. Und ... rauchst du?«

»Ich bin auf Nikotinkaugummis umgestiegen. Brauche jede Stunde mindestens einen. Ich kaue mich suchtfrei. Red weiter, David.« Sie nahm seine Hand.

»Es ist unmenschlich, wenn das eigene Kind vor den Eltern stirbt. So falsch. Wie soll man da weiterleben? Sag es mir, Kath.« Er drehte den Kopf zu ihr und sie legte ihren auf seine

Schulter. Unmerklich waren sie einander nähergekommen. Ganz dicht. Sie hörten nur ihre Stimmen, fühlten ihre Körper und nutzten die Dunkelheit, die sich wie eine schützende Decke um beide gelegt hatte und ihnen das Reden und Zuhören erleichterte. Auch das Fühlen.

Kathy löste David ab und übernahm das Erzählen. »Weißt du, es vergeht kein Tag, an dem ich nicht an Rose denke. Es war unsere schönste Zeit, auch als Paar. Ich war so glücklich, dich endlich zum Vater gemacht zu haben. Du sahst in dieser Zeit mindestens zehn Jahre jünger aus, hast gestrotzt vor Kraft und Stolz ...« Sie zögerte. »Und Liebe. Sie drang aus all deinen Poren und traf jeden, der dir begegnete. Du warst so voll davon!« Mit der freien Hand streichelte sie über sein Gesicht. David wandte den Blick nicht ab. »Diese Zeit ist mein größter Schatz, David, ich trage ihn in einer heiligen Schatzkiste in mir herum. Sie ist tief in mir verborgen, nur ich kenne den Weg dorthin. Wann immer es zwischen uns wieder kalt wurde, ging ich dahin, um aufzutanken. Das ließ mich durchhalten und hoffen. Hoffen auf Momente wie diese.«

David zog sie in seine Arme. Eng umschlungen lagen sie beieinander. Er murmelte kaum hörbar: »Wieso haben wir nie über Adoption oder andere Möglichkeiten gesprochen?«

»Du erinnerst dich, deine Karriere ging steil bergauf und meine folgte auf den Fuß. Wir hatten viel zu tun, waren ständig unterwegs und haben uns kaum gesehen. Mir war es oft zu still im Haus und ich bin zu meiner Schwester geflüchtet, um nicht durchzudrehen. Wenn du nach Hause gekommen bist, warst du erschöpft. Wolltest deine Ruhe. Hast mich kaum noch wahrgenommen.«

»Ich erinnere mich. Wir sind uns aus dem Weg gegangen und hatten gute, gesellschaftlich anerkannte, Gründe. Der Job, die

Arbeitgeber, Abgabetermine und andere Verpflichtungen. Wir waren wichtig. Angesehene Leute. Und dann bist du immer dünner geworden.«

Ihr Blick verschleierte sich. »Und dann hast du mich endlich wieder angesehen ...«

»... und zur Therapie gezwungen.«

»Ja.«

»Ich hatte solche Angst um dich. Du sahst aus wie ein Gespenst. Ich dachte, du willst sterben.«

»Wollte ich auch. Alles war mir egal. Alles.«

»Jetzt siehst du so wunderschön aus. Anders, runder irgendwie. Weicher.«

David bemerkte das leichte Beben ihres Körpers und nahm an, dass sie in seinen Armen weinte. Er fuhr mit den Fingern durch ihre Haare. Langsam und gleichmäßig. Batman lag friedlich schlafend auf einem Sessel und wäre er in der Lage, sich wundern zu können, hätte er sich vielleicht über das dunkle Zimmer gewundert.

38

Sie redeten die ganze Nacht. Bestellten zwischendurch Pizza, Salat und Wein. Zündeten Kerzen an und wechselten am frühen Morgen in ihr Bett, um sich zu lieben. Niemand verschwand hinter seinem gewohnten Schutzmantel, beide ließen die Intimität und Vertrautheit zu, die sich über die Jahre rar gemacht hatte, und stellten sich all dem Ungesagten.

Als der anbrechende Morgen ins Schlafzimmer schimmerte, traute sich David, seine Frau das zu fragen, was ihn momentan am meisten beschäftigte. »Kathy, als du das allererste Mal schwanger warst. Wie war das für dich?«

Kathy hielt kurz die Luft an. Sie schluckte. »Willst du das wirklich wissen? Du hast mich in dreißig Jahren nie gefragt?«

Er nickte ernst. Mit seinen langen zerzausten Haare, dem wilden Bartwuchs und dem sonnenverbrannten Gesicht sah David fast wie ein Fremder aus. Kathy musste sich erst an den neuen Anblick und auch den neuen Ausdruck gewöhnen, den sie noch nicht klar umreißen konnte.

»Erzähl es mir jetzt«, unterbrach Davids raue Stimme ihre Gedanken. Sie schmiegte sich wieder an ihn, kuschelte sich in eine bequeme Lage und sprach weiter.

»Es war schrecklich ... Ich glaube, damals bist du das erste Mal von mir abgerückt. Obwohl ich das durchaus registriert hatte, wischte ich es weg, wollte das nicht wahrhaben. Ich erspare dir Details, aber ich hatte jahrelang Albträume von kleinen Kindern, Babys, Embryos mit riesigen Augen. Alle schauten mich mit diesen großen, stummen, vorwurfsvollen Augen an. Mahnend. Mit ausgestreckten Zeigefingern auf mich zeigend. Manchmal umklammerten ihre Finger meine so stark, dass ich sie gewaltvoll aufbiegen musste. ...« Sie schüttelte sich unmerklich. »Ich war des Öftern in der Vorstufe der Hölle. Glaub mir.«

»Kath, erspar mir nichts. Erzähl alles.«

»Mit jeder neuen Schwangerschaft hoffte ich auf Wiedergutmachung. Das Abtragen meiner Schuld, indem ich eine besonders gute Mutter sein würde. Ich hätte meinen Job hintenan gestellt, wollte präsent sein, mich nach den Bedürfnissen des Kindes richten, nichts anderes. Ich wollte es so unbedingt, auch um Ruhe vor diesen Bildern zu finden. Es war mir nicht vergönnt. Außer unserer Rose habe ich alle Kinder verloren. Keines wollte bleiben. Ich hatte das Recht, Mutter zu sein, verspielt. Unwiderruflich!«

»So siehst du das? So hart?«

»Ja.«

»Du warst eine umwerfende Mutter für Rose.«

»Zwei Jahre. Zwei popelige Jahre waren mir vergönnt. Ich durfte quasi von einer Lieblingsspeise kosten, ohne Aussicht auf Sättigung.« Kathys Augen verengten sich und ihr Schmerz war auch nach der langen Zeit sofort greifbar. »Ich bereute viele Jahre so sehr, unser erstes Kind abgetrieben zu haben. Erst in den letzten fünf Jahren habe ich meinen Frieden gemacht.«

»So spät? Das ging irgendwie an mir vorüber.«

»Ja.« Ohne weitere Kommentare zog sie ihn noch einmal unter ihre Bettdecke. »Wie hab ich das vermisst. Wie hab ich dich vermisst«, flüsterte sie mit belegter Stimme in sein Ohr.

39

Cooper war erleichtert, als er die Antwortmail seiner Auftraggeber las. Sie zeigten einerseits Verständnis für die Gesamtsituation, würden ihnen nichts extra in Rechnung stellen, andererseits würden sie ihnen wegen Unzuverlässigkeit keine neuen Aufträge geben. Cooper klappte den Laptop zu. Schade, aber nicht zu ändern. Er klopfte an Rangers Tür, was vor Wochen noch ein Akt der Unmöglichkeit gewesen wäre, da es keine geschlossenen Türen gab. Keine Antwort. »Ranger, mach auf! Komm schon.« Keine Reaktion.

Er ließ ihn in Ruhe und schaute nach Emily, die immer noch schlief. Der eine schmollte, die andere schlief.

Cooper setzte sich auf die alte Küchenbank und gab sich seinen Träumen hin. Ein Kind mit Emily. Sie würden zusammenrücken müssen, dieses Mal konnte sie nicht ausweichen. Noch mehr Leben in seinem Leben, unglaublich, wie sehr er sich darauf freute. Am liebsten würde er die Ärmel hochkrempeln und das Kinderzimmer einrichten. Aus einer spontanen Laune heraus rief er zu Hause an und hatte seinen Vater am Telefon.

»Dad, halt dich fest! Ich werde Vater.« Coopers breites Grinsen müsste auch durchs Telefon strahlen.

»Cooper? Bist du das?«

»Dad? Ich habe Dad gesagt. Wer sagt das noch zu dir außer dein einziger Sohn?« Seine Finger trommelten unruhig auf der alten Holztischplatte.

»Oh ... Cooper, du? Das ist ja eine umwerfende Neuigkeit ... kommt jetzt aber ... äh, plötzlich ... äh, und überraschend«, hörte er seinen Vater stammeln. Eigentlich hatte sich das Gespräch schon wieder erschöpft.

Gerade als Cooper auflegen wollte, sagte er noch: »Junge! Überleg dir das gut. Danach ist dein Leben vorbei.«

Cooper starrte aus einem halben Meter Abstand sein Telefon an, und legte auf. Hatte er das gerade gesagt? Sein Vater? War das überhaupt sein Vater oder hatte er in der freudigen Eile einen Fremden angerufen? Sollte doch dieser ominöse Mann am Telefon die Neuigkeit seiner Mutter beibringen. Den Anruf konnte er sich ersparen. Was für Scheißeltern, dachte Cooper und wollte am liebsten eine Runde raus aus der Stadt fahren. Zum Mount Hood, dem Berg mit der weißen Schneekappe. Abregen, abkühlen, Schnee. Der Berg hatte ihn schon oft geerdet und beruhigt.

Emily tapste verschlafen zu ihm in die Küche. Er würde ihre Schritte aus allen Schritten, die es auf dieser Welt gab, heraushören. Sie waren leicht und ein bisschen wie hüpfen. Sie schmiegte sich von hinten an ihn, ihre Haare kitzelten ihn, legte die Arme um ihn und flüsterte ihm ins Ohr: »Coop, danke, dass du für mich da warst. Aber, bitte, bitte ... denk nicht, dass ich jetzt hier einziehe!«

Er atmete einfach weiter. Bin ich heute nur von Idioten umgeben? Erst Ranger, sein Vater, Emily, die Auftraggeber. Was für ein dunkelgrauer Tag! Cooper nahm ihre Arme von seinen Schultern, drehte sich zu ihr um und wusste nicht, was er darauf antworten sollte.

»Wasser? Saft?«

Mount Hood. Abregen, abkühlen, Schnee. Er würde zum Mount Hood fahren. Jetzt! Definitiv!

»Sorry, ich wollte die Hoffnung, die bei dir wahrscheinlich sofort hochkommt, lieber gleich im Keim ersticken.«

Manchmal wünschte sich Cooper eine Freundin, die ihn einfach nur anstrahlte, wenn er Vorschläge für ein gemeinsames Leben machte. Eine, die sich wünschte, mit ihm zusammenzuziehen. Diese Starrköpfigkeit hatte er damals bei dem ersten Blick in Emilys Augen nicht gesehen. Dabei hatte er so gründlich hingeschaut.

Scheißeltern, Scheißfreundin.

»Sorry, ich muss mal raus.« Unwirsch schob er sie beiseite.

»Wo willst du hin?« Ungläubig schaute sie ihn an.

»Mount Hood«, sagte er knapp, dann wüsste sie schon, wonach ihn dürstete. Allein sein. Ruhe finden. Alle Themen würden sich in der Erhabenheit des Berges verkleinern. Minimalisieren. Verschwinden. Plopp. Weg.

»Ich ruf dich an. Später oder morgen.«

»Hey, Coop. Ich hab doch nur gesagt, was du sowieso schon weißt.«

»Schon gut, Emily. Schon gut. Lass mich!« Er schnappte sich seine Sachen und verschwand, so schnell er konnte. Explodieren war nicht so sein Ding, eher implodieren. Das tat allerdings höllisch weh und kam einer Explosion gleich, die ihn im Inneren zerfetzte. Schnell weg hier.

Emily kramte enttäuscht ihre Sachen zusammen. Es beeinflusste sie, wenn Cooper schlecht drauf war und ihre Stimmung sank gegen Null. Vereint in guten und in schlechten Zeiten.

Sie verschwand in ihren Bus und mit ihm auf ihr vertrautes Grundstück. Ihr war immer noch mulmig, aber der Brechreiz war abgeklungen. Heilige Scheiße, dachte sie. Hoffentlich legte sich das bald wieder. Normalerweise funktionierte ihr Körper wie ein gut geöltes Laufrad. Sie dachte kaum an ihn, so intakt war ihre Gesundheit.

Emily beunruhigte es, wenn Cooper sie schroff wegschob. Dabei gab es so viel zu bereden, sie musste sich völlig neu sortieren. Geld verdienen, unabhängig bleiben, mit Cooper leben, ein Baby lieben lernen, surfen. Wie sollte sie das alles unter einen Hut bekommen? Sie rief außer der Reihe ihre Großmutter an und erzählte ihr die Neuigkeit.

Grandma lachte. »Heilige Scheiße, du veräppelst mich doch, oder? Nie im Leben machst du etwas, wenn du es nicht hundertprozentig willst.« Wieder pfiff sie durch ihre Zähne.

»Granny, das ist kein Witz. Und hör auf, durch deine Zähne zu pfeifen. Das machst du neuerdings ständig.«

»Das merk ich gar nicht.«

»Deswegen sage ich es ja. Vielleicht will ich es ja, weiß es nur noch nicht.«

»Ach komm, das ist nicht der schlechteste Start. So haben viele Frauen ihre Kinder bekommen. Das wird schon! Spätestens, wenn es da ist, kommst du mal nach Hause. Ich will dich anschauen und meine Urenkelin in den Arm nehmen.«

»Ich weiß noch nicht, ob es ein Junge oder ein Mädchen wird.«

Ihre Grandma lachte wieder. »Ein Mädchen. Darauf kannst du deinen kleinen Arsch wetten!«

»Meine Güte, Granny!«

40

David und Kathy blieben den ganzen Tag im Bett, dösten, schliefen ein, redeten weiter und waren sich ungewöhnlich nahe. Kein Hauch passte zwischen ihre Seelen. Ihre Gespräche waren rückwärtsgewandt. Alle alten Wunden, die vernarbten, die verheilten und die noch offenen bekamen Aufmerksamkeit. Über manche konnten sie hinwegstreichen, zärtlich und verzeihend. Andere konnten nur notdürftig mit einem groben Pflaster versorgt werden und einige würden wohl nie heilen.

Im Haus war es stickig und David dürstete es nach Abkühlung. Er riss die Fenster auf, sprang übermütig unter die Dusche und Kathy folgte ihm. Sie waren albern, seiften sich gegenseitig ein und malten Muster in den Schaum an den Stellen ihrer Körper, die neu waren. Kathy umrandete seine Brüste und seine Hüften. David ihren neuen kleinen Bauch, die runderen Brüste, Hüften, den Po, ihre Schenkel.

»Jetzt reicht's aber«, kreischte Kathy. Sie fummelten aneinander herum und staunten über die Veränderungen, die ihre Körper im Alter geformt hatten. Unklarere Konturen, vermehrte Weichheit, mehr Überflüssiges. Kathy rubbelte sich als Erste trocken und schlüpfte in ein David-T-Shirt.

»Wo ist eigentlich mein großes Handtuch?«, hörte sie ihn rufen.

»In der Wäsche, ich hatte es am Strand dabei«, antwortete sie. Nach der Erfrischung redeten sie weiter. David lenkte das Gespräch aus der Vergangenheit ins Jetzt, in die Zukunft. Dahin, wo seine Angst ihn schon fiebrig anglotzte und sich die Hände rieb.

»Und wir, Kath? Wir beide? Du und ich?«

Sie saßen nun im Garten, ihnen war klar, dass der seit gestern begonnene Gesprächsfaden noch nicht zu Ende gesponnen war.

»Ich habe die ganze Rückfahrt und die letzten Tage am Meer überlegt, was für uns beide gut wäre. George meinte, ich solle um dich kämpfen. Und ein Teil in mir sagt, ja, kämpfe um sie. Du liebst diese Frau, wie du nie einen anderen Menschen geliebt hast.« Er schaute sie an. »Ich liebe dich, Kathy.«

Sie hielt seinem Blick stand und er sah die Seen, die sich in ihren Augen bildeten. Gleich würde das linke Auge wieder überlaufen. Sie ließ es geschehen, während er sie weiter anblickte. Zärtlich strich er die überschwappenden Tränen weg. »Wusstest du, dass dein linkes Auge stets zuerst weint?«

Kathy lachte auf. »Ja. Und ich frage mich immer, wieso?« Sie suchte die Taschentuchbox, die sonst hinter dem Gartentisch, auf einem kleinen Regal lag. David holte eine neue aus dem Küchenschrank und stellte sie ihr hin.

»Die anderen Boxen sind aufgebraucht. Damit habe ich geputzt, wenn ich gekleckert habe und manchmal ...«

Sie hob abwehrend die Hand, um ihn zu unterbrechen. »Lass gut sein. Keine Einzelheiten ... Ich will es nicht wissen.« Angewidert schüttelte sie den Kopf. Konnte sich ein Grinsen aber nicht verkneifen. So oft wie in den letzten Stunden hatte David sie schon lange nicht zum Lachen oder zum Weinen gebracht.

Er füllte ihre Gläser nach, es war heiß, windstill, fast schwül. Eine ähnliche Melange wie ihre letzten intensiven Stunden. Vielleicht würde es endlich mal gewittern. Nachts brauchten sie nur Bettlaken, die sich gewichtslos um ihre Körper wickelten. Er liebte Kathy wirklich und das war das Schmerzlichste an dem, was er gleich sagen würde. Aber vorher holte er Eis aus ihrem tollen topmodernen Kühlschrank, der auf Knopfdruck endlos Eiswürfel ausspuckte. Auf dem Weg in die Küche dachte er: Jetzt! In diesem Augenblick bewegen wir uns aus der Vergangenheit über ein kurzes glückliches Jetzt in die Zukunft. Er könnte sie bitten, zusammen mit ihm etwas Neues zu beginnen. Vielleicht zu reisen, umzuziehen, Paten für Kinder zu sein, die Großeltern brauchten, irgendwas. Er hatte das Gefühl, sie würde mit ihm gehen, so weich und verwoben, wie sie gerade miteinander waren.

Er lehnte am Kühlschrank und schüttelte den Kopf. So sicher war er nicht. Es gab da noch den anderen Mann. Einer, der sie ebenfalls schon lange Jahre liebte. John.

Kurz schaute er in den Kühlschrank, in der Hoffnung wenigstens Brot und Käse zu finden. Nichts. In diesem Haushalt gab es nur Eiswürfel, Wein und Hundefutter.

Als er wieder bei ihr war, setzte er sich an den kleinen Gartentisch und nahm all seinen Mut zusammen. »Kathy ... ich möchte die Scheidung und ich möchte das Haus verkaufen, es sei denn, du willst hier leben.« Er hielt kurz die Luft an.

Mitten in der Trinkbewegung fror sie ein. Ihr Wasserglas stoppte auf Brusthöhe und ihr Mund formte einen offenen stummen Laut. Entgeistert schaute sie ihn an, ließ ihr Wasserglas fallen, was sie noch mehr aus der Fassung zu bringen schien als die eben gehörten Worte. Im Schneckentempo begann sie, Batman die Eiswürfel zu geben, denn er liebte es, im Sommer Eiswürfel zu lutschen. Die Stille zwischen ihnen knisterte. Ein messerscharfer Schnitt im Vergleich zu der Stimmung unter der Dusche. Vor zehn Minuten, noch im glücklichen Jetzt.

»Kath, Liebes. Schau dich an. So gut wie jetzt hast du lange nicht ausgesehen. Du isst wieder, du lebst wieder, du strahlst wieder. Du lachst wieder.«

Sie nahm seine Hand. »Nein, David. Bitte. Geh nicht.«

»Liebes, lass es zu, dass John seine Chance bekommt. Du lebst doch schon mit ihm ... und du liebst ihn auch.«

Sie kletterte wie ein kleines Kind auf seinen Schoß, schmiegte sich an ihn und wiederholte nur immer: »Nein, nein, nein«, wobei sie so stark zitterte, als wäre sie eben aus einem Eismeer gestiegen.

Fast hätte David nachgegeben.

Aus Liebe.

Aber er war ihr diesen zweiten Schritt schuldig, den ersten hatte sie übernommen.

Aus Liebe.

41

Ende September begann es zu regnen. Ein typischer Portland-Nieselregen, den man als Portlander durchaus negieren konnte. Er war so fein und warm wie eine Gartendusche, die auf leichtes Brausen eingestellt war. Emilys Haare breiteten sich durch den feinen Sprühregen immer mehr aus und ringelten sich. Ihr Bauch und ihre Haare brauchten in diesem Herbst mehr Raum als je zuvor. Inzwischen sah jeder, dass sie schwanger war. Sie bevorzugte nach wie vor eng anliegende Kleidung, Jeans und Top oder bunte Kleider und Röcke. Die Übelkeit hatte nachgelassen, dafür traten andere Anzeichen des Unwohlseins auf. Ihre Brüste spannten, sie hatte nach wie vor Heißhungerattacken auf pikante Würstchen und Vanilleeis, was Cooper in Massen anschleppte und immer vorrätig hatte.

Er strich öfter über ihren Bauch und sie liebte es, wenn Cooper ihn massierte und streichelte. Sie hatte zugestimmt, mit ihrem Bus auf sein Grundstück zu ziehen. Dafür mussten einige seiner neuen Pflanzen weichen. Sie versuchten, sie zu retten und an anderer Stelle einzupflanzen. Emily merkte, dass Cooper ihren Kompromiss, auf sein Grundstück zu kommen, ehrlichen Herzens anerkannte. Momentan war das Thema Zusammenziehen vom Tisch. Sie musste überlegen, wie es werden sollte, wenn das Baby da war. Später!

Anfang September hatte sie sich mit Linn geeinigt und ihren Foodtruck gekauft. Alles Ersparte war wieder aufgebraucht, aber Emily war sich sicher, dass es eine gute Investition in die Zukunft war. Carrie und ihre Miss Paris halfen ihr regelmäßig aus und wenn sie nicht konnten, gab es andere, die einsprangen. Sie einigten sich, dass Carrie in Zukunft den Kaffeewagen übernehmen, den Einkauf und Verkauf in eigener Verantwortung regeln würde und damit Emilys Geschäftspartnerin wurde. Alles war gut gewesen bis zu dem Zeitpunkt, als erste Gerüchte auftauchten, dass der Foodtruckplatz in der Division Street geschlossen werden sollte.

»Woher weißt du es?« Emily fragte Miss Paris, die inzwischen fast alle Wagenbetreiber persönlich kannte.

»Es wird nur gemunkelt, es gibt noch nichts Offizielles. Ich höre es, wenn ich mit den anderen quatsche. Es soll hier gebaut werden.«

Emily fluchte. »So ein Mist, jetzt weiß ich auch, warum Linn mir großzügig ihren Wagen verkauft hat. Dieses Aas. Und ich habe ihr vertraut!«

Es folgten schlaflose Nächte und Emilys Existenzängste übernahmen das Kommando. Sie stritt mit Cooper, mit Ranger, der immer noch schmollte und fast nur in seinem Zimmer herumhing, auch mit ihrer Grandma, und war wochenlang unausstehlich. Sie konnte sich selbst nicht leiden. Dann flatterte die Kündigung schriftlich herein. Der Platzmanager gab jedem Wageninhaber persönlich ein Kündigungsschreiben. Vier Wochen. Ende Oktober mussten die Wagen vom Platz sein. Es sprach sich rum wie ein Lauffeuer und zog viele Proteste von Anwohnern nach sich, doch zu bleiben hatten sie zu keiner Sekunde den Hauch einer Chance.

Carrie und Miss Paris waren in dieser Zeit Gold wert, sie recherchierten, telefonierten und fanden einen neuen Stellplatz, allerdings nur für einen der beiden Wagen. Der andere musste wieder verkauft werden. Emily verfluchte Linn.

»Siehst du, alles läuft super! Jetzt bin ich schwanger, hab

einen Stellplatz am Arsch der Welt, einen Wagen, bei dem ich nicht weiß, was ich mit ihm machen soll, und weniger Einnahmen.« Eigentlich sprach sie mit sich selbst, schimpfte vor sich hin, verfluchte Linn und bastelte parallel an einem Plan B.

Cooper blieb gelassen, weil er Emilys Hitzkopf gut kannte. Dahinter verbarg sich eine nüchterne Rechnerin und sie würde eine Lösung finden. Er hatte kapiert, dass er ihr nicht reinreden und schon gar keine Lösungsvorschläge anbieten sollte.

Ab und zu fragte er: »Emmi, willst du meine Meinung wissen?«

»Nein, ich komm klar.«

Eines Abends kam sie mit einer neuen Idee und fragte ihn doch nach seiner Meinung. »Coop, es gibt da eine Option, die mich total lockt. Das kleine Café neben dem Piccolino wird frei und Carrie kennt die Besitzerin. Wir könnten es haben. Was meinst du?«

»Und dann bietet ihr eure Crêpes auch da an?«

»Gute Idee, da bin ich gar nicht draufgekommen. Ich habe erst mal geschaut, was das Café anbietet und hätte damit weitergemacht. Ich mag die Ecke dort.«

»Gut, dass du mich hast.«

Vergnügter als vorher verdrehte sie die Augen.

»Aber ernsthaft, Emmi, ich finde, das ist ein guter Plan und vielleicht könnt ihr noch was mit dem Piccolino zusammen kreieren.«

»Hmm ... die verkaufen Secondhand-Kindersachen ...«

Er sah, wie es in ihrem Kopf ratterte, wie sich der unflexible Film, der sich über ihre Gehirnzellen gelegt hatte, verzog.

»Aber hey, warum nicht? Ich hab tausend Ideen.« Endlich strahlte sie mal wieder ihr Emily-Strahlen.

Das ganze Zimmer wirkte heller, aufgewirbelter Staub nahm Anlauf und Silhouetten wurden sichtbarer.

Cooper grinste. »Und gegenüber vom Café gibt es ein kleines Programmkino.« Er wusste, dass er nur die Samen streuen musste, den Rest erledigte Emily.

»Stimmt, stimmt. Coop, ich muss los. Ich fahr da gleich nochmal hin.« Voller Elan stürzte sie sich in ihr neues Projekt und vergaß für Momente ihre Schwangerschaft, mit der sie oft haderte. Eigentlich war das Leben für sie wie immer, nur dass sie unförmiger aussah und überall aneckte. Zwischen den Möbeln war weniger Platz.

Ranger kam aus seinem Zimmer und setzte sich zu Cooper an den Küchentisch. Er blickte seit ihrer verpatzten Präsentation immer noch mürrisch in die Welt und blieb unversöhnlich. Cooper hatte ihn allein gelassen. Verraten, wie er immer wieder betonte. Immerhin schloss er seitdem die Badtür und auch seine Zimmertür war meistens verschlossen.

Cooper, in seiner Engelsgeduld, ging immer wieder auf ihn zu. »Ranger, kannst du nicht mal einen Haken unter diese Geschichte machen? Mann, du bist nachtragend wie ein altes Eheweib.«

»Ich würde ja gerne, aber es geht nicht.«

»Boah, bist du anstrengend.«

»Noch was, Cooper, ich zieh aus. Ich hab was Neues gefunden. Dieses ... dieses Familiending ist nicht so meins. Bald schreit hier ein Baby und du bist völlig auf Emily fixiert. Schon der Gedanke daran strengt mich wahnsinnig an.«

Cooper ließ die Nachricht auf sich wirken. »Okay, das kann ich sogar verstehen. Wo ziehst du denn hin? Arbeiten wir weiter zusammen?«

Ranger druckste herum, drehte das Glas in seinen Händen nervös hin und her. »Ich hab in den letzten Wochen ein Coaching gemacht. Sprechen vor großen Gruppen. Und ja, ich würde gern ab und zu was mit dir machen. Will aber auch mein eigenes Ding probieren.«

Cooper war überrascht, da er von dem Coaching nichts mitbekommen hatte. Vielleicht hatte er recht, in seinem Kopf drehte sich alles um Emily und das Baby. Er hatte angefangen, den Keller zu entmisten, die Wohnung zu streichen und kindgerecht vorzubereiten. Er grinste seinen Kumpel an und hielt ihm die Hand entgegen. »Schlag ein! Das klingt großartig. Hatte der ganze Mist mit der verpatzten Präsentation doch was Gutes. Und? Klappt es mit dem Reden?«

»Ich habe viel geübt, jetzt kommt die Feuertaufe. Kommende Woche gehe ich in ein kleines Team, nur drei Leute, und rede mit ihnen über ihre nächste Werbestrategie. Frag mich danach, wenn ich noch lebe.«

Endlich redete Ranger wieder mit ihm, Cooper fiel ein schwerer Mühlstein vom Herzen. Er mochte ihn einfach und konnte sich gar nicht vorstellen, dass er nicht mehr in seiner Nähe sein würde.

Ranger machte wie immer Nägel mit Köpfen und zog schon in der kommenden Woche aus. Zum Glück wohnte er in Zukunft nur ein paar Straßen weiter, sodass sie sich sehen konnten, sooft sie wollten. Cooper half ihm beim Umzug, das meiste seiner Sachen waren Bildschirme, Spielkonsolen, unendlich kompliziert verwickelte Kabel, Kabeltrommeln. Man könnte meinen, ein Büro zöge um.

Das neue Haus war kleiner, hatte drei Zimmer, und Ranger blieb sich treu. Er nahm das dunkelste Zimmer, da er die Sonne aufs Tiefste verabscheute, und natürlich zog er wieder in eine Männerwohngemeinschaft. Die nächste Testosteronhöhle, wie Cooper sofort erkannte. Offene Türen, verdreckte Küche, der Garten glich einem Sperrmüllplatz.

»Wenn du mal was Warmes, Gesundes, Selbstgekochtes essen willst, komm vorbei!«

Ranger schaute ihn verschmitzt an. »Das mach ich, aber nur, wenn das Kind schläft.« Sie feixten sich an.

Cooper stand auf und wollte in sein Zimmer gehen, als ihm noch etwas einfiel. »Ranger, heißer Tipp: Mach wenigstens die Badtür zu. Vielleicht folgen dir die anderen, wenn einer anfängt.«

Ranger schaute ihn verständnislos an.

42

David und Kathy waren nun offiziell getrennt, obwohl sich der Anflug der Nähe, den sie vor Kurzem erlebten, nicht verzog. Die Scheidung war eingereicht und David bat Kathy inständig, mit John nicht vor seiner Nase zu leben.
»Wie soll das gehen?«, fragte sie. »Wenn das Haus verkauft ist, wo ist dann dein Platz? Ich kann gar nicht vor deiner Nase leben, da ich nicht weiß, wo du sein wirst.«
»Das stimmt. Mir wäre wohler, wenn ich wüsste, ihr lebt in San Francisco, das kann ich großräumig umfahren.«
»Du willst dir wirklich ein Wohnmobil kaufen und da drin leben?«
»Ja«, sagte er gelassen. »Das ist der Plan.« Sie schüttelte den Kopf. »Und, Kath, hör auf, dir weiter Sorgen um mich zu machen. Mir geht's bestens. Es ist meine Wahl, meine freie Entscheidung. Ich freu mich drauf.« Er umarmte sie ein letztes Mal und ließ sie schmerzenden Herzens ziehen. John, der versuchte, Kontakt mit ihm aufzunehmen, wimmelte er regelmäßig ab. David war bestens geübt darin, digitale Nachrichten zu ignorieren. Auf sein »Danke, David« konnte er verzichten.

Den ganzen Herbst nutzte er, um seine Dinge zu regeln. Er schrieb Mrs. Lawrence einen ehrlichen Entschuldigungsbrief, ohne etwas zu erwarten. Sie schrieb ihm nur ein Wort zurück: angenommen. Anders als bei ihrem Klamottenstil bewies sie Stil und er registrierte es mit höchstem Respekt.
Er schraubte sein Praxisschild ab und warf es in die Mülltonne zum gemischten Müll. In Portland wurde der Müll getrennt

und alles was recyclebar war, wurde recycelt. Er klappte den Deckel der Mülltonne zu und fotografierte den blassen Fleck, den das abgeschraubte Schild an der Vorderseite des Hauses hinterlassen hatte. Eine neue Ära begann.

Nebenbei recherchierte David stundenlang nach in Frage kommenden Wohnmobilen und konnte sich nicht entscheiden. Er brauchte Emily und Cooper, um ihre Buserfahrungen für sein zukünftig mobiles Leben in die Suche zu integrieren. Er hatte auch gehört, dass der Food Market schließen würde, und es interessierte ihn brennend, was Emily vorhatte. Kurzentschlossen rief er sie an und sie verabredeten sich für den nächsten Tag. David räumte in seinem Haus Zimmer für Zimmer auf, sortierte sein Leben, schmiss weg, verschenkte und fragte Sam, ob er einiges mit seinem Truck zum Sperrmüll fahren könnte.

»Das passt, ich hab auch was wegzuschmeißen, können wir machen. Jetzt?«

»Gerne auch jetzt. Wie es passt.«

Sam wirkte bedrückt und David schaffte es, ihm seine Sorgen zu entlocken. Einmal Therapeut, immer Therapeut.

Sam seufzte herzerweichend. »Wir müssen leider ausziehen. Nach der Ein-Jahresfrist haben wir eine saftige Mieterhöhung bekommen, die können wir uns nicht leisten. Wir haben die letzten Tage hin und her gerechnet. Klara will mit dem Förderprogramm, das es für junge Familien gibt, ein Haus kaufen, da ihr die unsichere Mietsituation zu schaffen macht. Alles ist so willkürlich. Sie kennt aus Deutschland den Mieterschutz, tja, den gibt's hier nicht. Ich würde ja lieber noch mal mieten.«

»Zu wann?«

»Eigentlich sofort, die neue Miete ist seit ersten September fällig. Seitdem suchen wir. Wenn wir übers Förderprogramm was kaufen wollen, gibt es eine Menge an Vorgaben, was es kosten darf oder wie groß das Grundstück sein darf ...« Sam winkte ab. »Wir werden schon was finden.«

Spontan sagte David: »Zieht doch bei uns ein. Ich bin spätestens in zwei Wochen unterwegs, will den Winter in Kalifornien verbringen. Kathy ist schon ausgezogen. Dann steht das Haus sowieso leer.«

»Aber ihr wollt es doch verkaufen?«

»Ich rede mit Kathy, dann vermieten wir es eben erst mal.«

»Wir haben zwei kleine Kinder, euer weißes Sofa wäre danach Müll, die hellen Teppiche, die hellen Schränke.« Sam griff sich an den Kopf. »Puhh!«

Jetzt winkte David ab. »Dann bringt eures mit, dunkelbraun, abwaschbar. Perfekt für kleine Dreckspatzen. Das weiße Zeugs kann alles raus. Ich hatte selber ständig Angst, Flecken zu machen. Ich rede mit Kathy, dann gebe ich euch Bescheid.«

Sam konnte es kaum fassen, wie David bemerkte. »Egal, ob es klappt oder nicht. Danke für dein Angebot, David.«

Sie luden Sams Truck voll, und während der Autofahrt zum Sperrmüll klärte David telefonisch die Idee mit der Hausvermietung. Kathy war sofort einverstanden, denn sie wollte das Haus sowieso gerne behalten, und mochte die junge Familie sehr.

»Und sonst? Wie geht's dir inzwischen?«, fragte Sam.

David überlegte. »Ich fühle mich so frei wie noch nie in meinem Leben. Als ich jung war, hatte ich mit meiner ängstlichen und übergriffigen Mutter zu tun. Ständig hatte ich sie auf dem Radar und musste mich durch den Tag navigieren, an ihren Stimmungen vorbei. Dann traf ich Kathy, und einer von uns hatte den anderen sorgenvoll im Blick, dann die energieraubenden Versuche, Eltern zu werden, dann unsere Rose, dann die ganzen Patienten. Momentan bin ich nur für mich und Batman verantwortlich und ich werde demnächst einfach losfahren. Kannst du dir das vorstellen? Alles, was ich brauche, ist dann in meinem mobilen Zuhause und ich fahre, wohin ich will. Ich bin gespannt, ob ich mit mir klarkomme.« Er lachte sein verschmitztes Lachen, die Augen wurden zu Schlitzen, und wie ein kleiner Kobold rieb er sich die Hände. »Nur meine Frau werde ich ewig vermissen.«

43

Nachdem Emily, Cooper und David stundenlang über einen Laptop gebeugt Wohnmobile verglichen hatten, entschieden sie, sich welche vor Ort anzuschauen.

»Du musst dich reinsetzen, ein Gefühl für die Größe bekommen. Und die technischen Raffinessen erklärt dir Tom.« Emily rammte nach wie vor mit ihrem Bauch irgendwo dagegen. »Mist«, fluchte sie. »Ich werde mich nie an diese Kugel gewöhnen. Noch bis Mitte April, den ganzen Winter durch.« Ihre Hände lagen öfter als sonst auf ihrem Bauch, so als müsse sie den Umfang immer wieder aufs Neue ausmessen. Pass ich da durch oder nicht?, fragte sie sich oft.

»Tom?«

»Den kenne ich, lass uns morgen hinfahren. Heute muss ich noch mal ins Café.«

»Hast du dich entschieden?«

»Ja, ich verkaufe beide Wagen. Bin schon am Verhandeln und will am ersten Dezember das neue Konzept fürs Café vorstellen. Ich hoffe, dass mich ein paar meiner Kunden dort besuchen werden.«

»Du wirst also sesshaft.«

»Ich hab ja noch meinen Bus.«

David sah, dass er auf der Rückseite des Gartens geparkt war.

»Und ihren Bus verteidigt sie wie eine Löwin. Jede zweite Nacht schläft sie da drin und mindestens einmal am Tag verschwindet sie für ein paar Stunden in ihrem Bus. Keine Ahnung, was sie da macht. Aber danach ist sie entspannt wie nach einem Wellnesswochenende.« Cooper lachte, als er das erzählte. »Dabei haben wir hier so viel Platz, seit Ranger ausgezogen ist. Emmi ist ein Sturkopf ... hoch fünfzig.«

Sie grinste, inzwischen stand sie mit dem Rücken an die Spülmaschine gelehnt und beobachtete die Männer. »Dann wünschen wir uns mal lieber, dass unser Kind eher nach dir kommt.«

Cooper hatte keine schlagfertige Antwort parat und wandte sich wieder an David. »Also, David, wenn du einen Schlafplatz in Portland brauchst, wir haben immer einen Platz für dich, wie du siehst.« Er zeigte ihm wie ein Makler das Haus. »Hier könnte dein Zimmer sein.«

»Das ist gar keine schlechte Idee, einen kleinen Hafen zu haben, wo ich immer mal auftanken könnte.«

Emily setzte sich flink zu ihnen an den Tisch, riss mit ihrem Bauch ein Wasserglas um, das im Weg stand, und stimmte Cooper zu. »Ja, David. Überleg es dir. Cooper will gern mit jemandem zusammenleben und da ich das noch nicht hinbekomme, ohne in Panikzustände zu geraten, könntest du mich retten! Du hilfst doch gerne aus, oder?«

»Du bist ganz schön frech. Sei froh, dass du schwanger bist.«

44

David kaufte sich innerhalb von drei Tagen ein passendes Wohnmobil und schloss alle verfügbaren Versicherungen ab, die es in Amerika für solche Fahrzeuge gab.

Stolz hielt er den Schlüssel hoch und zeigte mit dem Daumen nach oben. »Selbst wenn mein Kühlschrank ausfällt, könnte ich jemanden anrufen, der ihn sofort reparieren würde.«

»Ganz toll!«, antworteten Emily und Cooper, die in ihrem Leben noch nie zusätzliche Versicherungen abgeschlossen hatten, wie aus einem Mund.

Anfang Oktober fuhr er los, verstaute alles, was er brauchte, im Wohnmobil oder Sachen für später in Coopers Keller. Er wirkte wie ein stolzer junger Mann, der entgegen allen elterlichen Wünschen in die weite Welt fuhr. Batman war an Bord und Emily ermahnte David, sein Handy eingeschaltet zu lassen. Sie überprüfte eigenhändig, ob er seine PIN-Nummer aufgeschrieben hatte. David zeigte ihr sein kleines Buch, denn er hatte neben seiner PIN auch Emilys, Coopers, Sams und Kathys Nummer aufgeschrieben.

»Du vertraust mir nicht, oder?«

»Ehrlich? Nicht bei PIN-Nummern und Handykram. Irgendwie beruhigt es mich, dass du so viele Versicherungen hast.« Sie schoss ein letztes Foto, das sie später Kathy schicken würde, und weg war er. Sein Plan, den verregneten grauen Portlandwinter in diesem Jahr auszulassen, klang einleuchtend. Er fuhr gen Süden und wollte zum Geburtstermin im März zurück sein.

Emilys Grandma hatte recht behalten, es war ein Mädchen. Am 16. März 2018 wurde Summer per Kaiserschnitt geboren, und dieses Mal war Cooper derjenige, der in Ohnmacht fiel. Bis zum Schluss lag das Baby falsch herum in Emilys Bauch und der schmerzhafte Versuch der Hebamme, es in der Gebärmutter zu drehen, scheiterte. Nur ein Kaiserschnitt konnte helfen.

Summer. Ihr Name sollte den Menschen ein Lächeln ins Gesicht zaubern. Summer. Summer. Summer. Cooper und Emily waren sich sofort einig, als der Name bei ihrer Suche auftauchte. Genau so sollte sie heißen. Summer.

Hoffentlich ist es kein böses Kind, dachte Emily, während sie ihre Tochter betrachtete. Sie musste immer wieder mal an die Frau denken, die sie vor der Abtreibungsklinik getroffen hatte. Kim, die von ihrem Teufelskind gesprochen hatte.

Sie hielt Summer im Arm und konnte nicht glauben, dass sie es war, die ein Kind zur Welt gebracht hatte. Das alles fand isoliert von ihr statt. Sie konnte sich beobachten, wie sie das Kind hielt, wie sie es streichelte, wie es ihr an die Brust gelegt wurde. Aber sie fühlte nichts. Sie traute sich nicht, jemanden zu fragen, wann das mit den Muttergefühlen wohl begann. Sie würde abwarten und hoffen.

Coopers Eltern fanden den Namen schrecklich. »Eine Jahreszeit, so heißt doch kein Mensch.« Seine Mutter ereiferte sich über die heutigen Namen, ohne dabei jemanden direkt anzuschauen. Sie ereiferte sich in den Raum hinein, etwas, was nur Coopers Mutter so ausgefeilt beherrschte.

Cooper blieb cool und sagte nur, dass es auch April, June, Juli, August geben würde. Monatsnamen.

Etwas hatte sich zwischen Cooper und seinen Eltern verändert. Er stritt offener, wich nicht mehr aus und verteidigte seine Standpunkte. Natürlich mokierten sie sich über den Bus im

Garten, was das denn solle? Jetzt, wo sie ein Kind hätten.
Emily war total gerührt, wie sehr er sich für den Bus und ihren Wunsch einsetzte, ihn zu behalten. Laut. Vor seinen Eltern. Er hatte die Beschützerrolle für seine beiden Frauen bereits eingenommen und füllte sie komplett aus.

Als Coopers Eltern sie einige Tage nach der Geburt in ihrem Zuhause besuchten, eskalierte es.
Die junge Familie versuchte, ihren Rhythmus zu dritt zu finden. Schlafen, wachen, wickeln, trinken, aufräumen. Da Emily in einem seltsam melancholischen Trancezustand verharrte und noch körperliche Schmerzen von der Wunde hatte, blieb viel an ihm hängen.
Seine Mutter, in einem schicken Zweiteiler und einer weißen Bluse, saß schon am Wohnzimmertisch, bereit für einen Kaffee. Sie drehte ihre Tasse um, die auf dem kleinen Tisch stand, schaute angeekelt hinein und kratzte mit dem Fingernagel irgendetwas ab. Pikiert stellte sie sie wieder ab und inspizierte die anderen Tassen.
Cooper, der den ganzen Vormittag mit Wäschewaschen, Einkaufen, sich um Emily und Summer kümmern, zu tun hatte, und kurz, bevor seine Eltern kamen, die vier Tassen mit der Hand abgewaschen hatte, weil der Geschirrspüler voll war, explodierte. Laut, mit einem Knall!
Mit dem Baby im Arm, einer Windel über seiner Schulter, damit die Kleine aufstoßen konnte, hochrot im Gesicht, brüllte er: »Haut ab!« Da alle so schön erschrocken schwiegen, setzte er nach. »Wenn es euch nicht passt, wie es hier aussieht, könnt ihr gehen! Mir reicht eure ewige Kritik. Es dreht sich nicht immer alles um euch und eure Grundsätze. Ihr müsst nicht hier sein, wenn es so schrecklich ist!« Mit hervorquellenden Augen und

pulsierender Halsschlagader zeigte er auf seine Mutter. »Du kannst auch gerne abwaschen, ich hatte es nämlich gerade so geschafft, alles vorzubereiten.«

Seine Mutter glaubte, sich verhört zu haben. Empört stand sie auf, stemmte die Arme in die Hüften und antwortete hysterisch mit überschlagener Stimme: »Cooper, so redest du nicht mit uns. So nicht!« Sie griff den Arm ihres Mannes und zog ihn aus der Tür, die laut krachend ins Schloss fiel.

Cooper blieb regungslos stehen und suchte Emilys Blick. Als er sich zu ihr drehte, zuckte es schon verräterisch in ihren Mundwinkeln. Emily lachte. Seit Tagen hatte sie im Bett oder auf dem Sofa vor sich hingedöst, es gerade so geschafft, Summer zu stillen, und plötzlich lachte sie hellauf. Cooper verstand die Welt nicht mehr. Sie hielt sich ihre Narbe und versuchte, ihr Lachen zu unterdrücken, da es so schmerzte.

»Hast du diese Gesichter gesehen. Ich glaube, die kommen nie, nie wieder. Wieso hast du aber auch nicht ordentlich abgewaschen! Du schmutziger Bub, du.«

Cooper stimmte in ihr Lachen ein und Baby Summer war plötzlich ganz still. So, als ob sie herausfinden wolle, was da für ein neues Geräusch aus ihren Eltern sprudelte. Sie gluckste, schnappte nach Luft und sah dabei honigsüß aus. Schließlich lachten sie alle drei. Summers zahnloses Babylächeln war nicht zu toppen.

»Meinst du, ich war zu hart?« Cooper schaute Emily an, um herauszufinden, was sie dachte.

Sie zuckte nur mit den Schultern. »Nein, du warst ehrlich. Ich glaube übrigens nicht, dass sie wirklich Lust darauf haben, Großeltern zu sein. Nächste Woche sind sie schon wieder für drei Monate im Ausland.«

»Ja, mit Kindern hatten sie es nie so.«

Emily quälte sich vom Sofa hoch, um Cooper und Summer zu umarmen. »Trotzdem bist du so toll geworden.« Sie küsste ihn mitten auf den Mund.

»Du weißt, warum?«, fragte er.

»Ja, du hattest eine tolle Grandma, so wie ich.«

»Auf die Grannys, die uns geliebt haben. Einfach, weil wir da waren.« Er küsste Summer und suchte nach irgendetwas zum Anstoßen.

Emily nahm die schmutzigen Kaffeetassen.

»Auf die Grannys! Hoch die Tassen!« Sie stießen mit den Tassen an und überlegten, ob sie Schnaps im Haus hätten. Oder Wein? Coopers Ausbruch musste gefeiert werden.

»Coop, ich muss später noch mal in den Bus.«

»Aber wieso? Es ist doch gerade schön hier. Lass mich jetzt nicht allein.«

»Nur ein, zwei Stunden.«

»Emmi, ich brauch dich hier. Was machst du da, ein, zwei Stunden?«

»Nichts weiter.«

»Nichts weiter«, äffte er sie nach.

Emily ärgerte sich, sie wollte ihr Leben keine Rechenschaft dafür ablegen müssen, was sie machte oder auch nicht. Sie würde ihn immer gehen lassen, wenn er das wollte. Heute ließ er nicht locker und sie gerieten in einen handfesten Streit. Summer schrie inzwischen wie am Spieß. Glückliche Familie war vor einer halben Stunde.

»Wenn du es genau wissen willst, ich mach dort mein großes Geschäft.«

»Was?«

»Hast du nie bemerkt, dass ich in deiner Wohnung nie ... na-duweißtschonwas ... war?«

»Äh, was? Was weiß ich? Reden wir ernsthaft übers Kacken?«
»Sieht so aus. Scheint wohl zu diesem Pärchenkram dazuzugehören. Ich leide seit meiner frühesten Kindheit an Verstopfung. Irgendwas Psychisches, kann wohl nicht gut loslassen, zumindest auf körperlicher Ebene. Ich behalte alles.« Wütend und beschämt schaute sie weg. Über diese Grenze hatte sie nie gehen wollen. Das war zu intim, zu sehr Privatsphäre.

»Du und nicht loslassen.« Cooper staunte immer noch wie der Ochs vorm Tor und brauchte einen Moment, um Emilys neueste Offenbarung zu verdauen. Sie brauchte ein eigenes Klo! Oder was war die Botschaft?

»Guck nicht so entsetzt. Ich brauche jedenfalls meine Ruhe und viel Zeit ... ich wollte nie darüber sprechen. Aber du lässt mir ja heute keine Wahl.« Genervt ging sie zur Tür. »Ich geh jetzt kacken. Zufrieden? Jetzt weißt du es! Und toll! Sofort setzt es mich unter Druck, dass du vielleicht wartest, wie lange ich brauche, wann ich wieder komme. Ach, verflucht!« Türenknallend verließ sie die Wohnung.

Cooper, mit der quengelnden Summer auf dem Arm, schaute ihr sprachlos nach. Er murmelte: »Sie geht kacken, ich fass es nicht.«

Kurze Zeit später kam sie wieder und sagte nur zerknirscht: »Ging nicht!« Bevor er etwas erwidern konnte, unterbrach sie ihn. »Ich will nie, nie wieder darüber reden. Okay?«

»Indianerehrenwort!« Cooper hob die Hand zum Schwur.

Zwei Jahre später

David spielte mit Summer und Batman in der Surferbucht, während sich Emily und Cooper auf dem Meer auspowerten. Nach Summers Geburt im März hatten sie lange Monate ausgesetzt, waren trotz der herrlichen Sommermonate kaum am Meer gewesen und konnten sich die Pause gar nicht erklären. Vielleicht waren sie zu unsicher gewesen, was mit einem Kleinkind funktionierte und was nicht. Seit diesem Frühjahr surften sie wieder regelmäßig.

David cremte sich inzwischen vorbildlich ein, um nicht von der Sonne verbrannt zu werden, und achtete auch akribisch darauf, dass Summers junge Haut geschützt wurde. Er liebte und verwöhnte dieses kleine Wesen wie sein eigenes Enkelkind. Momentan trug sie einen ähnlichen Sommerschlapphut wie David vor zwei Jahren, nur mit gelben Schmetterlingen und rosa Untergrund. David war auf Basecaps umgestiegen, damit sah er deutlich cooler aus und seine Sammlung wurde stetig größer.

Sie bauten eine Sandburg. Also David baute eine Sandburg und Summer sprang mit Schwung darauf, um sie wieder zu zerstören.

»Noch mal, noch mal«, war gerade ihr Lieblingsausspruch und David erfüllte ihr jeden Wunsch, noch bevor sie ihn ahnte. Batman tollte zwischen ihnen herum und brachte von irgendwoher Stöckchen mit. Batman hatte mühsam lernen müssen, dass er in der Rangordnung unterhalb des Babys war. David leistete sich für eine Weile einen Hundetrainer und mittlerweile klappte das wunderbar.

Aus dem Augenwinkel sah er, dass Emily aus dem Wasser kam. Cooper hatte noch nicht genug, er paddelte gerade wieder hinaus.

Summer stolperte über einen Stock, den Batman im Maul hielt und spielerisch hin und her drehte. Sie fiel auf ihr Knie, kratzte es sich auf und blutete ein bisschen aus der kleinen Wunde. Sie weinte markerschütternd und suchte Trost in Davids Armen.

»Autschi«, sagte sie. »Batty hat autschi.« Sie beruhigte sich wieder, außer dem Kratzer war nichts passiert.

David nahm ihr Köpfchen zwischen die Hände, küsste ihre Stirn und sagte: »Summer, Kleines, pass auf dich auf.«

Emily blieb wie angewurzelt vor der Szene stehen. Das fehlende Teil des Gesamtbildes schoss aus ihren tiefsten Tiefen nach oben und schwamm da nun. Greifbar, sichtbar, fühlbar. Wie hatte sie das vergessen können!

»David, David! Jetzt erinnere ich mich.«

Hektisch schälte sie sich aus dem Neoprenanzug. Es drängte sie, David davon zu erzählen. Er verstand noch nichts, er war mit seiner ganzen Aufmerksamkeit bei Summer. Emily setzte sich unruhig zu ihm und fasste ihn an den Arm. Summer wollte zu ihr, aber David beschäftigte sie mit der nächsten Sandburg.

»David, die Geste, der Kuss auf die Stirn und dein Satz ... jetzt weiß ich alles wieder.« Sie hustete, kratzte sich am Hals und konnte kaum weitersprechen. David ließ ihr Zeit.

»Mein Dad ... eines Tages, ich war noch klein, vielleicht fünf Jahre alt, kam er zu mir ins Zimmer. Mein Kinderherz hüpfte vor Freude. Er kam zu mir, das war selten der Fall. Entweder er war bei der Army, also weg von zu Hause oder er war da und schlief oder stritt mit meiner Mutter. Eigentlich existierte ich für ihn nicht. Und dann ... und dann setzte er sich auf mein Bett. Es war schon abends und ich dachte, vielleicht ... vielleicht liest er mir heute eine Geschichte vor.« Emily war ganz versunken in der Erinnerung. Ihr hübsches Gesicht war todernst und voller Schatten. »Er war beunruhigend still und irgendwas Undefinierbares lag in der Luft. Etwas, was ich nicht verstand. ›Emmi, Kleine, komm her‹, sagte er. Er saß weiterhin auf dem Bett und wollte, dass ich mich vor ihm hinstellte, zwischen seine Beine. Dann ... dann nahm er völlig unerwartet mein Gesicht in seine großen Hände und es fühlte sich so warm an, so beschützend. Ich hielt ganz still, da ich nicht wollte, dass er mit der Berührung aufhörte ... er sollte mich immer so halten. Ich schmiegte mich nur ein ganz kleines bisschen mehr in seine Hände, eine winzige Bewegung, damit es noch schöner wäre. Er wirkte traurig, ich merkte es nur daran, dass ich kurz vorm Weinen war, obwohl ich mich doch freuen wollte, dass er so nah bei mir war. Ich hatte seine Augen vorher nie aus der Nähe gesehen.« Emily machte eine Pause und schwelgte in der Erinnerung. »Dann küsste er meine Stirn, das hatte er nie getan und sein warmer Mund auf meiner Stirn brannte sich ein. Unvergesslich. Die Hände hatte er immer noch um mein Gesicht gelegt ... und sagte ...« Jetzt stoppte sie, um sich zu sammeln. »Er sagte ...« David hoffte, dass sie es schaffte. »... und sagte ... ›pass auf dich auf, Emmi ... und auf Mama.‹.« Sie schluchzte wie eine Fünfjährige, völlig überfordert mit dem väterlichen Auftrag und redete tapfer weiter. »... und dann löste er seine Hände von meinem Gesicht, stand auf, ließ mich einfach stehen und ... und ging weg. Ich habe ihn ... nie wieder gesehen.«

Schluchzend fiel sie David um den Hals. Summer weinte, weil ihre Mama weinte und selbst Batman saß still neben seinem Herrchen. David stand auf, Summer streckte die Ärmchen nach ihrer Mama aus und Emily nahm sie zu sich, drückte sie an die Brust und versuchte, sich wieder zu beruhigen. David legte beide Arme um Emily und Summer. So stand er da, mit den weinenden Mädchen und tröstete mal die eine, mal die andere.

»Und verstehst du?«, Emily war noch nicht fertig. »Ich hab es nicht geschafft auf uns alle aufzupassen ... ich war doch viel zu klein.«

»Du warst viel zu klein«, bestätigte David. »Jemand hätte auf dich aufpassen sollen, nicht umgekehrt.« So standen sie eine Weile an diesem Strand, irgendwo in Oregon und ließen Emilys Schmerz abebben. »Heute schaffst du es«, sagte David, »auf alle, die du liebst, aufzupassen. Heute bist du erwachsen ... und, du hast Hilfe.«

Emily nickte.

Cooper surfte und wenn er einen Blick an den Strand warf, sah er, dass Summer auf Emilys Arm war und David die Arme um beide gelegt hatte. Ein schönes Bild, dachte er und paddelte wieder hinter die Brechungslinie, um auf ein neues Set Wellen zu warten. Summer hatte zwar keine Grandma, aber einen grandiosen Grandpa.

David löste sich langsam aus der Umarmung und war erleichtert und stolz auf Emily. Er gehörte inzwischen wie selbstverständlich zu der kleinen Familie und Emily hatte ein Bild aus ihrer Kindheit zusammengesetzt, das sie bisher unvollständig abgespeichert hatte. Ihre Seele war genau an diesem Tag, an diesem Strand bereit dafür gewesen. David wartete auf ihre Wut.

Summer hatte sich im gleichen Tempo beruhigt wie ihre Mama. Inzwischen saßen sie wieder auf der Decke und die Kleine spielte im Sand.

»So ein Arsch!« Emilys Worte schossen wie ein Projektil aus ihrem Mund. »Wie kann man so mit einem kleinen Kind umgehen? Den werde ich finden!«

David lachte. »Genauso hatte ich mir das gedacht.«

Erst schaute sie verdutzt, dann stimmte sie in sein Lachen ein. »Glaub mir, den finde ich!«

»Und dann?«

»Soll er mir in die Augen schauen und mir zuhören.«

»Mehr nicht?«

»Nein, das würde mir reichen. Mein Frust soll dahin, wo er hingehört. Zu ihm. Ich will da nur alles abladen, um frei davon zu sein.«

»Weißt du denn, wo er ist?«

»Meine Grandma weiß alles.«

»Gut!«

»Gut!« Emily fühlte sich leichter, vollständiger und war heilfroh, diesem verrückten David begegnet zu sein. Er war so viel für sie und aus ihrem Leben nicht mehr wegzudenken. Er war Vater, Großvater, Familienmitglied, Therapeut. Er gehörte dazu. Dankbar suchte sie seinen Blick. Er war älter geworden, grauer, und sein Gesicht war noch faltiger geworden. Aber seine Augen blitzten voller Lebenslust und Schalk.

»Meinst du deshalb ...?«

»Ja ...«, antwortete David, da er wusste, was sie fragen wollte.

»Deshalb hast du so gut auf dich aufgepasst, hast quasi intuitiv nur Aufträge angenommen, die du aus eigener Kraft stemmen konntest. Deshalb warst du unruhig und unentschieden, als du schwanger warst. Die Frage, ob du wieder scheitern würdest ... wie als Kind ... lag über allem und hat dich ausgebremst.« Er machte eine kurze Pause, um zu prüfen, ob sie verstand. »Du kannst die Fünfjährige aus diesem Job entlassen.

Das war eine Mammutaufgabe, die für die Kleine viel zu viel war. Sag ihr, sie darf jetzt spielen. Du bist erwachsen und regelst die Dinge erwachsen.«

»Wow, das war ja mal eine Ansprache! Aber weißt du was? Es fühlt sich gut an.« Sie schnappte sich Summer, wirbelte sie im Kreis und rief. »Komm, Summer-Sweety, wir spielen.« Die Kleine war überrascht, aber bei dem Wort *spielen* und den strahlenden Augen ihrer Mama ließ sie Schippe und Eimerchen fallen und wartete auf die nächste Spielidee. Sie spielten fangen und Summer stapfte mit ihren dicken Kleinkindbeinchen atemberaubend flott durch den Sand. Sie bewegte ihre Arme wie Flügelchen und meinte, durch die Propellerbewegung schneller voranzukommen. Sie jauchzte auf, wenn Mama sie erwischte und in ihren Nacken prustete. Glucksend landeten sie wieder bei David auf der Decke, der, umgeben von Kinderspielzeug, mit einem verschmitzten Lächeln im Gesicht auf sie wartete.

Emily setzte sich zu ihm und suchte das Meer nach Cooper ab. Sie würde ihn, trotz Neoprenanzug, unter Tausenden sofort erkennen, sie kannte alle seine Bewegungen, sie liebte alle seine Bewegungen. Zufrieden schaute sie wieder zu David.

»David, vermisst du eigentlich irgendwas in deinem Leben?«

Er überlegte. »Kathy«, kam es wie aus der Pistole geschossen. »Sie werde ich immer vermissen.« Er schaute sie forschend an. »Wieso fragst du? Weißt du was von ihr?«

Emily nickte. »Von Zeit zu Zeit schreiben wir uns und sie will wissen, wie es Summer geht ... und auch dir.«

David verdrehte die Augen. »Wann hört sie jemals auf, sich um mich zu sorgen?«

Energisch hielt Emily dagegen. »Sie sorgt sich nicht mehr um dich. Sie ist einfach neugierig, was du treibst. Ab und zu schicke ich ihr Fotos von Summer ... und von dir.«

David horchte auf. »Wirklich?«

»Ja, wirklich.«

»Ich hoffe, du schickst Fotos, auf denen ich eine gute Figur abgebe?«

»Aber ja! Ich hoffe immer noch, dass ihr wieder zusammen kommt. Nur deine Schokoseite schicke ich ihr.«

»Ich wusste gar nicht, dass ihr regelmäßigen Kontakt habt.«

»Du musst ja nicht alles wissen. Ich habe gleich nach Summers Geburt angefangen mit ihr zu schreiben oder zu telefonieren. Ich brauchte oft ihren Rat.«

»Ihren Rat?«

»Ich war so unsicher als Mutter, hatte nie diese Muttergefühle, war unsicher beim Stillen, unsicher, ob ich mir Freiräume nehmen durfte und trotzdem eine gute Mutter wäre. Alles Frauenthemen, mit denen ich weder zu dir noch zu Cooper gehen wollte.«

»Ach, Emmi. Wenn du wüsstest, wie nahe mir das geht, dass du ausgerechnet meine Kathy auserkoren hast, dir Tipps für deine Mutterrolle zu holen. Das ist ... das ist ...« David rückte die Sonnenbrille zurecht und drehte sich kurz zu Summer, um ihr mit ihrer Schippe zu helfen. Seinem Sonnenbrillenstil war er über die Jahre treu geblieben. Hauptsache bunt und auffällig. »Das ist ...« Er fand keine Worte.

»Ich glaube, ich verstehe gerade ...« Wortlos umarmte sie ihn kurz. »Komm, David. Ich schicke ihr ein Video. Sie gehört doch dazu.«

David winkte verlegen ab und kämpfte mit seiner Rührung, doch Emily nahm ihr Handy aus der bunten Stofftasche. Sie drehte einen kurzen Film vom Short Sands Beach, von Summer und Batman, vom surfenden Cooper und zum Schluss winkte David in die Kamera.

Für Kathy, seine Frau, denn sie hatten sich nie scheiden lassen, obwohl sich alles nach Trennung anfühlte.

»Liebe gewinnt«, flüsterte er lächelnd und dachte, er könnte ihr mal wieder einen Song schreiben.

ENDE

Über die Autorin:

Helena Baum, geboren 1963 in Altenburg (Thüringen), lebt seit vielen Jahren in Berlin und mittlerweile (auch) in der Toskana. An beiden Orten arbeitet sie als Einzel-, Paar-und Familientherapeutin in freier Praxis.

Die Familie ihrer Tochter lebt in Portland/Oregon, ihrem zweiten Zuhause. Eine Geschichte in Portland anzusiedeln, war schon länger ihr Wunsch und ist ihr in ihrem neuen Roman »Hör mir auf mit Glück« gelungen.

Vor einigen Jahren nahm sie eine mehrjährige Auszeit auf der griechischen Insel Kreta, und kurz vor dem Verlassen der Insel veröffentlichte sie ihren Debütroman: »Erst mal für immer. Kreta« (veröffentlicht Januar 2017).

Noch im selben Jahr erschien der Roman »Die dreckigen Dreißiger« (veröffentlicht Oktober 2017).